U1074490

主要矿产品供需形势分析报告

（2017年）

余　韵　冯丹丹　唐　宇　刘　超　等编著

地质出版社

·北　京·

图书在版编目（CIP）数据

主要矿产品供需形势分析报告 . 2017 年 / 余韵等编著 . —北京：地质出版社，2017. 11
ISBN 978-7-116-10659-8

Ⅰ . ①主… Ⅱ . ①余… Ⅲ . ①矿产－工业产品－供需形势－研究报告－世界－ 2017 Ⅳ . ① F764

中国版本图书馆 CIP 数据核字 (2017) 第 275052 号

责任编辑： 赵　芳　孙　灿
责任校对： 王洪强
出版发行： 地质出版社
社址邮编： 北京市海淀区学院路 31 号　100083
电　　话： 010-66554649（发行部）；010-66554613（编辑部）
网　　址： http://www.gph.com.cn
传　　真： 010-66554607
印　　刷： 北京地大彩印有限公司
开　　本： 787mm×1092mm　1/16
印　　张： 13.5
字　　数： 345千字
版　　次： 2017年11月北京第 1 版
印　　次： 2017年11月北京第 1 次印刷
书　　号： ISBN　978-7-116-10659-8
定　　价： 68.00元

主要矿产品供需形势分析报告
（2017年）

编 委 会

编 著：余 韵 冯丹丹 唐 宇 刘 超

编 委：（按姓氏笔画排列）

马茁卉 王 嫱 朱欣然 苏轶娜

李瑞军 余良晖 张 华 胡德文

殷俐娟

前　言

主要矿产品供需形势分析研究，是制定矿产资源战略与政策的重要基础和有力支撑，也是矿业企业生产经营及矿产品贸易必须关注的热点和焦点问题。近年来，主要矿产品供需形势分析研究成果已经在政府部门、矿业企业及相关单位的决策过程中发挥重要的参考作用。实践证明，开展主要矿产品供需形势分析研究具有显著的实践意义。

本书作者所在的中国国土资源经济研究院，长期从事主要矿产品供需形势分析研究工作，已经取得一系列科学研究成果。此次，在张新安研究员和陈甲斌研究员的精心指导下，组织专门力量，集中人力精力，以煤炭、石油、铁、铜、铝等22种重要矿产为对象，重点对这些矿产的国内外资源储量、生产、消费、进出口贸易及价格走势等问题进行认真分析，力求在积极研判和跟踪分析的基础上，摸清供需状况，把握供需趋势，向读者全面、系统、客观地提供各个矿种的供需信息。

主要矿产品供需形势分析报告由余韵、冯丹丹、唐宇、刘超、马茁卉、王嫱、朱欣然、张华、余良晖、苏轶娜、李瑞军、胡德文和殷俐娟等人共同确定编写方案，按照统一标准分章执笔，最后由余韵、冯丹丹、唐宇和刘超审阅定稿。

本书是以往相关年度矿产资源形势分析研究成果的浓缩与近期跟踪分析研究成

果的融合，对矿产资源管理决策部门、矿产资源经济研究和矿业经营单位，以及大中专院校师生与广大读者，都具有较强的阅读、参考、收藏价值。

本书所引用的数据和资料，主要来自国内外权威统计机构、相关行业协会、年报、专刊，力求真实、全面地反映主要矿产品供需趋势及与此相关的矿产资源形势。书中采用了国外和国内不同统计机构的统计数据，可能出现个别数据之间存在一定差异的情况，恳请读者使用时注意鉴别。此外，书中还借鉴和引用了一些学者的真知灼见，在此深表感谢！同时，感谢国土资源部相关司局及事业单位领导和专家的大力支持与帮助！感谢中国国土资源经济研究院各级领导和各位同事的大力支持与帮助！

由于时间仓促，加之研究水平和资料来源有限，书中恐有不足之处，欢迎广大读者批评指正！

编著者

2017年11月11日

目　录

煤炭资源供需形势分析

煤炭是人类生产生活不可缺少的重要能源，是冶金、化工、医药等行业的重要原料。中国煤炭探明资源可采储量居世界第二位，煤炭产量和消费量均居世界第一位，其中，煤炭消费量占全球消费总量的一半，与世界其他国家煤炭消费总和基本持平。煤炭在中国一次能源生产和消费中占据主导位置，煤炭去产能工作取得明显成效。

一、国内外资源状况

（一）世界资源状况

2016年，世界煤炭探明可采储量11393.3亿吨。按煤种分，烟煤和无烟煤占总探明储量的72%，次烟煤和褐煤占总探明储量的28%。世界煤炭资源分布广泛，从区域看，主要分布在三大地区，即亚太地区、欧亚及欧亚大陆、北美洲，分别占世界可采储量的46.5%、28.3%、22.8%。从国别看，主要集中在美国、中国、俄罗斯，其中，美国煤炭资源量2515.8亿吨，中国2440.1亿吨，俄罗斯1603.6亿吨，合计煤炭资源量占世界煤炭资源总量的57.6%；储量前十位的国家，合计探明煤炭可采储量占世界煤炭总储量的91.4%，剩余国家合计探明煤炭可采储量占世界煤炭总储量的8.6%（表1；图1）。

表1　2016年世界主要国家煤炭探明可采储量

排　名	国家/地区	烟煤和无烟煤/亿吨	次烟煤和褐煤/亿吨	总计/亿吨	占世界总量比例/%	储采比
1	美　国	2214.0	301.8	2515.8	22.1	381
2	中　国	2300.0	140.1	2440.1	21.4	72
3	俄罗斯	696.3	907.3	1603.6	14.1	417
4	澳大利亚	683.1	765.1	1448.2	12.7	294
5	印　度	897.8	49.9	947.7	8.3	137
6	德　国	0.1	362.0	362.1	3.2	206
7	乌克兰	320.4	23.4	343.8	3.0	*
8	哈萨克斯坦	256.1	0.0	256.1	2.2	250
9	印度尼西亚	173.3	82.4	255.7	2.2	59
10	波　兰	187.0	54.6	241.6	2.1	184
	前十名总计	**7728.1**	**2686.6**	**10414.7**	**91.4**	*****
	其　他	434.0	544.6	978.6	8.6	*
	世界总计	**8162.1**	**3231.2**	**11393.3**	**100.0**	**113**

注：*表示储采比不详。

资料来源：*BP Statistical Review of World Energy*，2017。

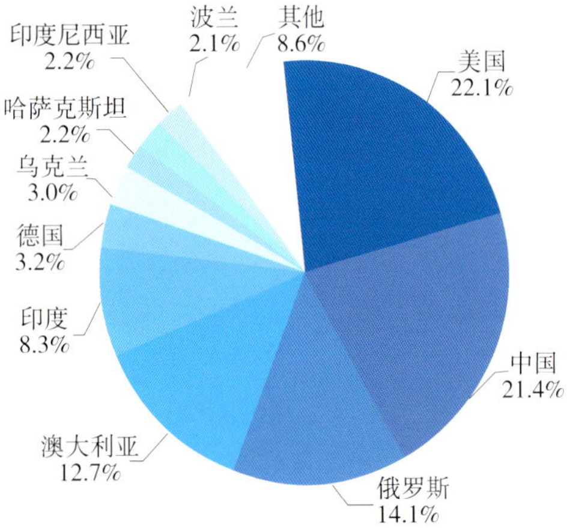

图1　2016年世界煤炭探明可采储量分布情况

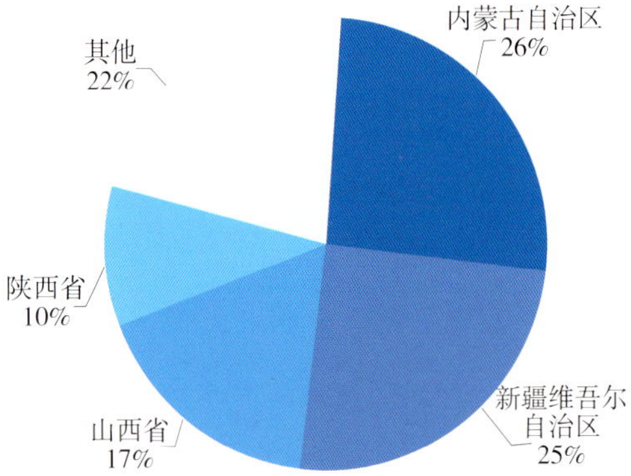

图2　2016年我国煤炭查明资源储量分布情况

（二）我国资源状况

我国煤炭资源丰富，查明资源储量稳定增长，并且分布面极广，但明显存在地域不平衡（北多南少）现象。所查明煤炭资源储量主要集中在内蒙古、新疆、山西和陕西四省（自治区），分别为4173.58亿吨、3915.27亿吨、2708.05亿吨和1639.45亿吨（图2）。截至2016年底，我国查明煤炭资源储量15890.01亿吨，比2015年净增316.9亿吨，增长2.0%（图3）。

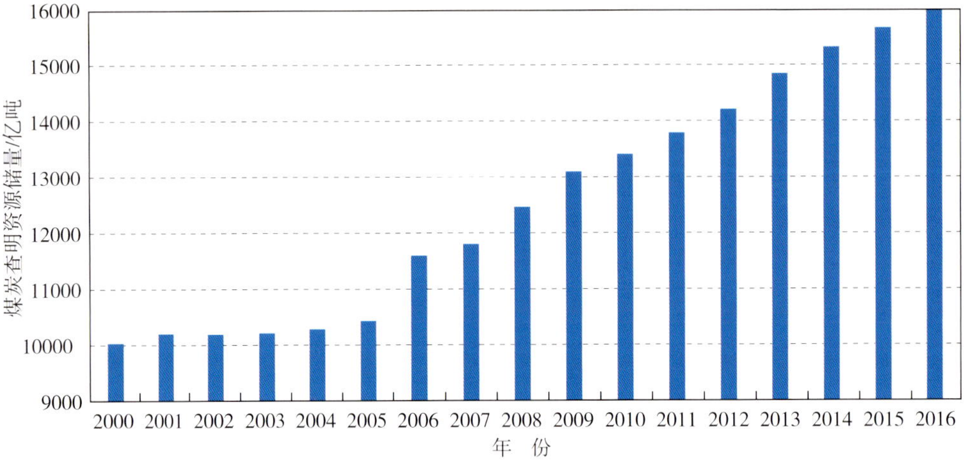

图3　2000—2016年我国煤炭查明资源储量变化情况

二、国内外生产状况

（一）世界生产状况

2016年世界煤炭总产量7460.4百万吨，较2015年减少6.5%。分国别看，中国是最大的煤炭生产国，产量达3411.0百万吨，占世界总产量的45.7%，其次是印度、美国、澳大利亚和印度尼西亚，分别占世界总产量的9.3%、8.9%、6.6%和5.8%。分地区看，非经合组织国家产量5728.2

百万吨，占世界总产量的76.8%；经合组织国家产量1732.2百万吨，占世界总产量的23.2%；欧盟产量484.7百万吨，占世界总产量的6.5%（表2）。

表2　2011—2016年世界煤炭生产分布情况

国家/地区	产量/百万吨						2016年比2015年同比增幅/%
	2011年	2012年	2013年	2014年	2015年	2016年	
中　国	3764.4	3945.1	3974.3	3873.9	3746.5	3411.0	-9.2
印　度	563.8	605.6	608.5	646.2	674.2	692.4	2.4
美　国	993.9	922.1	893.4	907.2	813.7	660.6	-19.0
澳大利亚	423.2	448.2	472.8	504.2	505.4	492.8	-2.8
印度尼西亚	353.3	385.9	474.6	458.1	461.6	434.0	-6.2
其　他	1881.2	1900.8	1851.0	1808.2	1759.8	1769.6	0.6
世界总计	**7979.8**	**8207.7**	**8274.6**	**8197.8**	**7961.2**	**7460.4**	**-6.5**
其中：经合组织	2107.8	2057.8	2026.9	2056.6	1928.0	1732.2	-10.4
非经合组织	5872.0	6149.9	6247.7	6141.2	6033.2	5728.2	-5.3
欧　盟	589.5	590.3	557.9	539.3	527.5	484.7	-8.4

资料来源：*BP Statistical Review of World Energy*，2017。

（二）我国生产状况

进入21世纪，我国工业化进程加快，基建、电力和钢铁等高耗能产业快速发展刺激煤炭需求扩张，原煤产量迅猛增长。近年来，随着结构的优化调整，煤炭产量逐步减少。2016年煤炭产量33.6亿吨，较2015年减少10.3%，已连续三年呈产量下降走势（图4）。

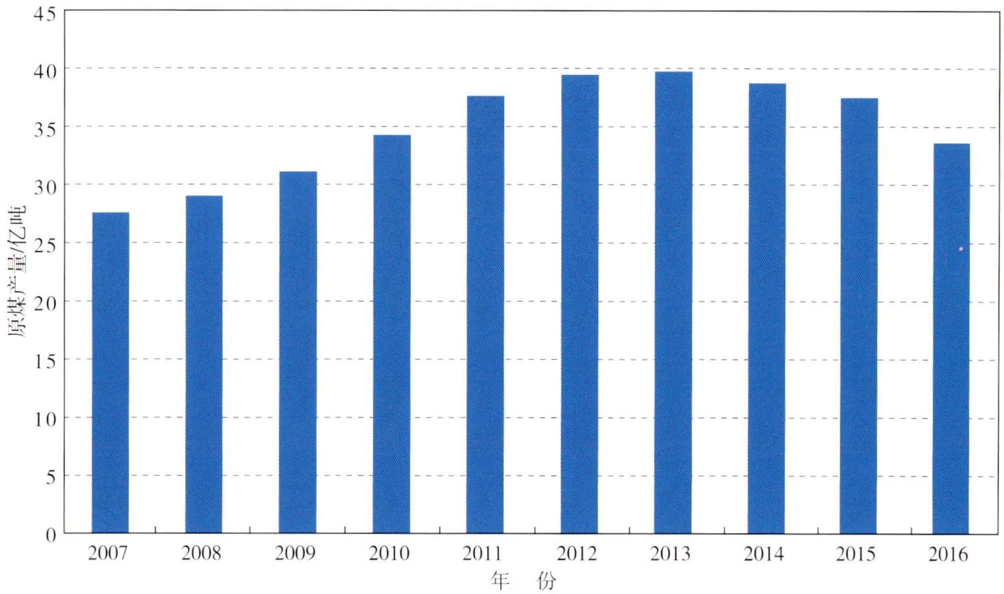

图4　2007—2016年我国原煤产量变化情况
数据来源：中华人民共和国国家统计局

三、国内外消费状况

（一）世界消费状况

2016年，世界煤炭消费总量为3732.0百万吨油当量，降幅1.7%。分地区看，亚太地区煤炭消费最多，消费量为2753.6百万吨油当量，占世界煤炭消费总量的73.8%。其次是欧亚及欧亚大陆和北美洲，消费量分别为451.6百万吨油当量和386.9百万吨油当量，分别占世界消费总量的12.1%和10.4%。分国别看，世界煤炭消费主要集中在中国、美国、印度、日本、南非，共占世界煤炭消费总量的76%。尤其是中国，消费量为1887.6百万吨油当量，占世界消费总量的50.6%。从消费增幅看，中国较2015年减少1.6%，印度较2015年增长3.6%。以中国、印度、南非为主的新兴经济体，煤炭消费主要用于发电；同时在重工业生产中发挥重要作用，快速的城市化进程离不开大量基础设施建设，与此相关的工业部门不同程度地消耗大量煤炭资源（表3）。

表3　2011—2016年世界煤炭消费情况

国家/地区	消费量/百万吨油当量						2016年比2015年同比增幅/%
	2011年	2012年	2013年	2014年	2015年	2016年	
中　国	1903.9	1927.8	1969.1	1954.5	1913.6	1887.6	–1.6
美　国	495.4	437.9	454.6	453.5	391.8	358.4	–8.8
印　度	304.8	330.0	352.8	387.5	396.6	411.9	3.6
日　本	109.6	115.8	121.2	119.1	119.9	119.9	–0.2
南　非	90.5	88.3	88.6	89.8	83.4	85.1	1.8
其　他	903.1	917.4	900.8	884.9	879.4	869.0	–1.18
世界总计	**3807.2**	**3817.3**	**3887.0**	**3889.4**	**3784.7**	**3732.0**	**–1.7**
其中：经合组织	1094.1	1047.3	1058.4	1040.9	972.7	913.3	–6.4
非经合组织	2713.1	2770.0	2828.6	2848.5	2812.0	2818.7	—
欧　盟	288.1	294.3	288.0	268.4	261.1	238.4	–8.9

资料来源：*BP Statistical Review of World Energy*，2017。

（二）我国消费状况

与产量扩张同步，我国煤炭消费在经历前期稳步扩张基础上，已出现阶段性消费“峰值区”迹象。2015年全国原煤消费39.7亿吨，较2014年减少3.6%（图5）。

四、国内外贸易状况

（一）世界贸易状况

2015年，世界煤炭进口总量为1206百万吨，较2014年减少6.9%。分地区看，发达经济体作为世界煤炭市场传统进口大国的地位逐渐弱化，2015年世界煤炭进口量排名前五位的国家和地区集中在亚洲。其中，印度、中国大陆、日本和韩国煤炭净进口量居前四位，进口量均超亿吨，分别为221百万吨、199百万吨、192百万吨和135百万吨，分别比2014年增长–7.1%、–31.7%、2.1%和3.1%，净进口量合计占世界总进口量的61.9%（表4）。

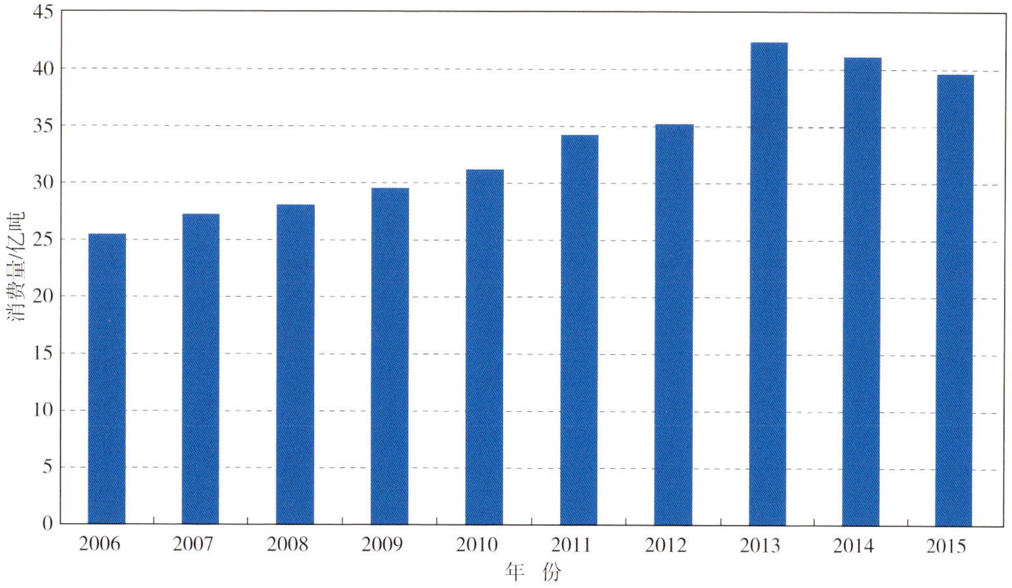

图5　2006—2015年我国原煤消费变化情况

资料来源：中华人民共和国国家统计局

表4　2009—2015年世界煤炭净进口情况

国家／地区		净进口量/百万吨							2015年比2014年同比增幅/%	占总量比例/%
		2009年	2010年	2011年	2012年	2013年	2014年	2015年		
中国	大陆	132.5	184.6	222.4	288.5	327.1	291.2	199	−31.7	16.5
	台湾	58.6	63.2	66.6	65	68	67	66	−1.5	5.5
印　度		96.2	115.7	132.1	158	178	238	221	−7.1	18.3
日　本		163.7	185.4	174.1	184	196	188	192	2.1	15.9
韩　国		103	118.6	129.2	126	127	131	135	3.1	11.2
德　国		38.5	45.7	47.8	45	50	56	54	−3.6	4.5
英　国		38.2	26.5	32.5	44	49	40	25	−37.5	2.1
世界总计		**951.2**	**1067.6**	**1134**	**1188**	**1270**	**1295**	**1206**	**−6.9**	**100.0**

资料来源：2009—2011年世界数据来自*Coal Information* 2013，IEA；2012—2015年世界数据来自*Key World Energy Statistics* 2013—2016，IEA。

2015年，世界煤炭出口总量为1193百万吨，较2014年增长1.1%。澳大利亚超过印度尼西亚成为全球最大的煤炭出口国，出口量为392百万吨，占世界出口总量的32.9%。其次是印度尼西亚和俄罗斯，出口量分别为365百万吨和129百万吨，分别占世界总出口量的30.6%和10.8%（表5）。中国曾是煤炭出口大国，但近年来国内煤炭消费高速增长，已由原来煤炭出口大国转变为煤炭净进口大国。

表5　2009—2015年世界煤炭出口情况

国　家	出口量/百万吨							2015年比2014年同比增幅/%	占总量比例/%
	2009年	2010年	2011年	2012年	2013年	2014年	2015年		
澳大利亚	261.7	292.6	284.5	302	336	375	392	4.5	32.9
印度尼西亚	233.4	267.2	300.7	383	426	409	365	−10.8	30.6
俄罗斯	106.4	132.8	124.6	103	114	130	129	−0.8	10.8
哥伦比亚	66.8	68.1	79.3	82	74	80	82	2.5	6.9
南　非	52.0	66.4	68.8	72	69	75	76	1.3	6.4
美　国	53.6	74.1	97.3	106	99	78	57	−26.9	4.8
加拿大	28.6	33.4	33.7	25	28	27	23	−14.8	1.9
其　他	391.2	434.1	439.7	397	427	456	461	1.1	38.6
世界总计	**932.0**	**1076.1**	**1144.1**	**1168**	**1237**	**1255**	**1193**	**−4.9**	**100.0**

资料来源：2009—2011年世界数据来自*Coal Information* 2013，IEA；2012—2015年世界数据来自*Key World Energy Statistics* 2013—2016，IEA。

（二）我国贸易状况

2014年以来，受需求增速下滑影响，我国煤炭进口量有所减少，2015年持续减少，2016年有所回升。2016年我国进口煤炭4.1亿吨，比2015年增加20.7%；进口额244.6亿美元，比2015年增加14.4%（图6）。

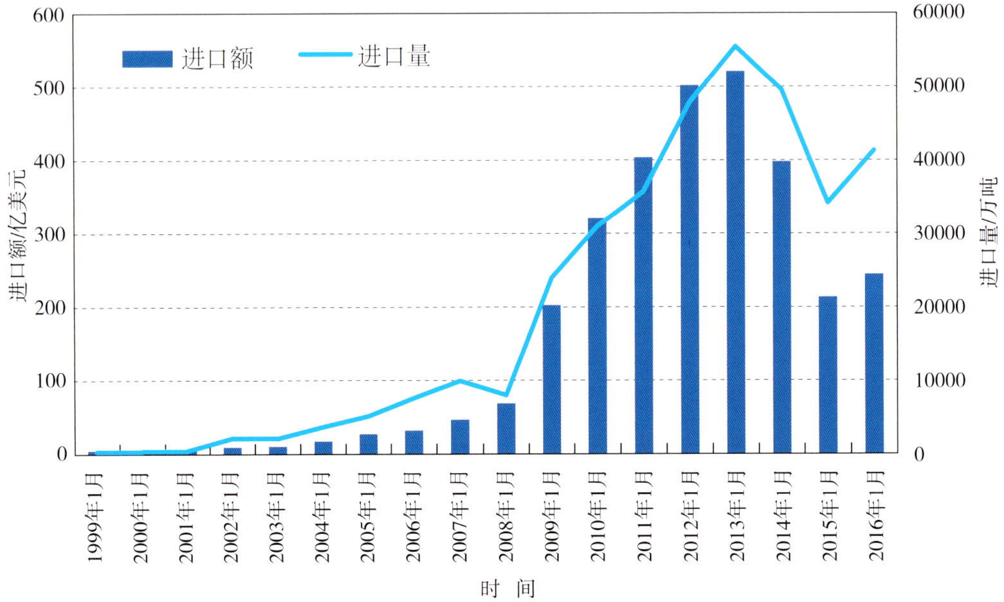

图6　1999—2016年1月我国煤炭进口数量和金额变化情况

数据来源：中华人民共和国海关总署

数据说明：此处统计的煤炭包括煤及褐煤、焦炭及半焦炭、动力煤、无烟煤、炼焦煤从来源看，2016年我国煤炭进口来源于23个国家或地区，主要分布在亚太地区、欧亚大陆及欧洲、北美洲、南美洲及非洲等地，基本覆盖世界拥有煤炭资源的所有地区。但从各进口地的进口量看，我国煤炭进口来源相对集中，主要进口国家为澳大利亚、印度尼西亚和俄罗斯。

五、价格趋势

近20年来，煤炭价格经历两次顶峰。2008年西北欧市场和亚洲市场均达到煤炭价格历史顶峰，约147～148美元/吨，随后有所回落。2011年煤炭价格再次攀升，约121～125美元/吨，随后全球煤炭价格再次回落。2016年全球煤炭价格有所反弹。2016年西北欧市场煤炭价格59.9美元/吨，亚洲市场69.9美元/吨（图7）。

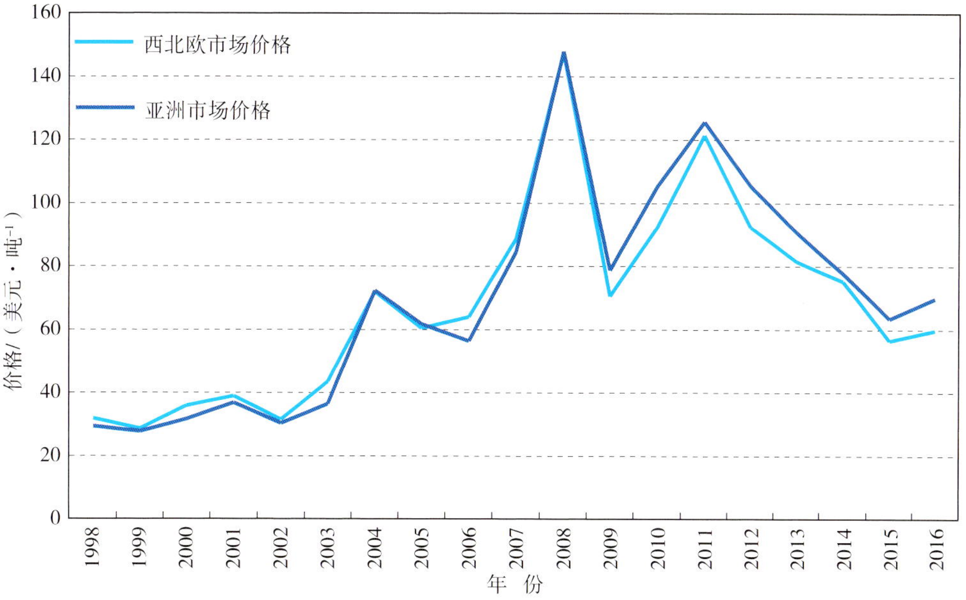

图7　1998—2016年国际市场动力煤价格走势情况

数据来源：*BP Statistical Review of World Energy*，2017

六、结论

（一）世界供需形势

（1）受世界经济疲软和非常规油气加速开发影响，全球煤炭供应增速放缓。2016年世界煤炭总产量7460.4百万吨，较2015年减少6.5%。

（2）发达经济体作为传统煤炭进口大国的地位逐渐弱化，世界煤炭流向重心逐渐朝中国、印度为主的新兴与发展中经济体挪移。

（3）中国、印度等国家的煤炭消费，主要用于发电；同时在重工业生产中发挥重要作用，快速的城市化和大量基础设施建设不同程度地消耗大量煤炭。

（二）国内供需趋势

（1）我国作为全球最大的煤炭生产国和消费国的地位难以变化。我国煤炭探明资源可采储量居世界第二位，煤炭产量和消费量均居世界第一位，其中煤炭消费量占全球消费总量的一半，与世界其他国家煤炭消费量总和基本持平。

（2）煤炭在我国一次能源消费中占据主导位置。煤炭消费主要集中在工业领域，约占全部消费量的95%。

（3）煤炭去产能工作取得明显成效。近年来，受经济增速放缓、能源结构调整等因素影响，煤炭需求大幅下降，供给能力持续过剩，供求关系严重失衡。2016年2月1日，国务院发布《国务院关于煤炭行业化解过剩产能实现脱贫发展的意见》（国发〔2016〕7号），要求在近年来淘汰落后煤炭产能的基础上，从2016年开始，用3～5年的时间，再退出产能5亿吨左右、减量重组5亿吨左右，较大幅度压缩煤炭产能，适度减少煤矿数量。目前，煤炭行业过剩产能得到有效化解，市场供需趋于基本平衡，产业结构得到优化，转型升级取得实质性进展。

（执笔：余　韵）

石油资源供需形势分析

石油是国民经济建设和人类生活中不可缺少的一种重要矿物能源，从中提炼的汽油、柴油等是飞机、汽车、轮船、内燃机车和发电机等动力机械离不开的燃料，因而被称为“工业的血液”。2016年，中国原油探明可采储量居世界第十位，产量居世界第八位，消费量居世界第二位，进口量居世界第二位。

一、国内外资源状况

（一）世界资源状况

世界石油剩余探明可采储量小幅增长。截至2016年底，世界石油剩余探明可采储量总计2407.1亿吨，较2015年增长0.9%。从区域分布来看，中东、中南美洲、北美洲是储量较为丰富的地区，其石油剩余探明可采储量分别为1101.0亿吨、508.5亿吨、345.3亿吨，各占世界总量的45.7%、21.1%、14.3%。从国别来看，委内瑞拉、沙特阿拉伯、加拿大的石油剩余探明可采储量排名世界前三位，分别为469.7亿吨、366.0亿吨、276.3亿吨，各占世界总量的19.5%、15.2%、11.5%。从储量增长幅度来看，伊拉克石油剩余探明可采储量增长显著，资源主要集中在南部什叶派聚集区及北部库尔德人自治区；俄罗斯石油剩余探明可采储量的增长源主要来自东西伯利亚和远东地区，以及北极地区（表1；图1）。

表1　2016年世界石油剩余探明可采储量及分布情况

国家/地区	剩余探明可采储量／亿吨	同比增幅／%	占世界剩余探明可采总量比例／%	储采比
委内瑞拉	469.7	0.0	19.5	341.1
沙特阿拉伯	366.0	0.0	15.2	59.0
加拿大	276.3	0.0	11.5	105.1
伊　朗	217.6	0.0	9.0	94.1
伊拉克	206.5	7.4	8.6	93.6
俄罗斯	150.0	6.9	6.2	26.6
科威特	139.8	0.0	5.8	88.0
阿拉伯联合酋长国	129.8	0.0	5.4	65.6
利比亚	63.0	0.0	2.6	310.1
美　国	58.0	0.0	2.4	10.6
尼日利亚	50.0	0.0	2.1	49.3
哈萨克斯坦	39.3	0.0	1.6	49.0
卡塔尔	26.5	0.0	1.1	36.3
世界总计	**2407.1**	**0.9**	**100.0**	**50.6**
其中：欧佩克	1711.5	0.8	71.1	84.7
中　东	1101.0	1.3	45.7	69.9
中南美洲	508.5	−0.3	21.1	119.9
北美洲	345.3	0.0	14.3	32.3
欧洲及欧亚大陆	218.4	4.3	9.1	24.9
非　洲	169.5	−0.2	7.0	44.3
亚太地区	64.5	−0.8	2.7	16.5

数据来源：*BP Statistical Review of World Energy*，2017。

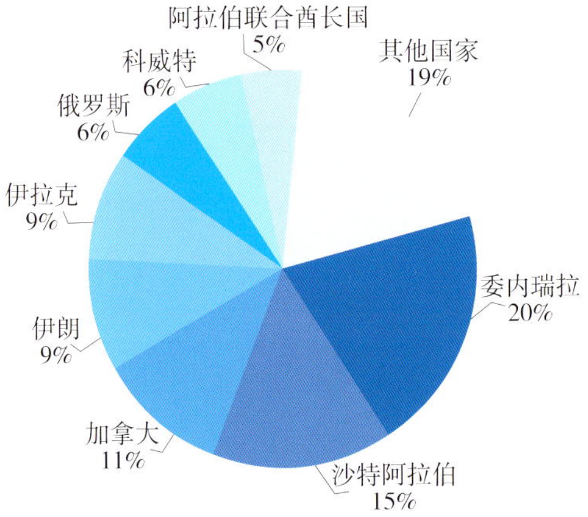

图1　2016年世界石油探明可采储量分布情况

数据来源：*BP Statistical Review of World Energy*, 2017

（二）我国资源状况

我国石油查明资源储量继续增长，但增速放缓。截至2016年底，全国石油剩余技术可采储量为35.01亿吨，较2015年增加0.05亿吨，增长0.1%，增速较2015年减少了0.8%。其中，勘查新增探明地质储量为9.1亿吨，勘查新增探明技术可采储量为1.6亿吨，全国石油勘查新增探明地质储量超过1000万吨的油田共计19个（图2）。

从分布地区来看，我国石油资源主要集中在新疆、渤海、陕西等区域，上述地区的石油剩余技术可采储量占全国的41.5%，其中，新疆、渤海的石油剩余技术可采储量在全国名列前茅，2015年新疆、渤海石油剩余技术可采储量分别为6.0亿吨、4.7亿吨，各占全国总量的17.1%、13.4%。

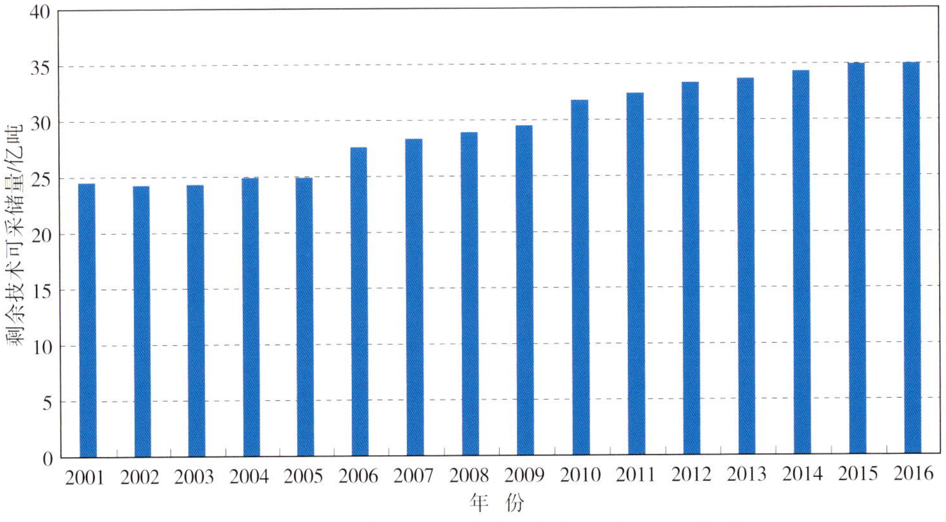

图2　2001—2016年我国石油剩余技术可采储量变化情况

数据来源：《全国矿产资源储量通报》

二、国内外生产状况

（一）世界生产状况

世界石油产量随着经济发展而有所波动，但是总体增长趋势没有改变。2016年，世界石油总产量为43.8亿吨，较2015年增加2290万吨，增长0.5%（图3）。其中，欧佩克石油产量18.6亿吨，较2015年增长3.4%，占世界总产量的42.5%，拥有石油生产的绝对优势地位。

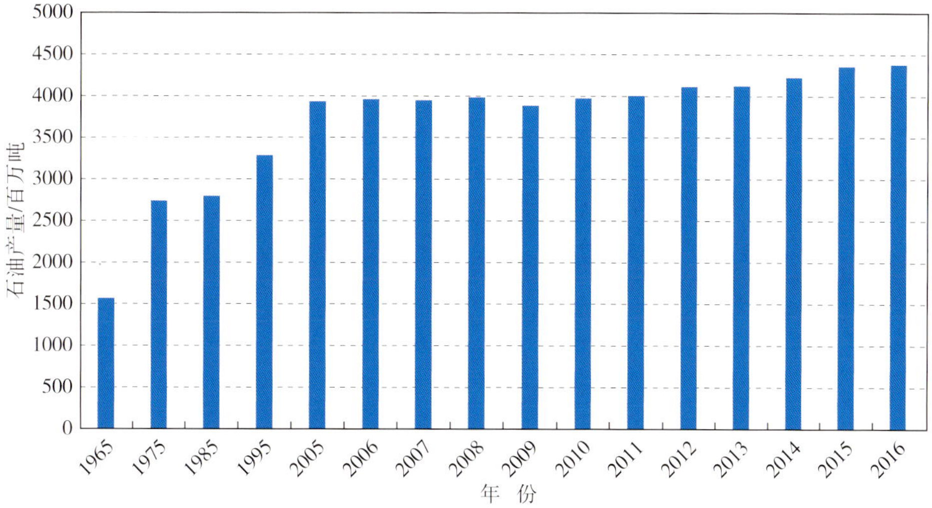

图3 1965—2016年世界石油产量变化情况

数据来源：*BP Statistical Review of World Energy*, 2017

从区域分布来看，世界石油生产主要集中在中东地区、北美洲、欧洲及欧亚地区，2016年其石油产量分别为15.0亿吨、8.8亿吨、8.6亿吨，各占世界总产量的34.2%、20.1%、19.6%。从国别来看，石油产量排名世界前三位的国家分别是沙特阿拉伯、俄罗斯、美国，2016年石油产量分别为5.9亿吨、5.5亿吨、5.4亿吨，较2015年增降幅度分别为3.0%、2.5%、-4.3%。美国石油产量下降，主要原因是低油价导致美国页岩油产量大幅下滑（表2）。

表2 2011—2016年世界石油生产分布情况 单位：百万吨

国家/地区	2011年	2012年	2013年	2014年	2015年	2016年
中东地区	1327.9	1345.1	1324.6	1340.3	1412.4	1496.9
沙特阿拉伯	525.9	549.8	538.4	543.4	568.5	585.7
伊拉克	136.7	152.5	153.2	160.3	197.0	218.9
伊 朗	212.7	180.5	169.6	174.7	182.6	216.4
阿拉伯联合酋长国	151.3	154.8	165.5	166.6	175.5	182.4
科威特	140.8	154.0	151.5	150.8	149.1	152.7
北美洲	659.4	720.2	785.0	869.5	910.3	882.6
美 国	345.0	393.7	448.0	522.8	567.2	543.0
加拿大	169.8	182.6	195.0	209.6	215.5	218.2
墨西哥	144.6	143.9	141.9	137.1	127.6	121.4

续表

国家/地区	2011年	2012年	2013年	2014年	2015年	2016年
欧洲及欧亚地区	844.4	833.3	833.0	834.7	846.7	860.6
俄罗斯	518.8	526.0	531.1	534.1	540.7	554.3
中南美洲	379.1	376.2	376.1	390.0	396.0	384.5
巴　西	114.1	112.1	109.8	122.1	131.8	136.7
委内瑞拉	141.6	139.2	137.6	138.2	135.2	124.1
亚太地区	395.3	400.4	394.0	396.6	398.6	383.0
中　国	202.9	207.5	210.0	211.4	214.6	199.7
非洲	406.3	444.0	413.9	397.5	398.0	374.8
尼日利亚	119.0	117.2	111.5	114.8	113.0	98.8
安哥拉	83.8	86.9	87.3	83.0	88.7	87.9
阿尔及利亚	71.7	67.2	64.8	68.8	68.5	68.5
世界总计	**4012.4**	**4119.2**	**4126.6**	**4228.7**	**4361.9**	**4382.4**
其中：欧佩克	1710.9	1782.4	1734.4	1733.3	1806.6	1864.2

数据来源：*BP Statistical Review of World Energy*，2017。

（二）我国生产状况

我国原油产量7年来首次跌破2亿吨。2016年，我国原油产量为19970万吨，较2015年减少1490万吨，下降8.1%（图4）。国内“三大油”公司依旧是原油生产的主力军，各公司2016年度报告统计数据显示，中石油、中石化、中海油三大石油公司的国内原油产量分别为10545.0万吨、3453.0万吨、4555.0万吨。成品油生产方面，2016年，我国成品油产量共计3.5亿吨，较2015年增加1063.4万吨，增长3.1%；其中，汽油、柴油、煤油产量分别为12932.0万吨、17917.7万吨、3983.8万吨，较2015年增加幅度分别为6.8%、-0.5%、8.9%；柴油产量下降，主要是人们环保意识的提高、汽车用柴油的减少、国家治理重污染企业力度的加大等因素使得柴油需求量逐年减少，内需不足导致产量随之下降。

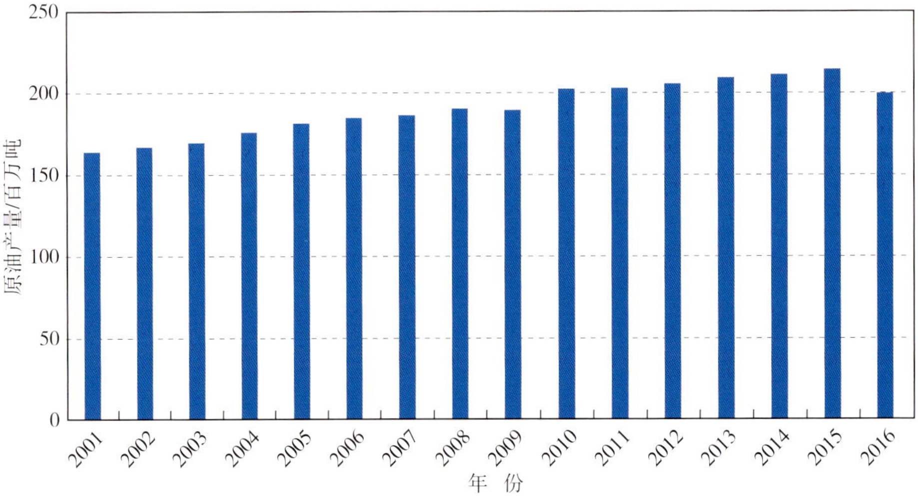

图4　2001—2016年我国原油产量变化情况

数据来源：中华人民共和国国家统计局

三、国内外消费状况

（一）世界消费状况

世界石油消费量稳步增长。2016年，世界石油消费量为44.2亿吨，较2015年增加7720万吨，增长1.8%，增速较2015年减少0.2%（图5）。世界石油消费量增幅大于产量增幅，考虑到库存因素，石油供需基本平衡。

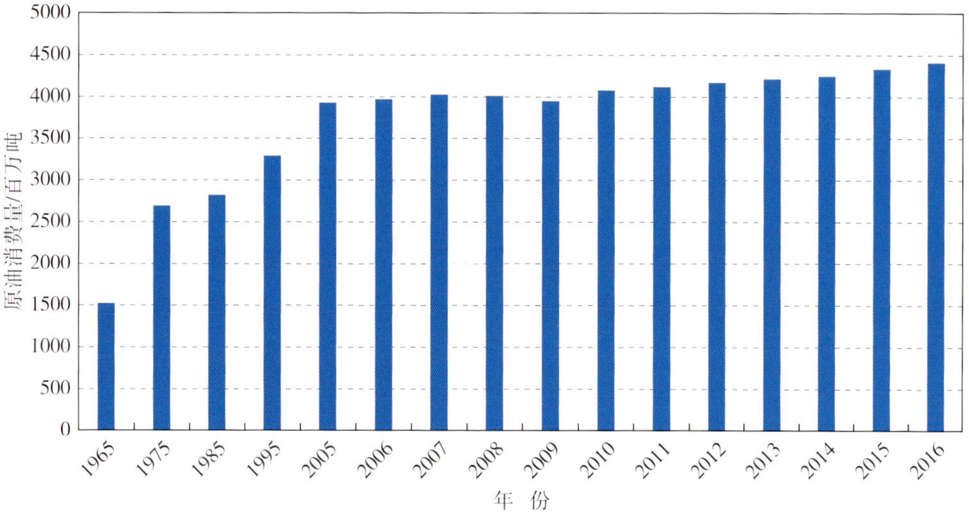

图5 1965—2016年世界石油消费量变化情况

数据来源：*BP Statistical Review of World Energy*，2017

从区域分布来看，世界石油消费主要集中在亚太地区、北美洲、欧洲及欧亚地区，2016年其石油消费量分别为15.6亿吨、10.5亿吨、8.8亿吨，各占世界消费总量的35.2%、23.7%、20.0%。从国别来看，美国仍是世界头号石油消费大国，2016年石油消费量为8.6亿吨，较2015年增长0.8%，占世界消费总量的19.5%；其次是中国和印度，其消费量分别为5.8亿吨、2.1亿吨，较2015年增长3.0%、8.6%，各占世界消费总量的13.1%、4.8%（表3）。印度石油消费量增长迅猛，已经超越日本成为世界第三大石油消费国，主要因为经济增长提振原油需求。

表3 2011—2016年世界石油消费分布情况 单位：百万吨

国家/地区	2011年	2012年	2013年	2014年	2015年	2016年
亚太地区	1347.4	1403.4	1425.2	1447.0	1505.8	1557.3
中　国	465.1	487.1	508.1	528.0	561.8	578.7
印　度	163.0	173.6	175.3	180.8	195.8	212.7
日　本	203.7	217.7	207.4	197.0	189.0	184.3
韩　国	105.8	108.8	108.3	107.9	113.8	122.1
北美洲	1029.5	1011.6	1025.4	1026.6	1040.0	1046.9
美　国	834.9	817.0	832.1	838.1	856.5	863.1
加拿大	104.2	102.3	103.5	103.1	99.1	100.9

续表

国家/地区	2011年	2012年	2013年	2014年	2015年	2016年
欧洲及欧亚大陆	903.7	882.1	864.3	858.8	865.9	884.6
德　国	112.0	111.4	113.4	110.4	110.0	113.0
俄罗斯	142.2	144.6	144.3	152.3	144.2	148.0
中东地区	371.7	389.5	398.6	408.4	412.8	417.8
沙特阿拉伯	139.1	146.2	147.3	159.8	166.6	167.9
中南美洲	314.0	321.0	332.0	336.5	334.4	326.2
巴　西	131.9	134.3	144.2	150.6	146.6	138.8
非　洲	159.4	168.6	175.4	177.5	182.1	185.4
埃　及	33.7	35.3	35.8	38.3	39.6	40.6
世界总计	**4125.7**	**4176.2**	**4220.9**	**4254.8**	**4341.0**	**4418.2**
其中：经合组织	2093.8	2071.7	2059.3	2036.7	2062.4	2086.8
非经合组织	2032.0	2104.5	2161.6	2218.1	2278.5	2331.4

数据来源：*BP Statistical Review of World Energy*，2017。

（二）我国消费状况

我国原油表观消费量逐年增长。2016年，我国原油表观消费量为5.8亿吨，较2015年增加3038万吨，增长5.6%，对外依存度攀升至64.6%，如何保障原油供应安全成为重要研究课题（图6）。从区域消费来看，山东、辽宁是原油消费大省，其原油消费量分别占全国原油消费总量的15.9%、11.9%。成品油消费方面，2016年，我国成品油（汽油、煤油、柴油、合计）表观消费量为3.1亿吨，较2015年减少164.5万吨，下降0.5%。

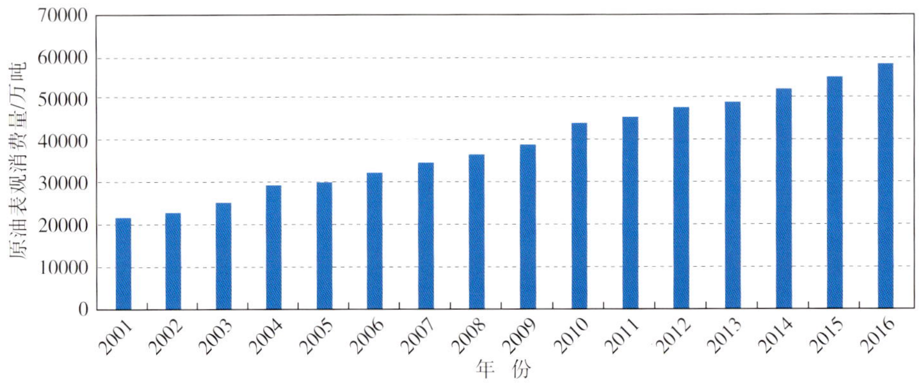

图6　2001—2016年我国石油表观消费量变化情况

数据来源：Wind资讯

四、国内外贸易状况

（一）世界贸易状况

世界石油贸易量持续增长。2016年，世界石油贸易量为6545.4万桶/日，较2015年增加248.0

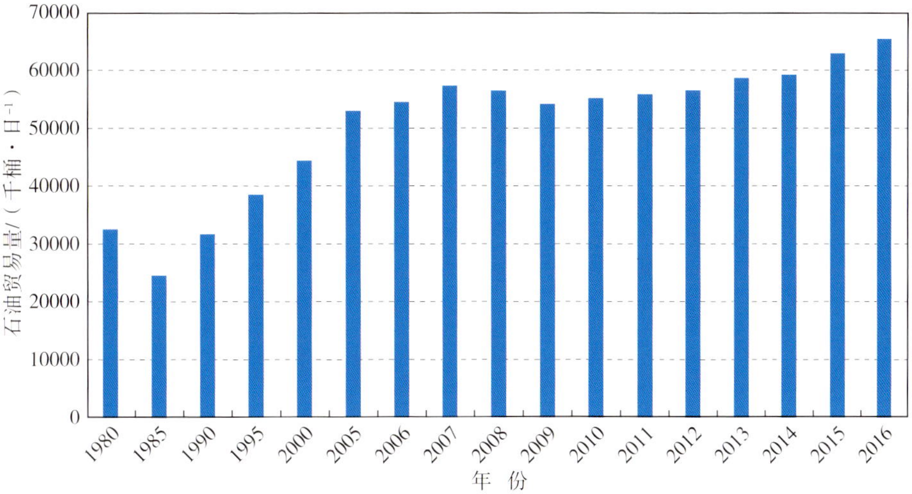

图7 1980—2016年世界石油贸易量变化情况

数据来源：*BP Statistical Review of World Energy*，2017

万桶/日，增长3.9%，增速较2015年减少2.3%（图7）。

从进口分布来看，欧洲、美国分别是世界第一大石油进口地区、世界第一大石油进口国，2016年，欧洲、美国的石油进口量分别为1418.8万桶/日、1005.6万桶/日，各占世界石油进口总量的21.7%、15.4%（表4）。从进口来源看，欧洲原油进口主要来自俄罗斯、其他独联体国家和西非，欧洲从上述3个国家（地区）的原油进口量分别占其原油进口总量的35.5%、12.3%、12.9%；美国原油进口主要来自加拿大、中南美洲和沙特阿拉伯，美国从上述3个国家（地区）的原油进口量分别占其原油进口总量的41.3%、20.3%、13.9%。

表4 2011—2016年世界石油进口分布情况

国家/地区	进口量/（千桶·日$^{-1}$）						2016年比2015年同比增幅/%
	2011年	2012年	2013年	2014年	2015年	2016年	
欧 洲	12272	12569	12815	12855	13959	14188	1.6
美 国	11338	10587	9859	9241	9450	10056	6.4
印 度	3823	4168	4370	4155	4357	4877	11.9
日 本	4494	4743	4637	4383	4332	4179	–3.5
其 他	24011	24537	27063	28659	30876	32155	4.1
世界总计	**55938**	**56604**	**58744**	**59293**	**62974**	**65454**	**3.9**

数据来源：*BP Statistical Review of World Energy*，2017。

从出口分布来看，中东、俄罗斯分别是世界第一大石油出口地区、世界第一大石油出口国，2016年，中东、俄罗斯的石油出口量分别为2351.8万桶/日、863.4万桶/日，各占世界石油出口总量的35.9%、13.2%（表5）。从出口流向来看，中东地区原油主要出口到亚太地区和美国，中东地区向亚太地区、美国的原油出口量分别占其原油出口总量的74.1%、9.7%；俄罗斯原油主要出口至欧洲和亚太地区，俄罗斯向欧洲、亚太地区的原油出口量分别占其原油出口总量的64.7%、26.7%。

表5　2011—2016年世界石油出口分布情况

国家/地区	出口量/（千桶·日$^{-1}$）						2016年比2015年同比增幅/%
	2011年	2012年	2013年	2014年	2015年	2016年	
中东地区（不包括沙特阿拉伯）	12188	11742	12242	12699	13446	14992	11.5
亚太地区（不包括日本）	6088	6299	6307	6450	7068	7514	6.3
西　非	4759	4724	4590	4849	4906	4486	-8.6
中南美洲	3755	3830	3790	3939	4117	4170	1.3
欧　洲	2106	2193	2578	2512	2990	3110	4.0
北　非	1951	2602	2127	1743	1717	1683	-2.0
俄罗斯	7448	7457	7948	7792	8455	8634	2.1
沙特阿拉伯	8120	8468	8365	7911	8017	8526	6.3
美　国	2495	2682	3563	4033	4521	4723	4.5
加拿大	2798	3056	3296	3536	3841	3906	1.7
其他独联体国家	2080	1848	2102	2012	2024	1817	-10.2
墨西哥	1487	1366	1347	1293	1326	1400	5.6
其　他	663	337	489	524	546	493	-9.7
世界总计	**55938**	**56604**	**58744**	**59293**	**62974**	**65454**	**3.9**

数据来源：*BP Statistical Review of World Energy*，2017。

（二）我国贸易状况

受国内资源禀赋制约，我国原油进口量持续攀升，是仅次于美国的世界第二大石油进口国。2016年，我国石油进口总量为4.1亿吨，较2015年增长11.9%，是世界石油进口国中进口增速最高的国家，其中，原油、成品油进口量分别为3.8亿吨、2784.0万吨，较2015年的增降幅度分别为13.6%、-6.9%，成品油进口量自2014年以来连续3年下降（图8）。

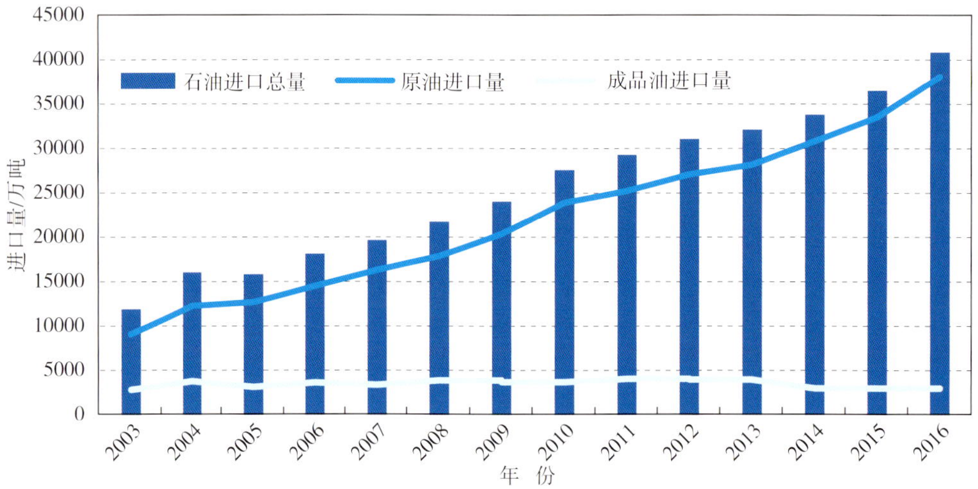

图8　2003—2016年我国石油进口量变化情况
数据来源：中华人民共和国海关总署

从进口区域来看，我国原油进口主要来自中东地区，2016年，中东地区的沙特阿拉伯、伊拉克、阿曼、伊朗、阿拉伯联合酋长国、科威特等6国向我国出口原油共计1.8亿吨，较2015年增长8.2%，占我国原油进口总量的47.8%。从进口国别来看，俄罗斯超越沙特阿拉伯成为我国第一大原油进口国，2016年，我国从俄罗斯进口原油5247.8万吨，较2015年增长23.7%，增幅显著（表6）。俄罗斯原油出口重心向亚太转移、中国推进原油进口多元化等因素，促使中俄能源合作进一步加强。

表6　2014—2016年我国原油主要进口国家分布情况

国　家	2014年		2015年		2016年		2016年比2015年数量同比增幅/%
	数量/万吨	金额/亿美元	数量/万吨	金额/亿美元	数量/万吨	金额/亿美元	
俄罗斯	3310.7	250	4243.3	172.3	5247.8	168.7	23.7
沙特阿拉伯	4966.5	369.4	5055.2	207.7	5100.6	155.7	0.9
安哥拉	4064.8	308.8	3870.2	159.4	4373.8	138.5	13.0
伊拉克	2857.8	207.5	3210.8	126.8	3621.2	106.5	12.8
阿　曼	2974.4	226.8	3206.8	139.5	3506.1	111.3	9.3
伊　朗	2746.3	208	2661.5	107.7	3129.8	93.5	17.6
巴　西	—	—	1392.4	53.0	1915.3	60.6	37.6
委内瑞拉	1378.6	83.4	1600.8	50.9	2015.7	45.5	25.9
阿拉伯联合酋长国	1165.2	90.8	1256.8	51.3	1218.2	38.6	-3.1
科威特	1061.9	75.9	1442.7	57.1	1633.9	48.3	13.3
进口合计	**30837.3**	**2283.3**	**33549.9**	**1344.5**	**38101.2**	**1164.7**	**13.6**

数据来源：中华人民共和国海关总署。

五、价格走势

2008年上半年以前，布伦特原油现货价格总体保持上升态势，2008年7月达到136.8美元/桶的历史最高位；其后，受金融危机影响，原油价格出现短期内直线暴跌，不过自2009年4月起又开始迅速上涨；2011年1月—2014年8月，布伦特原油价格在100～120美元/桶的高位水平震荡；2014年9月起，油价跌破100美元/桶；2015年8月起，油价跌破50美元/桶。2016年，油价呈震荡上升走势，从年初30.7美元/桶涨至年底53.6美元/桶（图9）。

我国原油价格走势与国际市场基本同步。经历2014年下半年的暴跌、阶段性反弹与下跌之后，2016年，大庆原油月均现货价震荡上升，从年初的23.7美元/桶涨至年末的49.7美元/桶（图10）。

图9　2001—2016年布伦特原油月均现货价走势情况

数据来源：Wind资讯

图10　2001—2016年大庆原油月均现货价走势情况

数据来源：Wind资讯

六、结论

（一）世界供需形势

在石油供需方面，世界石油供需基本平衡。一方面，美国对供应的机动调节将令世界石油市场总体呈宽松平衡状态。特朗普推崇美国“能源独立”，主张重振美国油气工业，加之页岩油生产收放灵活，美国原油产量有望恢复增长，并使美国成为重要的机动供应国。另一方面，世界石油需求继续增长，但增速放缓。全球石油需求表现相对刚性，增长较为平稳，增长主要来自发展中国家，经济合作与发展组织的石油需求放缓。

在石油贸易方面，世界石油市场正在形成中东、北美两大出口中心。中东地区一直以来都是世界石油出口的最大来源地。北美洲则是新兴的石油出口中心，随着原油产量的提升，美国正在从原油净进口国向重要的原油输出国转变，墨西哥和加拿大也将加大原油出口。与此相对应，中国、印度等发展中国家将保持世界石油需求中心的地位，中国在不久的将来有可能超越美国成为世界最大石油进口国，印度石油进口量快速增长，已经超越日本成为世界第二大石油进口国。

在石油价格方面，预计在50～60美元/桶区间内波动。美国页岩油作为新的全球石油市场的调节者，提升了石油工业整体的运行效率，石油供需关系调整节奏加快，欧佩克等石油生产国与美国页岩油之间的博弈仍将继续，未来2～3年国际油价仍将低位运行，预计在50～60美元/桶波动。以往，地缘政治、突发事件等原因使市场出现阶段性失衡，导致国际油价出现大起大落；当前，石油更多地回归其商品属性，鉴于未来供应相对充裕，需求相对稳定，机动生产调整能力增强，供需较易于达成平衡，油价将围绕价值中枢上下波动。

（二）我国供需形势

在石油供需方面，我国石油供需缺口继续扩大，对外依存度逐年增加。受国际油价、环境等因素影响，全国石油产量下降，2016年跌至2010年以来的最低点。2011年以来，我国石油需求开始进入慢速增长阶段，增速也在缓慢下降，但由于石油产量增速低于消费量增速，石油供需缺口持续加大。2014年，我国石油对外依存度首次超过60%，2016年又攀升至64.6%。

在石油进口方面，我国石油进口量快速增加，进口来源呈多元化趋势。自1996年我国首度成为原油净进口国后，石油进口量逐年增长，目前已经进入“大量进口”的阶段。我国石油进口来源范围正在扩大，从中东、非洲向美洲、中国周边资源国扩展。2016年，俄罗斯、沙特阿拉伯、安哥拉、伊拉克、阿曼、伊朗、委内瑞拉、巴西、科威特、阿拉伯联合酋长国为我国前十大原油进口来源国，合计所占份额由2015年的83.3% 微增至83.4%。其中，俄罗斯首次超越沙特阿拉伯，位列我国原油进口国榜首，而巴西出口至中国的原油逼近2000万吨大关，首次超过科威特位居第八位。

在石油价格方面，我国石油价格与世界油价挂钩，油价走势与国际同步。1998年开始，国家对原油、成品油价格形成机制进行了重大改革，基本确立了与国际油价变化相适应，在政府调控下以市场形成价格为主的石油价格形成机制。IEA《2017石油市场报告》显示，石油市场将很快出现供应过剩，加上全球石油库存迟迟未降打击了市场对减产协议的信心、对供过于求的担忧卷土重来等因素的影响，预计我国油价将在2016年基础上略微下降，然后企稳。

（执笔：苏轶娜）

天然气资源供需形势分析

天然气是地下天然储层中以气态存在，在地表压力与温度下仍为气态的烃类。天然气是气态的能源资源，可以作为民用和工业用的动力燃料，也可压制分离出液化天然气（LNG）作为液体动力燃料。与其他矿物能源相比，天然气具有干净清洁、使用方便、燃烧效率高、当量热的价格低等优点。2016年，我国天然气探明储量居世界第九位；产量居世界第六位；消费量居世界第三位，进口量居世界四位。

一、国内外资源状况

（一）世界资源状况

2016年，世界天然气探明可采储量为186.6万亿立方米，比2015年增长0.6%。从区域分布来看，世界天然气主要集中在中东和苏联地区，中东是世界天然气资源最为丰富的地区，拥有探明可采储量79.4万亿立方米，占世界总量的42.5%；苏联地区天然气可采储量52.7万亿立方米，占世界总量的28.2%。从国别分布来看，伊朗、俄罗斯、卡塔尔、土库曼斯坦的天然气探明可采储量居世界前四位，2016年上述四国天然气探明可采储量分别为33.5万亿立方米、32.3万亿立方米、24.3万亿立方米、17.5万亿立方米，各占世界总量的18.0%、17.3%、13.0%、9.4%，上述四国天然气探明可采储量合计占世界总量的57.7%（表1；图1）。

表1　2016年世界天然气剩余探明储量及分布情况

国家/地区	探明可采储量/万亿米^3	占世界总量比例/%	储采比
伊　朗	33.5	18.0	165.5
俄罗斯	32.3	17.3	55.7
卡塔尔	24.3	13.0	134.1
土库曼斯坦	17.5	9.4	261.7
美　国	8.7	4.7	11.6
沙特阿拉伯	8.4	4.5	77.0
阿拉伯联合酋长国	6.1	3.3	98.5
委内瑞拉	5.7	3.1	166.3
尼日利亚	5.3	2.8	117.7
阿尔及利亚	4.5	2.4	49.3
伊拉克	3.7	2.0	*
澳大利亚	3.5	1.9	38.1
世界总计	**186.6**	**100.0**	**52.5**
其中：经合组织	17.8	9.5	13.9
非经合组织	168.8	90.5	74.3
独联体国家	53.6	28.7	70.1

注：*表示储采比超过500年。

数据来源：*BP Statistical Review of World Energy*，2017。

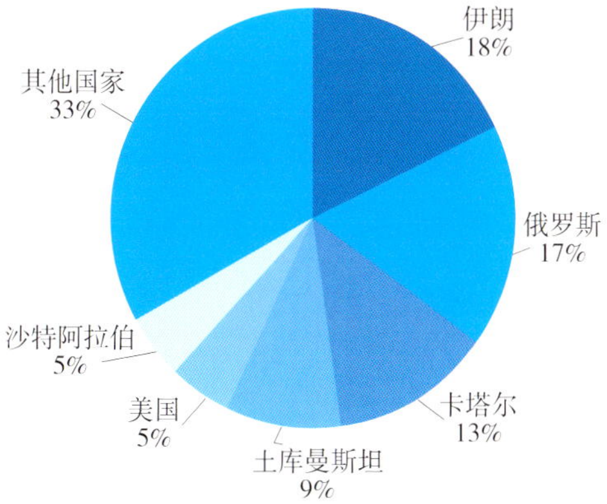

图1　2016年世界天然气探明可采储量分布情况

数据来源：*BP Statistical Review of World Energy*, 2017

（二）我国资源状况

我国天然气查明资源储量持续增长。截至2016年底，全国天然气剩余技术可采储量为54365.5亿立方米，较2015年增加2426.0亿立方米，增长4.7%，其中，勘查新增探明地质储量7265.6亿立方米，勘查新增探明技术可采储量3592.5亿立方米。全国天然气勘查新增探明地质储量大于50亿立方米的气田共计8个（图2）。

从地区分布来看，四川、新疆、内蒙古为全国天然气资源丰富省（自治区），2016年，上述三省（自治区）天然气剩余技术可采储量分别为13191.6亿立方米、10251.8亿立方米、9630.5亿立方米，各占全国总量的24.3%、18.9%、17.7%，天然气剩余技术可采储量合计占全国总量的60.9%。

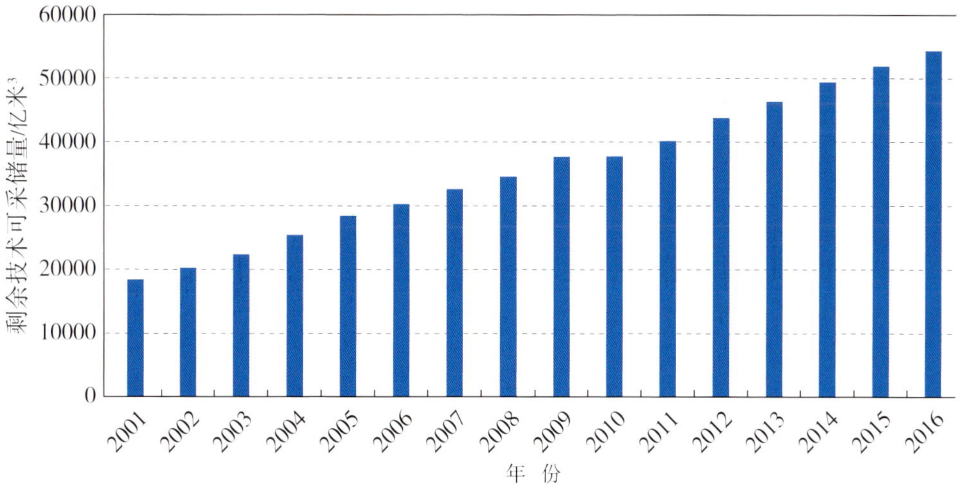

图2　2001—2016年我国天然气剩余技术可采储量变化情况

数据来源：《全国矿产资源储量通报》

二、国内外生产状况

（一）世界生产状况

世界天然气产量稳定增长。2016年，世界天然气产量为35516亿立方米，较2015年增加210

亿立方米，增长0.6%。其中，经合组织、独联体国家天然气产量分别为12816亿立方米、7643亿立方米，各占世界总产量的36.1%、21.5%，较2015年的增降幅度分别为-0.2%、0.9%（图3）。

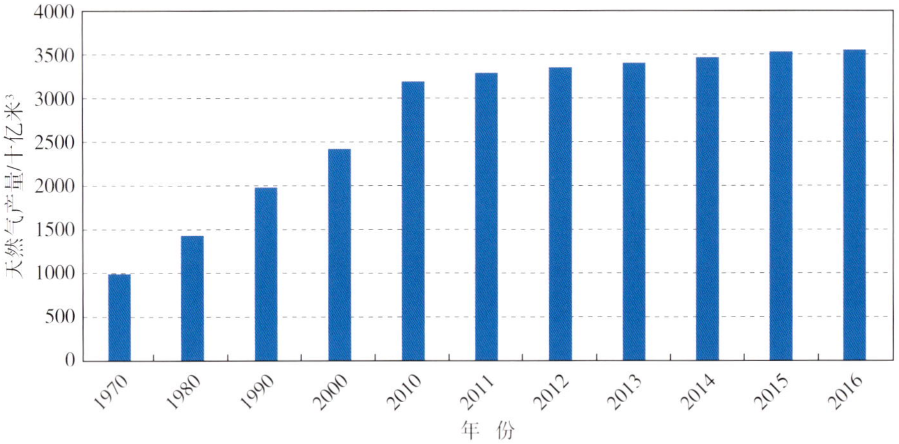

图3　1970—2016年世界天然气产量变化情况

数据来源：*BP Statistical Review of World Energy*, 2017

从区域分布来看，世界天然气生产主要集中在欧洲及欧亚地区、北美洲、中东地区。2016年，欧洲及欧亚地区天然气年产量为10001亿立方米，占世界天然气总产量的28.2%，俄罗斯是该地区天然气产量最高的国家，天然气年产量为5794亿立方米，较2015年增加0.7%；北美洲天然气年产量为9484亿立方米，占世界天然气总产量的26.7%，美国是该地区天然气产量最高的国家，天然气年产量为7492亿立方米，较2015年下降2.2%；中东地区天然气年产量为6378亿立方米，占世界天然气总产量的18.0%，伊朗是该地区天然气产量最高的国家，天然气年产量为2024亿立方米，较2015年增长6.9%（表2）。

表2　2011—2016年世界天然气生产分布情况　　单位：十亿米³

国家/地区	2011年	2012年	2013年	2014年	2015年	2016年
北美洲	851.2	878.9	885.0	937.3	969.4	948.4
美　国	648.5	680.5	685.4	733.1	766.2	749.2
中南美洲	166.9	173.4	175.6	176.9	178.0	177.0
委内瑞拉	27.6	29.5	28.4	28.6	32.4	34.3
欧洲及欧亚地区	1032.5	1025.5	1032.7	1003.2	995.4	1000.1
俄罗斯	607.0	592.3	604.7	581.7	575.1	579.4
中东地区	528.8	554.7	587.2	602.6	615.9	637.8
伊　朗	159.9	166.2	166.8	185.8	189.4	202.4
卡塔尔	145.3	157.0	177.6	174.1	178.5	181.2
沙特阿拉伯	92.3	99.3	100.0	102.4	104.5	109.4
亚太地区	501.4	505.4	517.0	538.8	561.9	579.9
中　国	109.0	111.8	122.2	131.6	136.1	138.4
印度尼西亚	81.5	77.1	76.5	75.3	75.0	69.7
世界总计	**3290.2**	**3352.3**	**3403.9**	**3465.9**	**3530.6**	**3551.6**

数据来源：*BP Statistical Review of World Energy*，2017。

（二）我国生产状况

我国天然气产量增长。2016年，我国天然气产量为1368.3亿立方米，较2015年增加96.9亿立方米，增长7.6%（图4）。国内“三大油”公司公告的统计数据显示，2016年，中石油可销售天然气产量为852.2亿立方米，较2015年下降3.9%；中石化天然气产量为271.0亿立方米，较2015年增长4.3%；中海油中国海域天然气净产量为67.1亿立方米，较2015年下降12.0%。

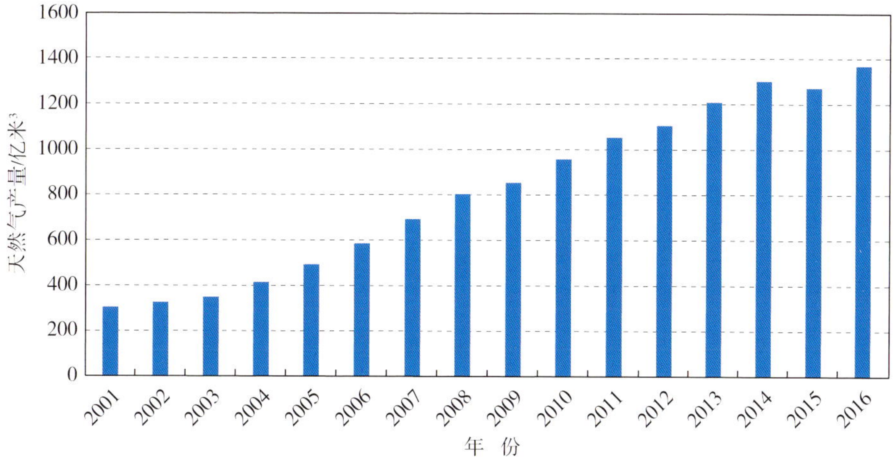

图4　2001—2016年我国天然气产量变化情况

数据来源：中华人民共和国国家统计局

三、国内外消费状况

（一）世界消费状况

世界天然气消费量稳定增长。2016年，世界天然气消费量为35429亿立方米，较2015年增加743亿立方米，增长2.1%（图5）。

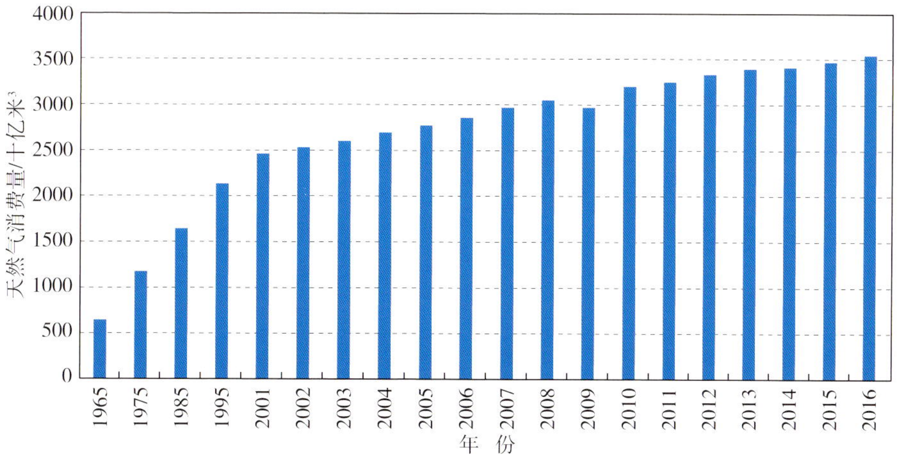

图5　1965—2016年世界天然气消费量变化情况

数据来源：*BP Statistical Review of World Energy*, 2017

从消费区域来看，欧洲及欧亚地区、北美洲是两个主要天然气消费区域。2016年，欧洲及欧亚地区的天然气消费量为10299亿立方米，较2015年增长2.0%；北美洲天然气消费量为9680亿立方米，较2015年增长0.5%。从消费国别来看，美国是世界上天然气消费第一大国，2016年消费天然气7786亿立方米，较2015年增长0.7%；俄罗斯天然气消费量位居世界第二，2016年消费天然气3909亿立方米，较2015年下降3.0%，连续5年持续下降（表3）。

表3　2011—2016年世界天然气消费分布情况　　单位：十亿米^3

国家/地区	2011年	2012年	2013年	2014年	2015年	2016年
北美洲	870.6	903.3	927.8	944.1	962.8	968.0
美　国	693.1	723.2	740.6	753.0	773.2	778.6
中南美洲	150.5	159.6	165.2	168.9	175.8	171.9
委内瑞拉	29.7	31.4	30.5	30.7	34.5	35.6
欧洲及欧亚地区	1092.8	1074.0	1054.4	1005.6	1010.2	1029.9
俄罗斯	424.6	416.2	413.5	409.7	402.8	390.9
德　国	77.3	77.5	81.2	70.6	73.5	80.5
英　国	78.1	73.9	73.0	66.7	68.1	76.7
中东地区	403.4	415.0	440.3	460.8	493.6	512.3
伊　朗	162.2	161.5	162.9	183.7	190.8	200.8
卡塔尔	19.6	23.4	37.9	36.4	43.9	41.7
沙特阿拉伯	92.3	99.3	100.0	102.4	104.5	109.4
亚太地区	615.4	665.1	672.9	694.4	701.8	722.5
中　国	137.1	150.9	171.9	188.4	194.8	210.3
日　本	105.5	116.9	116.9	118.0	113.4	111.2
世界总计	**3245.9**	**3337.7**	**3383.8**	**3400.8**	**3480.1**	**3542.9**

数据来源：*BP Statistical Review of World Energy*，2017。

（二）我国消费状况

我国天然气消费量增长。2016年，全国天然气表观消费量2086.9亿立方米，较2015年增加155.1亿立方米，增长8.0%（图6）。中国已经成为继美国、俄罗斯之后的世界第三大天然气消费国。天然气消费量增幅扩大，主要受政策激励、市场回暖、价格驱动等因素影响，而且中国未来天然气需求增长空间还很大。

从消费区域来看，由于各地在经济发展、管道建设、市场开发等方面的发展不均衡，天然气消费量也各有不同，新疆、四川、广东等三个省（自治区）列居国内天然气消费前三位。新疆是我国天然气消费量最大的省份，约占全国天然气消费总量的9.1%；四川天然气消费量位列第二，约占全国天然气消费总量的8.8%；广东天然气消费量排名第三位，约占全国天然气消费总量的7.2%。

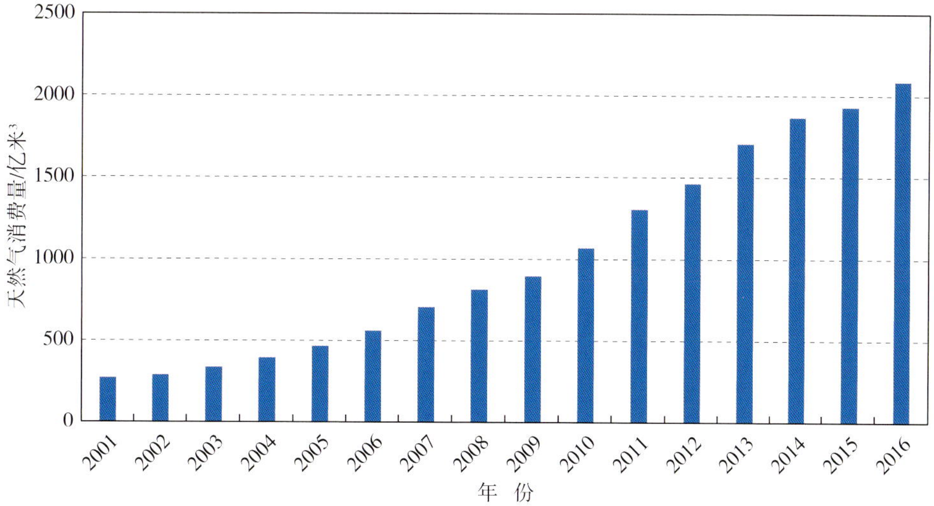

图6　2001—2016年我国天然气消费量变化情况

注：2016年数据为天然气表观消费量（产量+净进口量）

数据来源：中华人民共和国国家统计局

四、国内外贸易状况

（一）世界贸易状况

2016年，世界天然气贸易量为10841亿立方米，其中，LNG贸易量为3466亿立方米，较2015年增长2.5%，管道天然气贸易量为7375亿立方米，较2015年增长4.7%。

从世界LNG进口数据看，全球LNG进口主要集中在亚太地区，2016年亚太地区LNG进口量为2416亿立方米，占全球LNG进口总量的69.7%。日本、韩国、中国、印度位列世界LNG进口前四位，2016年LNG进口量分别为1085亿立方米、439亿立方米、343亿立方米、225亿立方米，各占世界LNG进口总量的31.3%、12.7%、9.9%、6.5%（表4）。

表4　2011—2016年世界LNG进口情况　　单位：亿米³

国　家	2011年	2012年	2013年	2014年	2015年	2016年
日　本	1069.5	1187.9	1189.9	1206.0	1180.0	1085.0
韩　国	493.0	497.0	542.0	511.0	437.0	439.0
中　国	166.2	200.0	244.9	271.4	262.0	343.0
印　度	171.0	204.6	177.7	189.3	217.0	225.0
西班牙	242.0	214.0	149.0	155.0	131.0	132.0
世界总计	**3308.3**	**3279.0**	**3253.3**	**3332.5**	**3383.0**	**3466.0**

数据来源：*BP Statistical Review of World Energy*，2013—2017。

从世界LNG出口数据看，全球LNG出口主要集中在中东和亚太地区，中东地区的卡塔尔为世界第一大LNG出口国，亚太地区的澳大利亚、马来西亚、印度尼西亚则是世界主要LNG出口大国。2016年，卡塔尔、澳大利亚、马来西亚、印度尼西亚LNG出口量分别为1044亿立方米、

568亿立方米、321亿立方米、212亿立方米，各占世界LNG出口总量的30.1%、16.4%、9.3%、6.1%，分别居世界LNG出口第一、第二、第三、第五位（表5）。

表5　2011—2016年世界LNG出口情况　　单位：亿米^3

国　家	2011年	2012年	2013年	2014年	2015年	2016年
卡塔尔	1026.0	1054.0	1056.0	1033.8	1064.0	1044.0
澳大利亚	259.3	281.0	302.0	316.5	398.0	568.0
马来西亚	332.6	318.0	338.0	339.4	342.0	321.0
尼日利亚	258.9	272.0	224.0	252.9	275.0	237.0
印度尼西亚	292.0	250.0	224.0	217.0	219.0	212.0
世界总计	**3308.3**	**3279.0**	**3253.3**	**3332.5**	**3383.0**	**3466.0**

数据来源：*BP Statistical Review of World Energy*，2012—2017。

从世界管道天然气进口数据看，全球管道天然气进口主要集中在欧洲，2016年欧洲管道天然气进口量为4158亿立方米，占世界管道天然气进口总量的56.4%。欧洲的德国、意大利、荷兰管道天然气进口量分别居世界第一、第三、第四位，2016年，上述三国管道天然气进口量分别为993亿立方米、594亿立方米、380亿立方米，各占世界管道天然气进口总量的13.5%、8.1%、5.2%（表6）。

表6　2011—2016年世界管道天然气进口情况　　单位：亿米^3

国　家	2011年	2012年	2013年	2014年	2015年	2016年
德　国	839.8	868.0	958.0	850.0	1040.0	993.0
美　国	880.8	83.8	789.0	746.4	744.0	825.0
意大利	608.0	597.0	516.0	469.0	502.0	594.0
荷　兰	136.0	145.0	215.0	232.0	302.0	380.0
中　国	142.5	214.0	274.0	313.0	336.0	380.0
世界总计	**6946.1**	**7055.0**	**7106.0**	**6639.2**	**7041.0**	**7375.0**

数据来源：*BP Statistical Review of World Energy*，2012—2017。

从世界管道天然气出口数据看，俄罗斯仍然是世界管道天然气第一出口大国，2016年出口管道天然气1908亿立方米，占世界出口总量的25.9%，较2015年下降1.1%。此外，荷兰已经成为欧洲乃至世界主要天然气国家之一，除了每年从国外购买大量天然气储存起来，还对外输出天然气，2016年荷兰管道天然气出口量为523亿立方米，居世界第五位（表7）。

表7　2011—2016年世界管道天然气出口情况　　单位：亿米^3

国　家	2011年	2012年	2013年	2014年	2015年	2016年
俄罗斯	2070.5	1859.0	2113.0	1874.1	1930.0	1908.0
挪　威	928.1	1066.0	1024.0	1010.7	1095.0	1098.0
加拿大	880.0	838.0	789.0	746.0	743.0	824.0
美　国	406.9	451.0	444.0	422.6	497.0	603.0
荷　兰	504.0	545.0	532.0	441.0	406.0	523.0
世界总计	**6946.1**	**7055.0**	**7106.0**	**6639.2**	**7041.0**	**7375.0**

数据来源：*BP Statistical Review of World Energy*，2012—2017。

（二）我国贸易状况

我国天然气进口量稳定增长。2016年，我国天然气进口量为752.6亿立方米，较2015年增加135.9亿立方米，增长22.0%；天然气出口量34.1亿立方米，较2015年增加1.4亿立方米，增长4.3%；天然气净进口量718.5亿立方米，较2015年增加134.5亿立方米，增长23.0%（图7）。

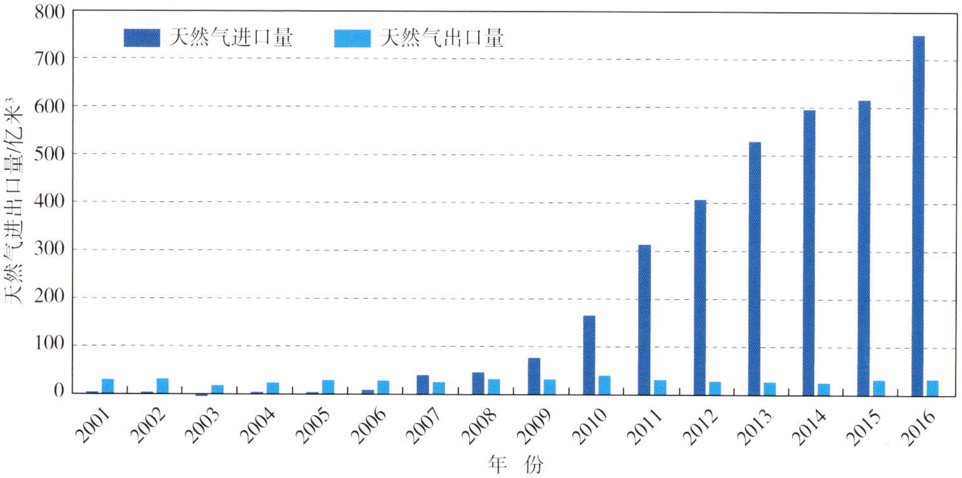

图7　2001—2016年我国天然气进出口量变化情况

数据来源：中华人民共和国海关总署

从进口来源看，我国天然气进口主要来源于中亚地区，2016年中国从中亚地区进口天然气2511.4万吨，占中国天然气进口总量的89.8%。中亚地区的土库曼斯坦、乌兹别克斯坦、哈萨克斯坦是我国天然气进口的主要来源国，2016年分别向中国输出天然气2163.5万吨、316.5万吨、31.4万吨，各占中国天然气进口总量的77.3%、11.3%、1.1%。乌兹别克斯坦是独联体国家中继俄罗斯、土库曼斯坦之后的第三大天然气大国，同中国的天然气合作正在稳步扩大，2016年中国明显增加了从乌兹别克斯坦进口天然气的数量，较2015年增长179.1%。伴随"一带一路"矿产资源国际合作的有序推进，中国未来从中亚地区进口天然气数量还将进一步增加（表8）。

表8　2014—2016年我国天然气主要进口国家分布情况

国　家	2014年		2015年		2016年		2016年比2015年数量同比增幅/%
	数量/万吨	金额/百万美元	数量/万吨	金额/百万美元	数量/万吨	金额/百万美元	
土库曼斯坦	1874.3	9441.1	2040.3	7681.1	2163.5	5480.8	6.0
乌兹别克斯坦	178.7	799.3	113.4	372.0	316.5	689.8	179.1
缅　甸	220.1	1322.8	288.5	1588.2	286.1	1327.3	-0.8
哈萨克斯坦	29.1	51.0	26.2	49.4	31.4	56.0	19.8

数据来源：中华人民共和国海关总署。

五、价格走势

世界天然气价格持续下降。英国天然气（Heren NBP Index）价格自2013年以来连续三年持续下降，2016年跌至4.69美元/百万英热单位，较2015年下降28.2%。美国天然气（Henry Hub）、加拿大天然气（Alberta）价格则自2014年以来连续两年持续下降，2016年分别跌至2.46美元/百万英热单位、1.55美元/百万英热单位，较2015年下降5.4%、22.9%。世界天然气市场供应过剩加剧，是天然气价格持续下跌的主要原因（图8）。

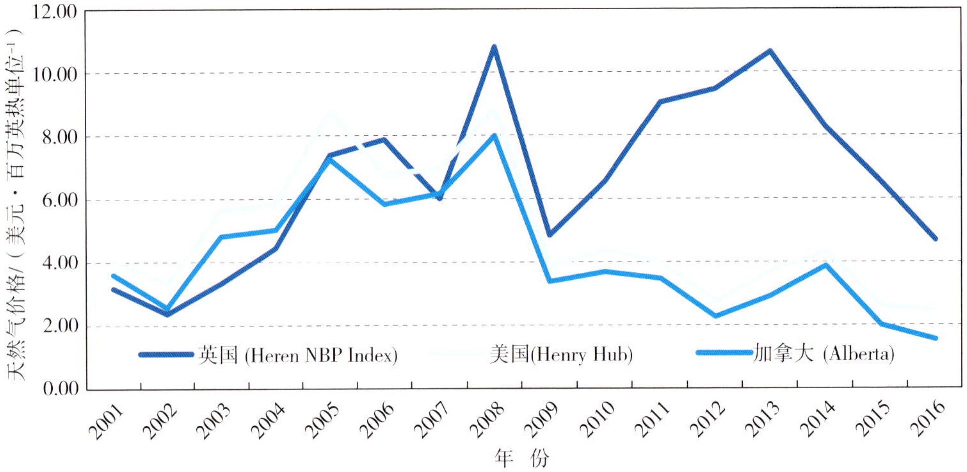

图8　2001—2016年世界天然气价格走势情况

数据来源：*BP Statistical Review of World Energy*，2017

中国液化天然气价格走势同世界大体一致，呈持续下降趋势。2014年初，全国液化天然气（LNG）市场价为5412.9元/吨，随后一直走跌。2016年，全国LNG市场价在2728.3 ~ 3700.4元/吨之间波动，2016年底，全国LNG市场价为3183.5元/吨，较2016年年初下降8.2%（图9）。

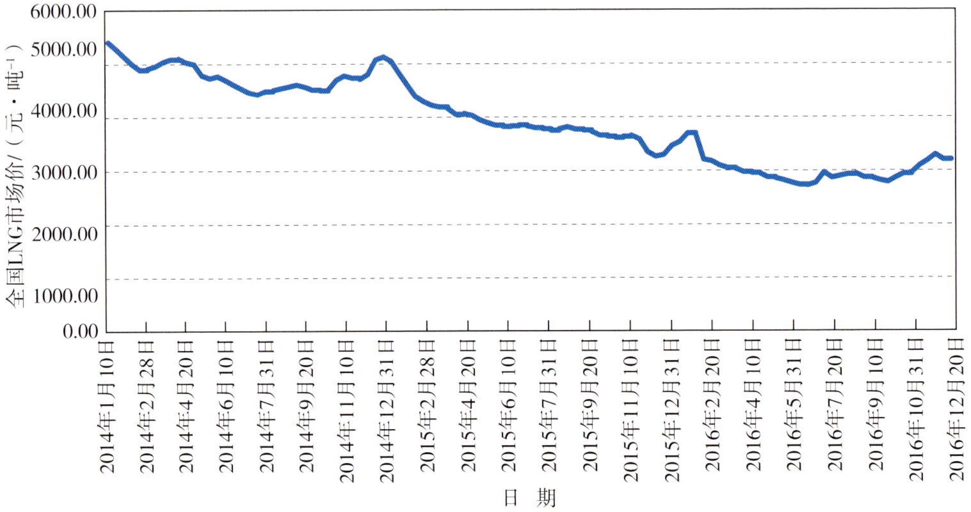

图9　2014—2016年我国分日期LNG价格走势情况

数据来源：中华人民共和国国家统计局

六、结论

（一）世界供需形势

在天然气供需方面，全球天然气市场供需宽松。全球天然气需求增长慢于预期，前期过于乐观的判断造成市场供应相对宽松，短期内难于达成供需平衡。2010年以来，天然气生产商基于对市场需求的乐观判断，在全球各地陆续启动了一大批LNG项目，这些项目将在今后几年密集投产，预计2020年前，全球天然气供应能力继续快速提升，产能较2015年增长近50%，增量主要来自澳大利亚、美国和俄罗斯。与此同时，受全球经济放缓、替代能源发展加速、区域市场和贸易机制不成熟的影响，预计2016—2020年全球天然气需求增速仅为1.5%甚至更低的水平，期末LNG富余能力将超过7000万吨/年，市场供应过剩进一步加剧。

在天然气贸易方面，天然气贸易活跃，市场联动加强。随着供需宽松带来的气价大幅下降，供应商趋利而动，致使贸易量增长。2016年，世界LNG进口增长主要来自亚太（日本、韩国除外）和中东地区；欧洲LNG进口增速较2015年回落；美国首次成为LNG出口国，资源流向拉美、欧洲和亚太等地区。欧亚大陆间的管道联通，例如中俄、中亚与俄欧天然气管道，也促成了欧亚天然气市场的价格联动。随着美国增加LNG出口，这种联动还将从欧亚传导到北美，首先体现为全球天然气现货价格的区域差异缩小。

在天然气价格方面，天然气价格触底回升，市场间联动性增强。2016年，世界天然气价格较2015年下跌，但下半年价格触底反弹。与此同时，随着全球天然气市场规模的增大，市场间联动性增强（首先表现在欧亚市场），特别是欧美天然气交易中心的发展成熟及LNG现货占比的快速提升，未来天然气价格与国际油价的关联性将进一步削弱，天然气长期贸易价格的联动将会加强，目前长期贸易价格基本仍与油价挂钩，未来将会逐步脱节。

（二）我国供需形势

在天然气供需方面，我国天然气供需呈趋好态势。2016年，在价格下调和“煤改气”政策的激励下，我国天然气需求回暖。一方面，工业和发电用气是推动天然气需求上升的主要动力。2015年末非居民用气价格下调0.70元/米^{3}后，工业用气增速下滑的局面开始改变，与此同时，为治理频频出现的雾霾天气，全国各地特别是京津冀地区对工业炉窑、发电和供热煤实施大面积“煤改气”工程并给予财政补贴，极大提振了工业用户的天然气需求量；另一方面，城市燃气用量稳定增长，城市燃气包括居民生活用气和商业用气及其他行业用气，用气量一直在稳步上升。在需求回暖的带动下，我国天然气产量开始复苏，增产量主要来自川渝天然气产区，页岩气正在成为我国天然气产量的主要增长极。

在天然气进口方面，我国进口天然气占消费比例持续提高，其中，“三桶油”囊括了进口交易总量的97.9%。在进口天然气中，液化天然气（LNG）增幅显著，由于国际LNG现货价格低迷，刺激国内LNG进口量飙升，拉动LNG进口增幅从2015年的不足1%陡增至33%，超过管道天然气进口增幅近20个百分点，在进口总量中的占比由2015年的44.4%升至48.8%。此外，2016年中国首次接收了美国总计3船19.9万吨的LNG。2016年8月22日，第一船约6万吨LNG从美国运抵中海油位于深圳大鹏的接收站，中美天然气贸易大门由此打开。

在天然气价格方面，我国天然气价格不断深化，市场定价开始试水。一是，建立管输价格机制。2016年8月，国家发展和改革委发布《关于加强地方天然气输配价格监管 降低企业用气成本的通知》（发改价格〔2016〕1859号）要求全面梳理天然气各环节价格、降低过高的省内管道运输价格和配气价格、减少供气中间环节、整顿规范收费行为、建立健全监管长效机制，以及制定省内管道运输价格、城镇燃气配气几个具体管理办法，规范定价行为等。通知下发后，已有江西、浙江、陕西、广东等省份降低了省级管道的输气价格。2016年10月，国家发展和改革委同时发布了《天然气管道运输价格管理办法（试行）》和《天然气管道运输定价成本监审办法（试行）》，确立了新的天然气管输定价方法，实行“一企一价”并按照“准许成本加合理收益的原则”制定，同时要求管输信息公开、成本公开、政府监审公开、定价程序公开，以及按三年为周期对管输价格进行校核调整等。办法实施后，我国天然气管输价格有一定幅度下调。二是，尝试建立市场定价机制。2016年11月，国家级油气现货交易平台——上海石油天然气交易中心正式投运。从国家发展和改革委、上海市政府和三大石油公司的首脑出席投运发布会，足可看出政府和企业对交易中心的期望和重视。不过，尽管该中心2016年现货天然气成交量达到150×10^8立方米，但由于天然气体制改革之后，气源之间的竞争还不充分，短期内还难以发挥调节天然气供需和发现天然气市场价格的作用。

（执笔：苏轶娜）

铁矿资源供需形势分析

一、国内外资源状况

（一）世界资源状况

铁是地球上分布最为广泛的元素之一，澳大利亚、巴西、印度、东欧、中国等国家和地区都是全球铁矿石主要储区。据美国地质调查局数据，从2001年起，世界铁矿石储量基本稳定在1500亿～1900亿吨，铁金属储量基本在700亿～900亿吨。2016年世界铁矿石储量为1700亿吨，比2015年减少了10.5%；铁金属储量为820亿吨，较2015年减少30亿吨，同比下降3.5%。以2016年年产22.3亿吨计算，世界铁矿石储采比约为76.2。澳大利亚、巴西、俄罗斯、中国和印度是铁矿资源大国，五国铁金属储量合计占世界总量的75.9%，比2015年增加了1.5个百分点。其中，澳大利亚、巴西和俄罗斯三国的铁金属储量之和占世界总量的58.8%，比2015年增加了1个百分点，且这三个国家的铁矿资源品位较好；中国虽然铁矿石储量很大，但禀赋较差，多为贫矿（表1）。

表1　2016年世界铁矿资源储量分布情况　　单位：亿吨

国　家	铁矿石储量	铁金属储量	国　家	铁矿石储量	铁金属储量
澳大利亚	520	230.0	加拿大	60	23.0
巴　西	230	120.0	瑞　典	35	22.0
俄罗斯	250	140.0	伊　朗	27	15.0
中　国	210	72.0	哈萨克斯坦	25	9.0
印　度	81	52.0	南　非	12	7.7
美　国	30	7.9	其他国家	155	98.4
乌克兰	65	23.0	**世界总计**	**1700**	**820.0**

资料来源：*Mineral Commodity Summaries*，2017。

（二）我国资源状况

我国铁矿石储量下降趋势明显。目前，已从2001年的121.30亿吨下降到2016年47.83亿吨，年均减少4.9亿吨左右；基础储量变化不大，在200亿吨左右变动；查明资源储量呈增长趋势，2003年查明资源储量576.60亿吨，此后每年增加20亿吨左右，2016年增加到840.63亿吨（图1）。我国铁矿资源集中分布在辽宁、四川、河北、内蒙古、山西、山东及安徽，这七省（自治区）的铁矿基础储量合计为157.4亿吨，约占全国总量的78.2%，比2015年减少了1个百分点。

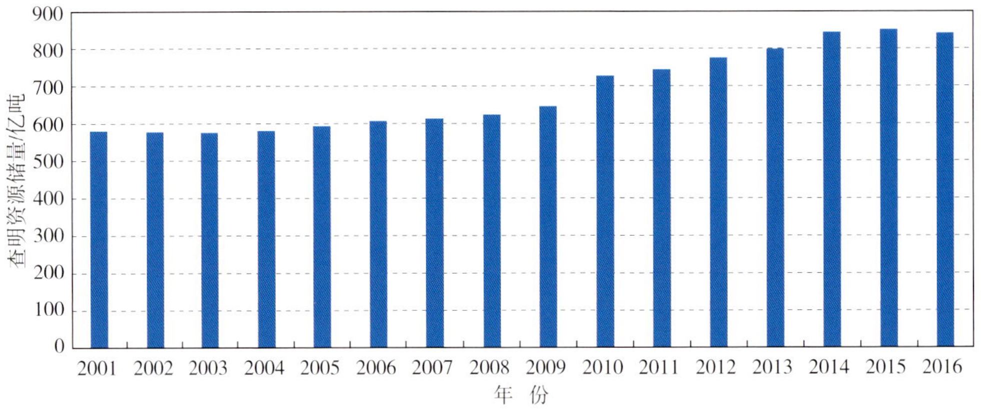

图1　2001—2016年我国铁矿石查明资源储量变化情况

二、国内外生产状况

（一）世界生产状况

1.铁矿石

世界铁矿石产量总体保持增长态势。美国地质调查局统计数据显示，1994—2014年期间，铁矿石成品矿产量年均增加0.73亿吨，年均增幅达5.1%。2008年下半年的金融危机使全球经济陷入衰退，导致2009年世界铁矿石成品矿产量基本与2008年持平，产量没有出现大幅下降得益于中国、印度等新兴国家经济的快速恢复。2010年，随着世界经济逐渐回暖，世界铁矿石成品矿产量继续增长。2016年，全球经济继续深度调整，铁矿石成品矿产量为22.3亿吨，同比减少10.4%，出现首次明显下降。从图2可以看出，1994—2016年期间，中国、澳大利亚、巴西、印度的产量上升比较明显，四国铁矿石产量增幅分别为475.0%、538.8%、157.8%和126.3%。

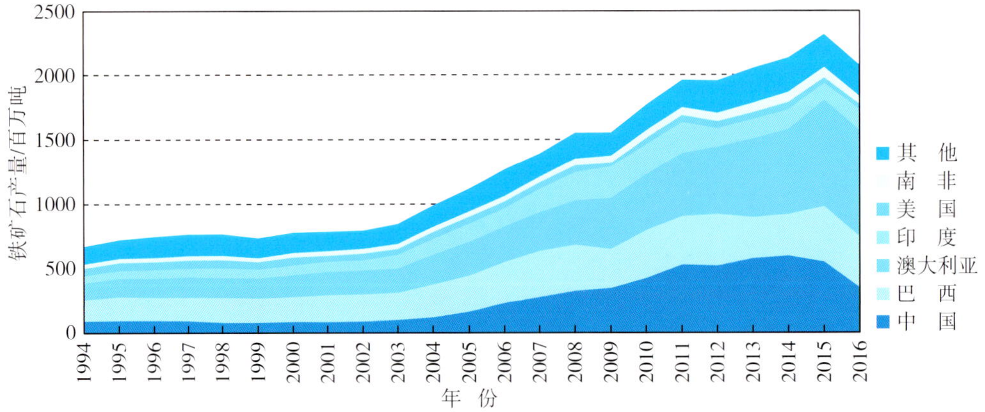

图2　1994—2016年世界铁矿石生产情况

注：中国数据已按国家统计局数据将铁矿石原矿（平均品位约28%）量折合成65%的成品矿量

资料来源：*Mineral Commodity Summaries*，1995—2017

20世纪90年代以来，世界铁矿资源生产供应格局基本稳定，主要供应国一直是巴西、澳大利亚、中国、印度、俄罗斯等资源丰富的国家，导致世界铁矿资源供应垄断不断加剧，根据美国地质调查局数据计算，排名前五位国家的产量占世界总产量的比例整体上逐年增加。受2008年全球经济危机拖累，此后这五国铁矿石产量占全球总产量比例的增长速度有所减缓，从2012年开始至2014年，这五国的铁矿石产量合计占世界铁矿石总量的比例一直保持在79%左右，2016年和2015年的比例均为82%（图3）。

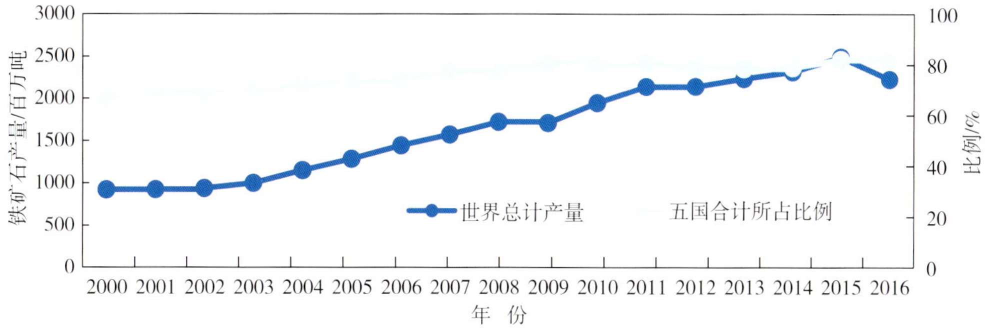

图3　2000—2016年世界前五位主要铁矿生产国产量占世界比例情况

资料来源：*Mineral Commodity Summaries*，2001—2017；中国铁矿石产量已折为成品矿量

巴西淡水河谷、澳大利亚力拓、必和必拓和FMG是世界四大铁矿石生产巨头。自2003年开始，淡水河谷、力拓、必和必拓和FMG的铁矿石产量整体呈现上升的态势。淡水河谷作为全球最大的铁矿石生产企业，2016年铁矿石产量3.49亿吨，同比上升4.6%；力拓是继淡水河谷之后的全球第二大铁矿石生产商，全年铁矿石产量2.81亿吨，同比增长6.9%；必和必拓2016年铁矿石产量有所下滑，全年铁矿石产量2.26亿吨，同比减少4.6%；FMG产量为1.90亿吨，同比增加13.9%（图4）。

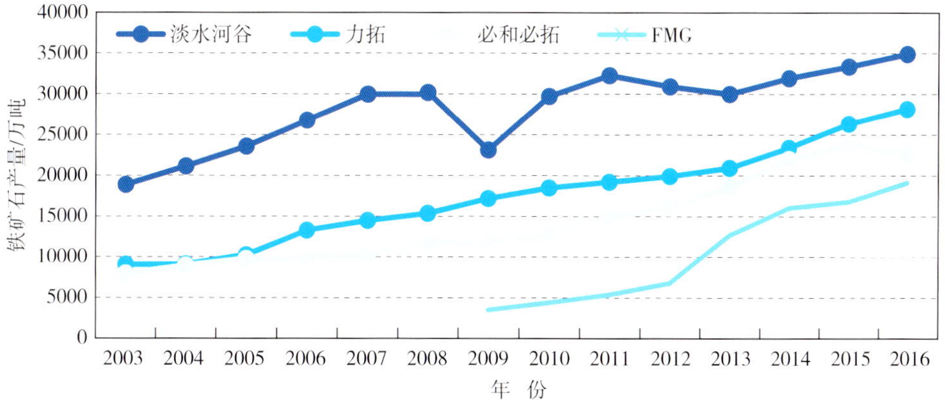

图4　2003—2016年四大铁矿石供应商铁矿石生产情况

数据来源：Wind资讯

2.生铁和粗钢

2016年世界生铁产量出现小幅上涨。2010年以来，钢铁产业受世界经济企稳回升影响，多数国家均出现积极恢复，2016年世界生铁产量为11.60亿吨，较2015年增加了0.6%。2016年，世界生铁产量前五位国家依次为中国、日本、印度、俄罗斯和韩国，产量分别为700.7百万吨、80.2百万吨、63.0百万吨、51.8百万吨和46.3百万吨。其中，中国的生铁产量增加速度最快，2000—2014年年均增长率高达12.8%，远高于世界8.5%的平均水平。2016年，中国生铁产量占世界生铁产量的比例为60.4%。值得关注的是，2016年主要生铁生产国中，中国、乌克兰和印度的产量有所增加，分别为1.4%、9.1%和10.5%，而巴西、德国、俄罗斯、美国、日本和韩国的产量均出现负增长，其中巴西和美国的降幅最大，分别下降为7.1%和12.0%（表2）。

表2　2000—2016年世界生铁生产情况

国　家	产量/百万吨							2016年比2015年同比增幅/%
	2000年	2008年	2010年	2012年	2014年	2015年	2016年	
巴　西	28	35	31	27	27	28	26	-7.1
中　国	131	483	596	658	711	691	701	1.4
德　国	31	29	29	27	27	28	27	-3.6
俄罗斯	45	48	48	51	51	53	52	-1.9
美　国	48	34	27	32	29	25	22	-12.0
乌克兰	26	31	27	29	25	22	24	9.1
印　度	21	37	39	48	55	57	63	10.5
日　本	81	86	82	81	84	81	80	-1.2
韩　国	25	31	35	42	47	47	46	-2.1
其　他	140	137	121	117	125	121	119	-1.7
世界总计	**576**	**951**	**1035**	**1112**	**1181**	**1153**	**1160**	**0.6**

资料来源：国际钢铁协会（IISI），高炉生铁（BFI）产量，2000—2016。

世界粗钢产量持续增长。随着世界经济继续缓慢复苏，粗钢产量也出现积极恢复，2016年世界粗钢产量为16.1亿吨，较2015年增加0.8%。世界粗钢主要生产国家和地区为中国、日本、印度、美国、俄罗斯、韩国等。其中，中国粗钢产量增长速度最快，2000—2014年，我国粗钢生产年均增长率为14.2%，远高于世界平均4.8%的水平。从表3可以看出，2016年，中国、印度、乌克兰和土耳其的粗钢产量有所增长，增幅分别为0.5%、7.9%、4.3%和3.1%；在粗钢产量负增长的国家中，巴西的降幅最大，同比下降6.1%。2016年，世界粗钢产量排名前五位的国家依次为中国、日本、印度、美国、俄罗斯和韩国，产量分别为808百万吨、105百万吨、96百万吨、78百万吨、71百万吨和69百万吨，中国粗钢产量占世界粗钢产量的比例为50.2%。

表3　2000—2016年世界粗钢生产情况

国　家	产量/百万吨							2016年比2015年同比增幅/%
	2000年	2008年	2010年	2012年	2014年	2015年	2016年	
中　国	129	512	637	709	823	804	808	0.5
美　国	102	92	80	89	88	79	78	-1.3

续表

国家	产量/百万吨							2016年比2015年同比增幅/%
	2000年	2008年	2010年	2012年	2014年	2015年	2016年	
日　本	106	119	110	107	111	105	105	0.0
俄罗斯	59	69	67	71	71	71	71	0.0
印　度	27	58	68	77	87	89	96	7.9
乌克兰	32	37	33	33	27	23	24	4.3
巴　西	28	34	33	35	34	33	31	-6.1
韩　国	43	54	59	69	71	70	69	-1.4
德　国	46	46	44	43	43	43	42	-2.3
土耳其	14	27	29	36	34	32	33	3.1
其　他	263	293	269	272	255	249	253	1.6
世界总计	**849**	**1341**	**1429**	**1541**	**1644**	**1598**	**1610**	**0.8**

资料来源：国际钢铁协会（IISI），粗钢产量，2000—2016。

2016年世界钢铁生产企业的粗钢产量有升有降。20强钢铁企业中，粗钢产量较2015年有所增长的钢铁企业有宝武集团、鞍钢集团、JFE、山东钢铁集团、纽柯钢铁公司、新利佩茨克钢铁、建龙集团、中国台湾中钢和华菱集团，其中增幅较明显的为宝武集团、纽柯钢铁公司和建龙集团，分别为5.1%、11.9%和8.7%；粗钢产量较2015年有所减少的钢铁企业中，首钢集团、塔塔钢铁集团和盖尔道集团降幅较大，分别下降6.1%、6.9%和6.3%。2016年，世界钢铁企业排名前20中有10家中国钢铁企业，数量和2015年相同，产量共计292.33百万吨，同比增加1.1%（表4）。

表4　2016年世界前20强钢铁企业排名情况

名次	企业名称	2015年产量/百万吨	2016年产量/百万吨	同比增幅/%	名次	企业名称	2015年产量/百万吨	2016年产量/百万吨	同比增幅/%
1	安赛乐米塔尔	97.14	95.45	-1.7	11	山东钢铁集团	21.69	23.02	6.1
2	宝武集团	60.71	63.81	5.1	12	纽柯钢铁公司	19.62	21.95	11.9
3	河钢集团	47.75	46.18	-3.3	13	现代制铁	20.48	20.09	-1.9
4	新日铁住金	46.37	46.16	-0.5	14	马钢集团	18.82	18.63	-1.0
5	浦项制铁	41.97	41.56	-1.0	15	蒂森克虏伯	17.34	17.24	-0.6
6	沙钢集团	34.21	33.25	-2.8	16	新利佩茨克钢铁	16.05	16.64	3.7
7	鞍钢集团	32.50	33.19	2.1	17	建龙集团	15.14	16.45	8.7
8	JFE	29.83	30.29	1.5	18	盖尔道集团	17.03	15.95	-6.3
9	首钢集团	28.55	26.80	-6.1	19	中国台湾中钢	14.82	15.52	4.7
10	塔塔钢铁集团	26.31	24.49	-6.9	20	华菱集团	14.87	15.48	4.1

资料来源：国际钢铁协会（IISI）。

（二）我国生产状况

1.铁矿石

2016年铁矿石原矿产量有所下滑。多年来，我国已形成东北、华北、华东、华中、西南等钢铁工业基地和与之配套的鞍本、冀东—密怀—张宣、攀西、吕梁、长江中下游（大冶、安庆—繁昌、宁芜）、邯邢、鲁中、许昌—霍邱、包白和海南十大铁矿石生产基地。2000年以前，我国铁矿原矿产量在2亿吨上下波动。进入21世纪后，随着我国钢铁行业的高速发展，铁矿石需求大幅度增加，带动了我国铁矿石产量不断增长。2001—2014年，我国铁矿石原矿产量增长了近6倍，年均增长率为16.1%。2015年，我国铁矿原矿产量有所下降，为13.8亿吨；2016年，我国铁矿产量继续下降至12.8亿吨，较2015年减少7.2%（图5）。

从月份看，2016年所有月份的铁矿石产量都比2015年有所减少，其中3月、5月、6月、7月、8月和9月的降幅均超过了5%。从2016年每月铁矿石产量的整体走势来看，3月铁矿石产量为9815.8万吨，在4月攀升至10256.7万吨后，开始保持在11500万吨左右的水平，至12月为11938万吨（图6）。

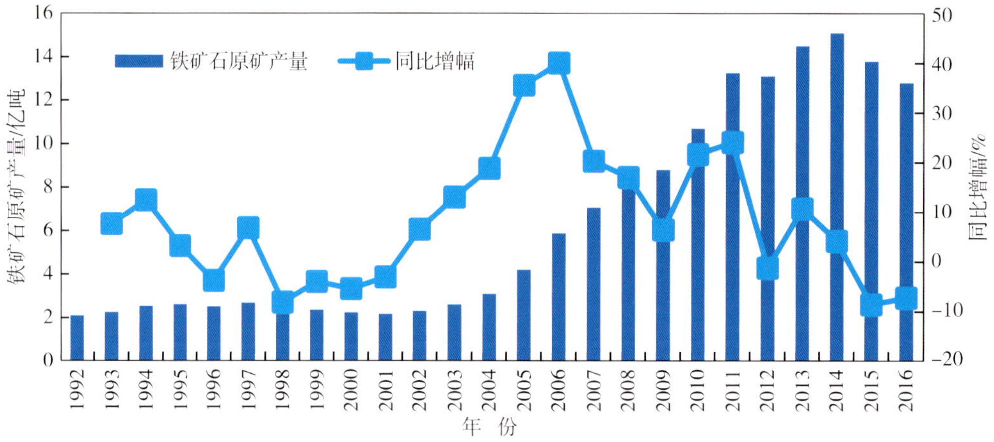

图5　1992—2016年我国铁矿石原矿生产变化情况

资料来源：中华人民共和国国家统计局工业主要产品产量数据

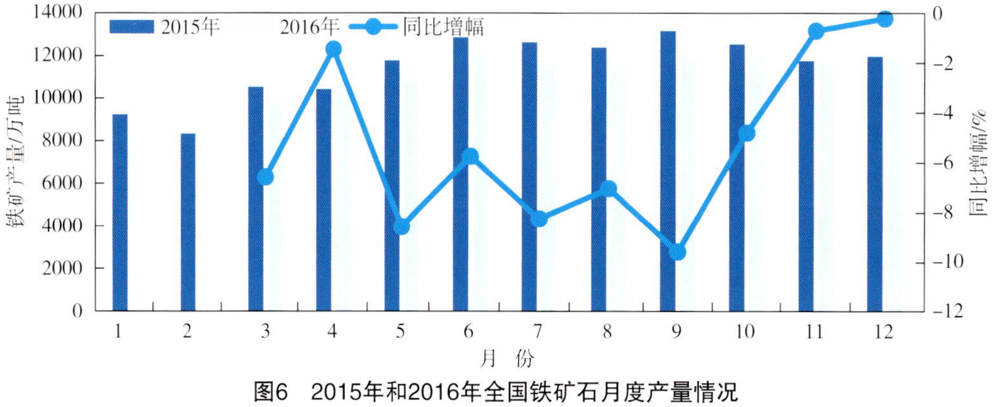

图6　2015年和2016年全国铁矿石月度产量情况

资料来源：中华人民共和国国家统计局工业主要产品产量数据

2.生铁、粗钢和钢材

从21世纪初开始，我国生铁、粗钢和钢材的产量持续高速增长。其中，2000—2014年，我国生铁产量从1.31亿吨增长到7.12亿吨，年均增长12.9%；粗钢产量从1.27亿吨增长到8.23亿吨，年均增长14.3%；钢材产量从1.31亿吨增长到11.26亿吨，年均增长率达到16.6%。2015年，我国生铁、粗钢和钢材的产量都不同程度地出现下滑，2016年略有回升，其中，生铁产量为7.01亿吨，粗钢产量为8.08亿吨，钢材产量为11.38亿吨，分别较2015年增加1.4%、0.5%和1.3%（图7）。

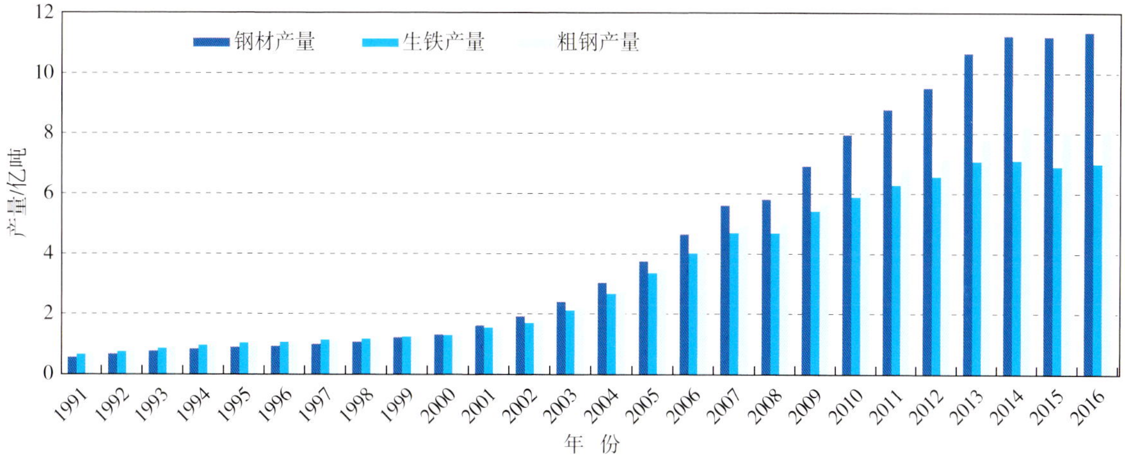

图7　1991—2016年我国生铁及其冶炼产品产量变化情况

数据来源：中华人民共和国国家统计局工业主要产品产量数据

从国内大陆钢企排名情况来看，2016年排名前十位的钢企产量增幅较大的有宝武集团、山东钢铁集团和建龙集团，增幅均超过5%；减产较大的钢企有首钢集团、本钢集团和河钢集团，降幅分别为6.1%、3.9%和3.3%（表5）。

表5　2015—2016年我国钢铁企业排名情况

名次	企业名称	2015年产量/万吨	2016年产量/万吨	同比增幅/%
1	宝武集团	6071.8	6380.6	5.1
2	河钢集团	4774.5	4618.0	-3.3
3	沙钢集团	3421.5	3325.2	-2.8
4	鞍钢集团	3250.2	3319.4	2.1
6	首钢集团	2855.3	2679.7	-6.1
5	山东钢铁集团	2169.2	2301.7	6.1
7	马钢集团	1882.0	1862.9	-1.0
8	建龙集团	1514.1	1645.4	8.7
9	华菱集团	1487.4	1548.3	4.1
10	本钢集团	1499.1	1440.2	-3.9
CR10总量		**28925.1**	**29121.4**	**0.7**
CR10占比		36.0%	36.0%	—
全国合计		**80382.3**	**80836.6**	**0.6**

数据来源：国际钢铁协会。

近年来，在化解钢铁过剩产能的大背景下，我国钢铁行业跨省市兼并重组取得突破性进展。尤其2016年宝钢股份和武钢股份的合并绝对是轰动我国钢铁行业的大事。从行业发展趋势看，宝钢、武钢重组将起到示范引领作用，进一步提高产业集中度，推动化解产能过剩的进程，促进中国钢铁行业整体转型升级。2016年，粗钢产量前10家企业产量占全国总产量的36.0%，与2015年持平。

3.废钢（HS编码7204）

“十三五”开局之年，受钢铁行业市场回暖和取缔“地条钢”等因素影响，废钢铁消耗总量和综合单耗双双攀升，废钢铁市场触底反弹，呈现废钢铁企业脱困向好的“小阳春”。

据废钢协会统计，2016年，我国废钢消耗量为9010万吨，同比增加680万吨，增幅为9.3%；废钢单耗111千克/吨，同比增加7千克/吨，增幅为6.7%；废钢比达到11.1%，同比增加0.7个百分点。重点钢铁企业2016年废钢消耗同比均有不同程度增加，其中消耗最高的沙钢集团达到357.38万吨，废钢消耗增幅最大的鞍钢集团增幅达到24.95%；废钢单耗最高的宝武集团宝钢股份废钢消耗达到262.64万吨，废钢单耗增幅最大的鞍钢集团增幅为17.44%。

同时，我国废钢铁资源产生量也有所增加。根据废钢协会统计，2016年，全国废钢铁资源总量为9291万吨，同比增加771万吨。钢企自产废钢4430万吨，占消耗总量的49%，同比增加240万吨；社会采购废钢4645万吨，占消耗总量的51%，同比增加555万吨；钢企废钢库存增加90万吨。进口废钢216万吨，同比减少了17万吨。

与废钢铁资源量、消耗量一同上升的，还有废钢铁价格。从2015年初开始，废钢铁市场价格一路上涨，平均价格同比上涨400~500元/吨，最高价格比最低价格上涨一倍之多。

2016年，我国废钢进口量依然处于低位，废钢进口市场处于萎缩状态。据海关数据统计，2016年，我国累计进口废钢216.1万吨，较2015年减少16.7万吨，同比下降7.2%；其中，日本依然是我国废钢进口主要来源国，2016年我国从日本进口废钢186.6万吨，占进口总量的86.3%（图8）。

图8 2006—2016年我国废钢消费变化情况

数据来源：钢联资讯

三、国内外消费状况

（一）世界消费状况

2016年，世界铁矿石消费量稍有反弹。铁矿石消费量没有直接统计数据，但一些间接指标可以显示铁矿石的消费变化，这些指标包括生铁产量、直接还原铁产量、粗钢产量及钢材产量等。其中，生铁产量最能反映铁矿石消费情况。此处以2吨成品矿折1吨生铁来计算世界铁矿石的消费量，如图9所示。从图9中可以看出，2000年以前，世界铁矿石消费量在10亿吨以上小幅波动。进入21世纪后，随着以我国为代表的发展中国家的社会经济加速增长，钢铁工业也快速发展，驱动世界铁矿石的消费量保持强劲增长态势。2008年和2009年受金融危机影响，世界铁矿石消费量出现小幅下降；2010年全球经济逐渐回暖，铁矿石消费出现回升，但2015年随着我国铁矿需求峰值的来临，世界铁矿石的消费量有所下降，约23.06亿吨，2016年世界铁矿石消费量稍有回弹，为23.2亿吨，同比增加0.6%。

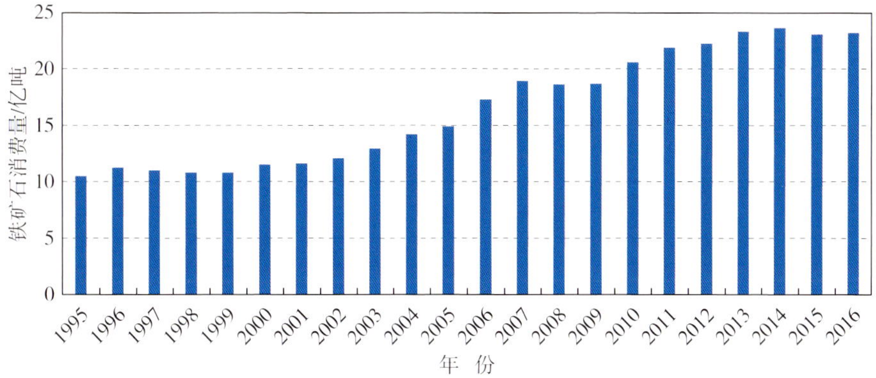

图9 1995—2016年世界铁矿石需求量估算结果

世界钢铁协会数据显示，尽管2016年全球钢材表观消费量增加1450万吨至15.15亿吨，但2016年全球人均钢材表观消费量却从2015年的208.1千克降至207.9千克，且与2013年的峰值水平218.0千克相比下降9.9千克，降幅达4.8%。这是人均钢材消费量连续第三年出现下滑。

其中，2016年，亚洲钢材表观消费量和人均表观消费量均保持增长，钢材表观消费量从2015年的9.58亿吨增至9.99亿吨，人均表观消费量从250.0千克增至253.6千克，保持增长的国家主要有印度、韩国和中国等。

在2015年出现显著下滑后，2016年中国人均钢材表观消费量小幅增长至492.7千克，但仍低于2013年的峰值水平539.5千克。2016年日本人均钢材表观消费量同比下降，从2015年的497.3千克降至492.6千克。2016年韩国人均钢材消费量连续第三年保持增长，达到1130.2千克，在全球主要产钢国家中排名最高。

另外，2016年，北美、中南美、中东、非洲、大洋洲和独联体人均钢材消费均出现下降，但欧盟人均钢材消费从2015年的304.8千克上升至311.4千克，同比增加6.6千克，增长2.2%（表6）。

表6　2013—2016年世界主要地区钢材人均表观消费情况

地　区	人均消费量/（千克·人$^{-1}$）				2016年比2015年同比增幅/%
	2013年	2014年	2015年	2016年	
欧盟28国	281.6	295.5	304.8	311.4	2.2
其他欧洲国家	341.3	338.6	362.0	—	—
独联体	224.1	213.5	190.0	—	—
北　美	272.9	305.4	277.4	—	—
中南美	107.9	101.8	93.5	—	—
非　洲	32.5	32.5	33.1	—	—
中　东	228.1	232.0	225.4	—	—
亚　洲	266.4	261.3	250.0	253.6	1.4
大洋洲	174.2	191.5	185.1	—	—
世界合计	218.0	217.1	208.1	207.9	0.1

资料来源：生意社。

（二）我国消费状况

进入21世纪，我国铁矿石消费量呈稳步攀升态势。《全国主要矿产品产供销综合统计与价格通报》（2017年快报）显示，2016年我国铁矿石成品矿表观消费量13.67亿吨（其中进口铁矿砂10.24亿吨，比2015年增长7.5%；国产原矿按3.73∶1的比例折成品矿3.43亿吨），比2015年增长了3.3%，对外依存度为74.9%。我国已经连续多年成为世界最大的铁矿石进口国和消费国，目前铁矿石消费量约占全球消费总量的2/3（图10）。

图10　2001—2016年我国铁矿石生产与消费情况

数据来源：《全国主要矿产品产供销综合统计与价格通报》

2016年我国钢材产量和表观消费量略有回升。随着我国经济前期的高速增长，特别是近十年来随着家电、机电、轿车、建筑和运输业的飞速发展，中国钢材消费量也在急剧增加，在钢材消费量方面从1994年开始我国就成为世界钢材的消费大国之一。2016年，我国钢材产量11.38亿吨，较2015年增长了1.3%；同期，钢材表观消费量10.45亿吨，较2015年增加2.1%（图11）。

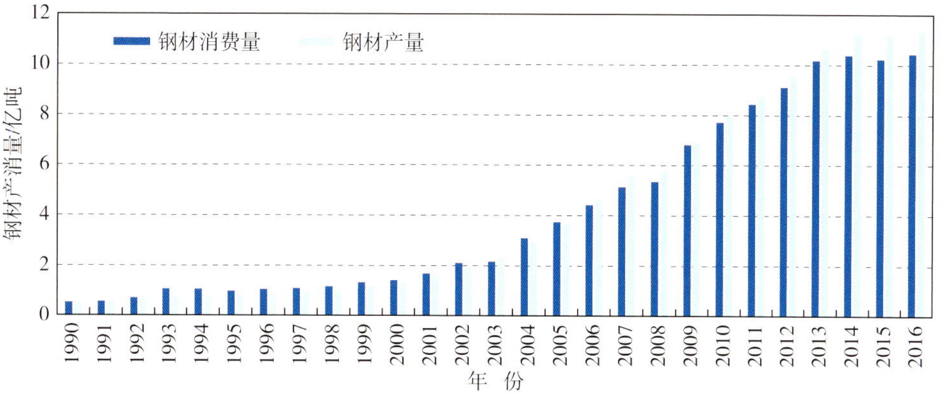

图11　1990—2016年我国钢材产量和表观消费量变化情况

数据来源：Wind资讯

四、国内外贸易状况

（一）世界贸易状况

从总体进出口量来看，进口量与出口量基本一致，2001—2015年，全球铁矿石进口总量增长189%，年均增长率为12%。2016年，全球铁矿石贸易量为15.19亿吨。从2011年开始，澳大利亚、巴西两国铁矿石供应总量不断增加但成本却连续下降，导致其铁矿石取代了高成本矿山企业供应的铁矿石，加上中国钢厂日益偏好高品位铁矿石，巴西和澳大利亚出口增长得到支持。预计两国在全球铁矿石出口总量的占比从2015年的合计78%提高到2022年的84%。2017年和2018年全球铁矿石贸易量预计分别同比增长4.2%和2.6%，2022年全球铁矿石贸易量预计达到16.1亿吨。

全球钢铁生产布局与铁矿石资源分布不一致。日本、韩国、英国、意大利等主要钢铁生产国家的铁矿石完全依赖进口；中国因钢铁生产规模超过自身铁矿资源支撑，需大量进口；俄罗斯国内铁矿石供求基本平衡；巴西、印度、澳大利亚的铁矿石不但能满足国内需求，还可以大量对外出口。全球铁矿石贸易形成了由澳大利亚、巴西、印度等国家向中国、日本、欧盟等国家和地区输送的格局。

当前，全球铁矿石供应市场高度集中于两个国家、四大公司。2016年，澳大利亚、巴西铁矿石出口量约占全球出口量的80%，四大矿山的铁矿石产量约占全球铁矿石贸易量的67%。

铁矿石主要进口国为中国、日本和韩国。2016年，中国进口铁矿石10.24亿吨，约占全球总进口量的67.4%；日本进口铁矿石1.30亿吨，占比约为8.6%；韩国进口铁矿石0.79亿吨，占比约为5.2%。2016年，三国进口量合计达12.33亿吨，占全球总进口量的约81.2%。

（二）我国贸易状况

我国是世界最大的铁矿石进口国。在过去我国钢铁工业快速扩张驱动和国内资源禀赋制约因素的共振作用下，铁矿石供需缺口逐年扩大，不足部分必须依靠进口来解决。2005—2010年，我国进口铁矿石占全球铁矿石进口量的比例为55.3%。此后，我国铁矿石进口量不断走高，2016年我国进口铁矿石10.24亿吨，相比2015年增长7.5%；进口金额576.6亿美元，较2015年减少0.2亿美元，占全球总进口量的67.4%（图12）。目前，我国粗钢消费已进入“峰值区”，并且考虑废钢的释放情况，预计未来几年，铁矿石进口量将会保持在世界总进口量的60%左右。

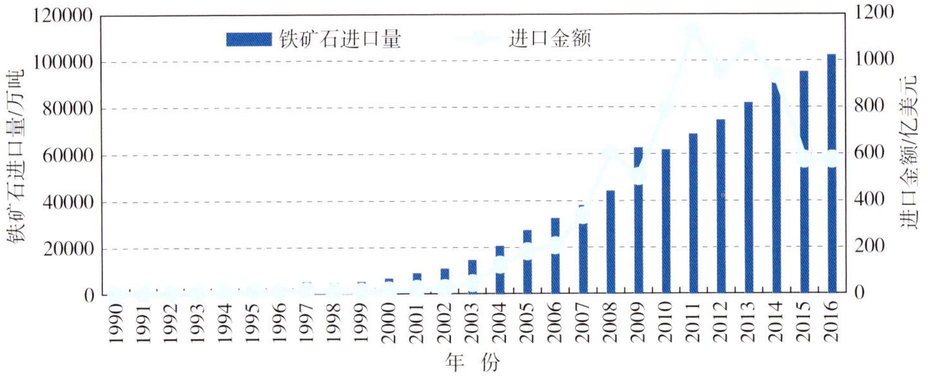

图12　1990—2016年我国铁矿石进口量和进口金额变化趋势

数据来源：海关信息网

我国铁矿石进口来源集中度较高。虽然我国铁矿石进口源达40多个国家（地区），前几年，澳大利亚、巴西、南非一直是我国进口铁矿石的主要来源国。2010年，澳大利亚占进口总量的42.9%、巴西占21.2%、印度占15.6%、南非占4.8%，四国合计占我国进口总量的84.5%。近年来，印度国内钢铁企业产能扩张，对国内铁矿石采取贸易保护政策，不断提高铁矿石出口关税，致使我国贸易商的进口成本大幅度增加，使得印度矿源的进口量大幅下降。2016年，我国从印度进口铁矿石的量再次有所回升，排名第四位。由于地理优势，我国在澳大利亚进口铁矿石的比例一直较高；2016年，我国从澳大利亚、巴西、南非和印度四国进口铁矿石量占世界比例分别是62.5%、20.9%、4.4%和1.5%，四国合计占我国进口总量的89.3%（表7；图13）。

表7　2010—2016年我国铁矿石进口区域分布情况

国家	2010年		2011年		2012年		2013年		2014年		2015年		2016年	
	进口量 万吨	金额 亿美元	进口量 万吨	金额 亿美元	进口量 万吨	金额 亿美元	进口量 万吨	金额 亿美元	进口量 万吨	金额 亿美元	进口量 万吨	金额 亿美元	进口量 万吨	金额 亿美元
澳大利亚	26527	348. 3	29622	496.1	35196	449.1	41698	548.8	54835	544.3	60736	359.0	63986	357.3
巴　西	13082	178.5	14270	257.6	16454	224.3	15529	213.5	17096	180.3	19165	121.8	21430	127.7
印　度	9652	112.5	7304	96.6	3344	37.1	1167	14.7	784	8.4	208	1.0	1555	8.6
南　非	2954	41.5	3607	64.4	4072	55.4	4294	60.3	4361	48.7	4538	30.6	4484	28.5
其　他	9632	117.0	13735	209.4	15499	189.4	19288	411.0	16192	156.4	10637	64.4	10911	59.5
世界合计	**61847**	**797.8**	**68538**	**1124.1**	**74565**	**955.3**	**81976**	**1056.3**	**93268**	**938.1**	**95284**	**576.8**	**102366**	**581.6**
四国占比/%	84.4	—	80.0	—	79.2	—	76.5	—	81.8	—	88.6	—	89.3	—

注：2014年和2015年占比为澳大利亚、巴西、南非三国合计。

资料来源：海关信息网。

据《中国冶金报》数据，2016年，我国累计进口钢材1321.42万吨，同比增加43.13万吨，增长3.37%；进口钢坯25.35万吨、钢锭3.45万吨，坯锭合计28.80万吨；折合粗钢进口量约为1405万吨；我国累计出口钢材10849.15万吨，同比减少390.78万吨，下降3.48%；出口钢坯12747.84吨、钢锭87.38吨，坯锭合计12835.22吨；折合粗钢出口量约为11302万吨。其中，冷轧产品出口量大

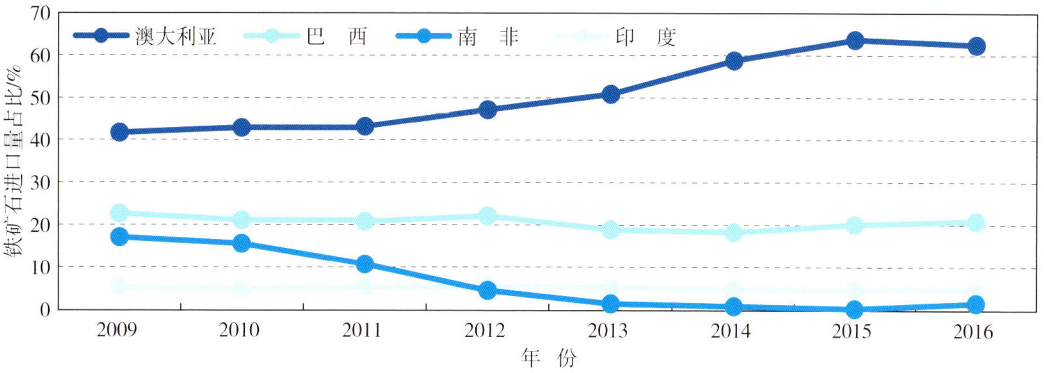

图13　2009—2016年我国分国别进口铁矿石情况

数据来源：海关信息网

幅下降。2016年，我国出口的主要品种中，型材、冷轧卷板、盘条、无缝钢管、中厚板、电工钢、热轧合金钢条杆的出口量同比下降，出口量同比增长的品种主要为镀层板和涂层板。

从出口国家和地区来看，2016年，我国向东盟、中东地区和韩国出口钢材6909.29万吨，同比增加395.61万吨，增长6.07%，占出口总量的63.69%，比2015年增长5.73个百分点。东盟是我国钢材出口的主要地区。2016年，我国向东盟出口钢材3893.75万吨，同比增长12.62%，占我国钢材出口总量的35.89%，比2015年提高5.13个百分点。其中，我国对越南、泰国、菲律宾和印度尼西亚的钢材出口量增加，马来西亚的出口与2015年基本持平，新加坡和缅甸的出口继续保持同比下降；我国向中东地区出口钢材1581.89万吨，同比下降7.32%，占我国钢材出口总量的14.58%；我国向韩国出口钢材1433.65万吨，同比增长6.26%；我国向美国、南美洲、北美自由贸易区（除美国外）和欧盟28国出口钢材1369.70万吨，同比减少511.09万吨，下降27.17%。受贸易救济调查措施的影响，2016年，我国向美国出口钢材116.94万吨，同比下降51.76%。由于美国市场钢材价格回升，2016年12月，我国向美国出口钢材9.90万吨，环比增长3.34%。在南亚的主要国家中，我国除向巴基斯坦的出口量同比增长了13.89%以外，向印度和孟加拉国钢材出口量均下降（图14）。

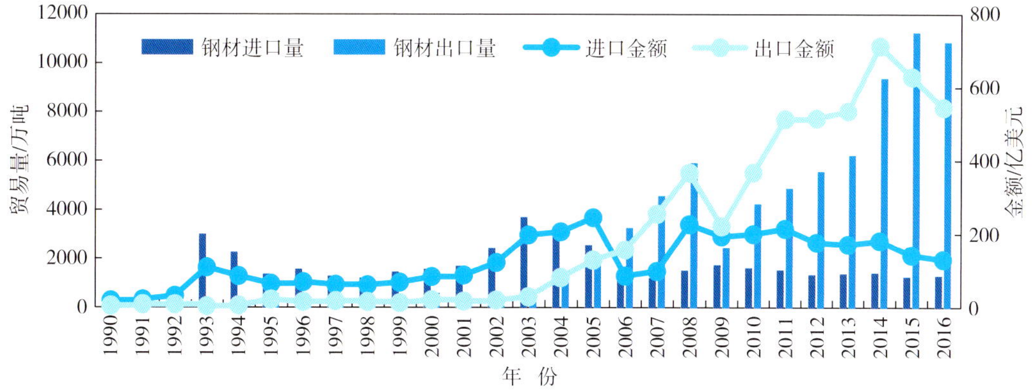

图14　1990—2016年我国钢材进出口变化情况

数据来源：海关信息网

五、价格走势

纵向对比2004—2016年进口铁矿石的平均价格可以发现，2004—2006年，铁矿石价格一直在70美元上下低位运行。随着我国经济高速发展，对铁矿石的需求量大幅增加，在国内供应不足的情况下，钢铁企业需要进口大量铁矿石，从2007年开始带动铁矿石进口价格大幅攀升，并在2008年8月达到154.5美元/吨的历史高位，相比2003年1月的价格，上涨了近5倍。此后，由于全球经济衰退，钢铁市场在2008年第四季度遭遇寒流，需求大幅下滑，导致铁矿石需求大幅下降，铁矿石价格急转直下，在2009年6月回归到68.1美元/吨的低位。后期由于现货市场铁矿石偏紧，加之2009年12月开始印度上调了铁矿石关税，铁矿石价格再度快速返回上涨通道。2010年，由于三大国际矿商将传统的“铁矿石年度定价”模式改成“季度定价”模式，缩短了铁矿石协议期限，使得铁矿石出现了明显的波动。此后，受钢材需求放缓影响，铁矿石价格不断高位调整，在2011年9月达到进口铁矿石价格历史高峰175.9美元/吨。此后，在欧债危机不断升级的大背景下，我国经济增速放缓，对铁矿石等大宗商品价格造成负面影响，铁矿石价格再次进入快速下滑通道。2014年铁矿石价格仍然高位震荡运行。但是，随着欧美等发达国家经济结构调整及我国经济发展进入新常态，钢铁需求即将迎来“拐点”，对铁矿石的需求将达到饱和，加之国外四大铁矿商的“以量养价”的战略施行，铁矿石价格出现下滑趋势。2015年，我国铁矿石平均进口价格大幅下滑至60.5美元/吨，2016年初价格继续下滑，在2月达到最低值42.8美元/吨，此后慢慢回弹，在12月回升到68.1美元/吨，全年铁矿石平均进口价格为55.2美元/吨，同比降低8.8%（图15）。国内铁精粉价格比进口铁矿石价格略低，青岛港65%巴西卡拉加斯粉的价格较国内鞍山65%铁精粉湿基（不含税）波动幅度更大，但走势基本一致（图16）。

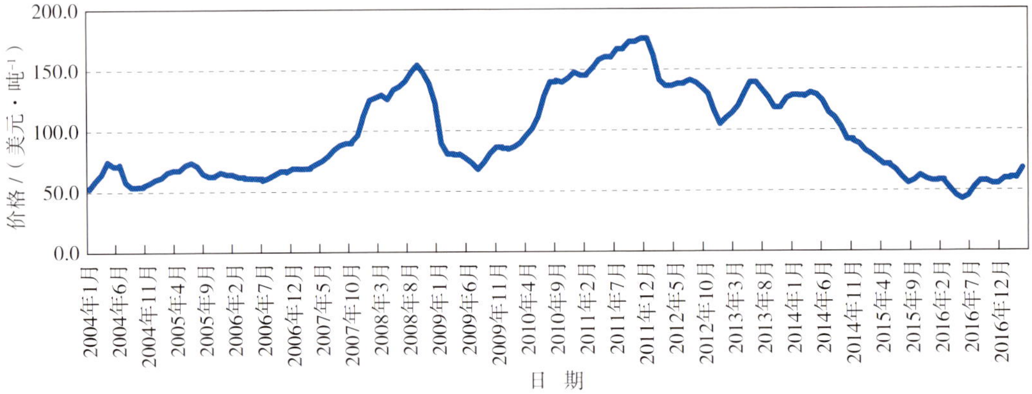

图15 2004—2016年我国进口铁矿石平均价格走势情况

数据来源：Wind资讯

六、结论

（一）世界供需形势

2016年，世界经济继续呈现温和复苏态势，主要矿产品需求稳中趋进，主要矿产品价格持续反弹回升，市场基底得到夯实，矿业发展生机逐渐显现。由于中国铁矿石需求变缓，而世界

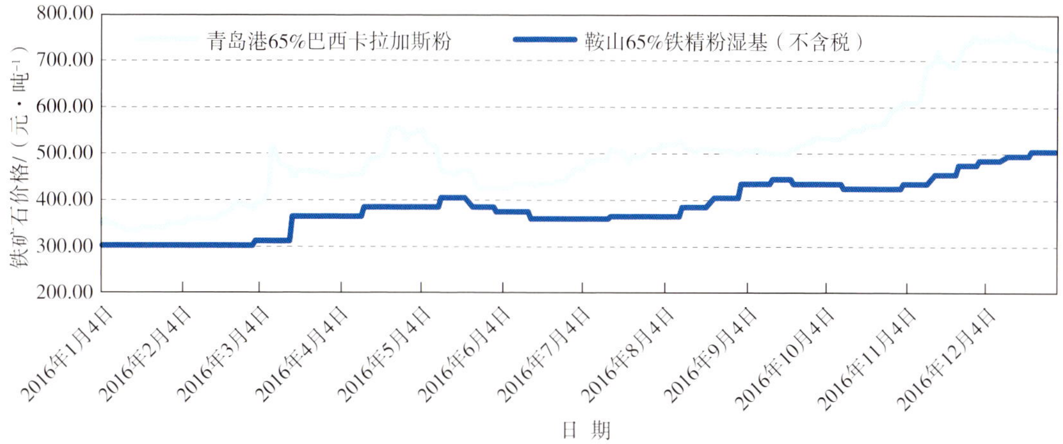

图16　2016年国内铁矿石及港口进口月度矿价走势情况

数据来源：Wind资讯

铁矿石巨头产量持续增长，世界铁矿石市场仍然供过于求。贸易方面，2016年全球铁矿石贸易量为15.19亿吨，继续保持由澳大利亚、巴西等国家向中国、日本、欧盟等国家和地区输送的格局。与此同时，由于地理优势，近年来中国在澳大利亚进口铁矿石的比例一直维持在60%以上，2016年从澳大利亚进口铁矿石量占进口总量的比例为62.5%。价格方面，在2015年国际铁矿石价格大幅下滑的基础上，2016年初价格继续下滑，在2月达到最低值42.8美元/吨，此后慢慢回弹，在12月回升到68.1美元/吨，全年铁矿石平均进口价格为55.2美元/吨，同比降低8.8%。目前，铁矿巨头还在继续扩建和增产，未来随着巨头产能集中释放，预测矿石市场价格还将在低价区域运行。

（二）我国供需趋势

新常态下，我国经济结构调整深入推进。我国是全球最大的钢铁生产国和用钢国，是推动全球铁矿石行业增长的主要驱动力。2016年，国内原矿产量继续下滑，至12.8亿吨，较2015年减少7.2%；生铁、粗钢和钢材产量略有回升，全年产量分别为7.01亿吨、8.08亿吨和11.38亿吨，分别较2015年增加1.4%、0.5%和1.3%。贸易方面，我国铁矿石进口量为10.24亿吨，比2015年增长7.5%，占全球总进口量的67.4%。对于钢铁行业，化解产能过剩初见成效，企业效益有所好转；同时，由于下游需求减弱，钢材价格大幅下跌，企业资金紧张凸显，全行业仍处于转型升级的“阵痛期”，企业面临的生产经营形势依然严峻。目前，随着我国产业结构调整和优化速度的加快，化解钢铁产能过剩任重道远；同时，随着新环境保护法的实施，钢铁企业的环保压力将进一步加大。受上述等因素影响，未来我国对铁矿石的需求将继续放缓。

（执笔：王　嫱）

锰矿资源供需形势分析

我国锰矿储量仅占世界锰矿储量的6.2%，平均品位下降至18%以下，而且大部分属于中小型矿床，制约了矿山产量的增长。随着钢铁工业的快速发展，国产锰矿难以满足国内消费需求，致使其供需缺口越来越大，目前，我国锰矿对外依存度达68.5%。世界优质锰矿资源主要集中在少数几个国家，以必和必拓为首的几大跨国矿业公司控制了全球高品位锰矿生产与贸易量的90%以上。为确保我国锰资源供应安全，需要加快与国外锰矿资源国的合作步伐，建立国外锰矿及锰初加工产品供应基地；同时切实淘汰国内落后铁合金产能，严格控制锰合金、电解锰等“两高一资”产品的出口。采集数据时参考不同文献，导致本部分数据之间略有差别。

一、国内外资源状况

（一）世界资源状况

世界陆地锰矿资源比较丰富，但分布很不均匀。根据美国地调局资料统计，截至2016年底，世界锰矿储量6.9亿吨（金属量，下同），较2015年的6.2亿吨增加了11.3%。世界锰矿储量主要分布在南非（2.00亿吨，占29.0%）、乌克兰（1.40亿吨，占20.3%）、澳大利亚（1.16亿吨，占16.8%）、巴西（0.43亿吨，占6.2%）、印度（0.52亿吨，占7.5%）、中国（0.22亿吨，占3.2%）、加蓬（0.12亿吨，占1.7%）和墨西哥等国家（图1，图2）。目前，世界锰矿储量静态保障年限为33.5年。

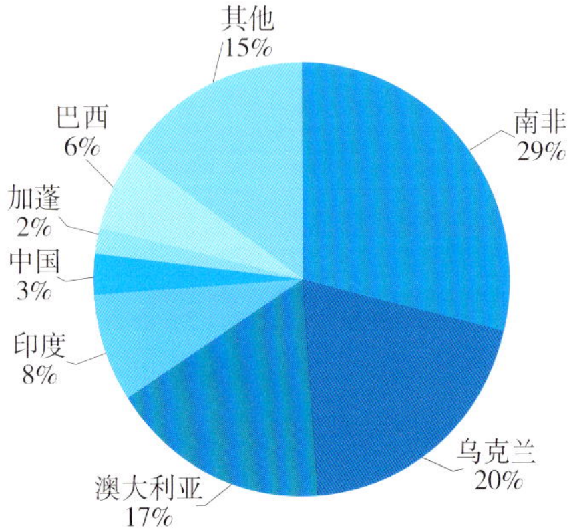

图1 2016年世界锰矿储量基础分布情况

资料来源：*Mineral Commodity Summaries*，2017

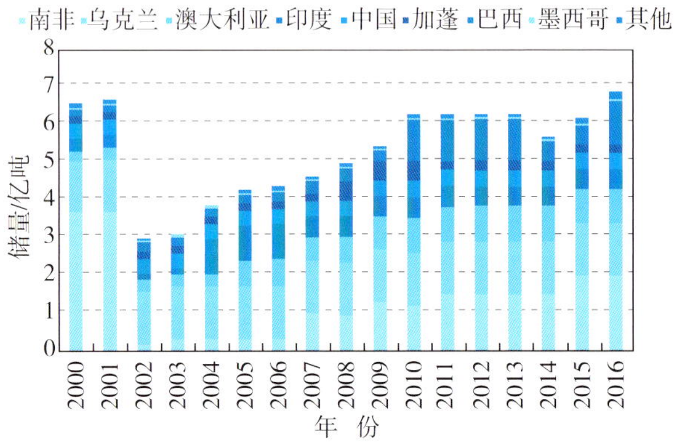

图2 2000—2016年世界锰矿储量变化情况

资料来源：*Mineral Commodity Summaries*，2017

（二）我国资源状况

截至2016年底，我国锰矿区492处，锰矿查明资源储量155077万吨（矿石，下同），资源量124043万吨，基础储量31034万吨，其中储量8490万吨。锰矿储量、基础储量和资源量分别占全国锰矿查明资源储量的5.5%、20.0%、80.0%。

二、国内外生产状况

（一）世界生产状况

2016年，世界锰矿产量1600万吨（金属量，下同），比2015年下降8.6%；其中，南非、澳大利亚、加蓬和巴西四个高品位锰矿生产国产量合计占世界总量的64.4%（表1）。生产高品位矿的市场高度集中，四大生产商产量占比高于95%（图3）。

表1 2001—2016年世界锰矿（金属量）生产情况 单位：万吨

年份	南非	中国	澳大利亚	加蓬	巴西	印度	其他	世界总计
2001	154.0	133.0	101.2	85.0	85.7	52.0	182.8	793.7
2002	153.7	138.0	110.6	89.5	86.8	56.5	180.2	815.3
2003	163.0	147.0	115.9	101.9	84.4	64.8	184.9	861.9
2004	182.6	200.0	164.4	120.8	124.2	75.2	204.3	1071.5
2005	205.3	240.0	178.0	118.6	149.9	79.2	195.0	1166.0
2006	238.0	220.0	198.9	143.0	111.2	69.1	190.4	1170.6
2007	247.3	280.0	223.3	160.0	80.2	72.6	213.5	1276.9
2008	296.7	342.0	225.0	155.9	125.1	82.6	214.1	1441.4
2009	188.7	270.0	183.2	95.6	100.4	84.5	183.5	1105.9
2010	306.0	306.0	286.5	153.6	113.7	101.3	260.8	1527.9
2011	360.0	414.0	301.8	185.8	120.9	89.5	248.7	1720.7
2012	335.9	414.0	335.6	165.0	102.0	80.0	240.6	1673.1
2013	440.0	414.0	314.0	197.0	106.0	74.0	290.0	1835.0
2014	470.0	414.0	310.0	200.0	110.0	94.0	293.0	1891.0
2015	590.0	300.0	245.0	202.0	109.0	90.0	214.0	1750.0
2016	470.0	300.0	250.0	200.0	110.0	95.0	175.0	1600.0

资料来源：IMnI，2016 *Annual Market Research Report*；*Mineral Commodity Summaries*，2017。

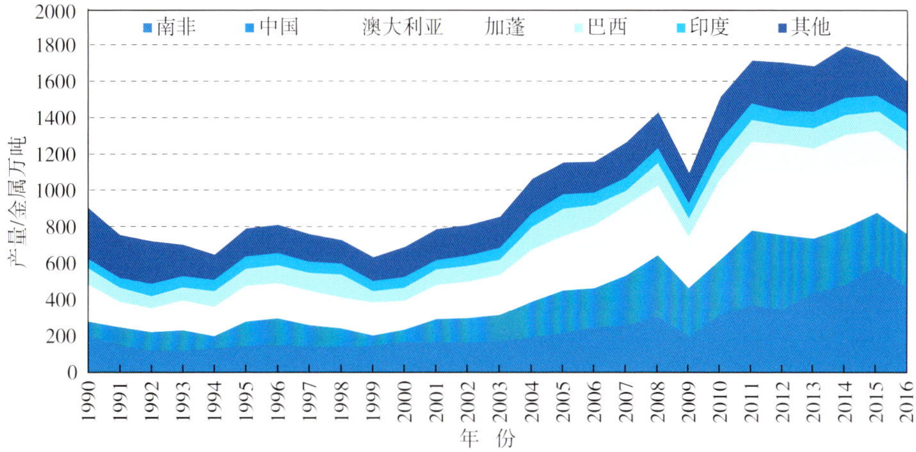

图3 1990—2016年世界锰矿（金属量）生产变化情况

资料来源：IMnI，2016 *Annual Market Research Report*；*Mineral Commodity Summaries*，2017

2014年，世界锰合金产量1904.2万吨，比2013年减少0.1%；其中，中国锰合金产量1063.3万吨，占世界锰合金总产量的55.8%（表2）。

表2　2007—2014年世界锰合金生产变化情况　　单位：万吨

国　家	2007年	2008年	2009年	2010年	2011年	2012年	2013年	2014年
中　国	665.0	723.4	664.4	750.2	1024.4	1020.0	1139.2	1063.3
印　度	115.8	123.5	127.5	144.0	173.6	198.7	215.6	217.0
乌克兰	145.7	117.2	72.6	108.7	83.1	87.6	—	—
挪　威	59.7	57.1	42.8	54.6	60.4	59.7	—	—
日　本	47.3	48.9	41.0	49.9	50.6	48.8	—	—
南　非	84.6	67.1	37.4	73.5	84.9	87.9	—	—
其　他	285.1	282.4	186.3	283.5	313.5	252.1	—	—
世界总计	**1403.2**	**1419.6**	**1172.0**	**1464.4**	**1790.5**	**1754.8**	**1901.9**	**1904.2**
表观消费量	1326.4	1357.8	1276.9	1473.4	1799.9	1771.1	1931.3	—
供需差值	76.8	61.8	−104.9	−9.0	−9.4	−16.3	−29.4	—
中国占比/%	47.4	51.0	56.7	51.2	57.2	58.1	59.9	55.8

资料来源：IMnI , 2014 *Annual Market Research Report*。

（二）我国生产状况

2016年，我国锰矿石原矿（按平均品位18%计）产量约2500万吨，与2015年基本持平；成品矿（按进口矿平均品位38.2%计）表观消费量约2490万吨，比2015年增长5.4%。2016年，我国锰矿石进口量1705.4万吨，比2015年增长8.2%，对外依存度68.5%（图4）。

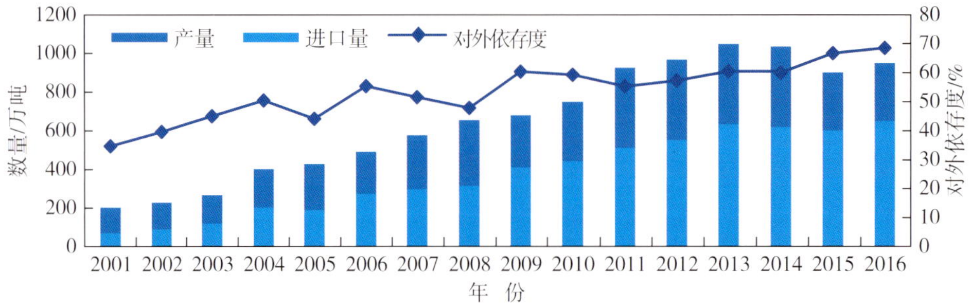

图4　2001—2016年我国锰矿(金属量)生产与消费变化情况

资料来源：IMnI , 2016 *Annual Market Research Report*；

中华人民共和国海关总署，《中国海关统计年鉴》，2001—2016年

三、国内外消费状况

（一）世界消费状况

2014年，世界锰矿消费总量为5443万吨（湿重，下同），消费结构为：锰系合金消费锰矿量4790万吨，占88%；电解锰金属（EMM）消费锰矿量490万吨，占9%；电解二氧化锰（EMD）消

费锰矿量109万吨，占2%；耐火材料消费锰矿量54万吨，占1%。2014年，世界平均吨钢耗锰10.4千克，不同国家因技术水平、铁矿石品位及钢铁产品类型的不同，其吨钢耗锰量有所变化。根据钢产量进行推断，世界锰的主要消费国家和地区是中国、美国、日本、欧盟等主要产钢的国家和地区。2014年，世界锰矿石消费量1737万吨（金属量），比2013年增长1.0%（表3）。

表3 2001—2014年世界锰矿（金属量）表观消费量变化情况

年份	表观消费量/万吨								中国占比/%
	中国	亚洲其他	独联体	欧洲	美洲	非洲	其他	世界总计	
2001	204.0	117.0	124.7	109.3	67.1	94.5	29.4	**746.0**	27.3
2002	228.9	112.0	133.8	107.0	67.3	87.1	34.7	**770.8**	29.7
2003	267.7	125.3	162.6	103.6	101.0	74.7	28.8	**863.7**	31.0
2004	404.2	146.2	172.8	141.0	86.5	102.4	25.3	**1078.4**	37.5
2005	430.4	149.1	152.2	116.3	111.9	68.0	32.3	**1060.2**	40.6
2006	493.8	142.2	169.0	100.7	86.0	75.9	28.3	**1095.9**	45.1
2007	578.5	164.5	180.7	101.2	122.5	83.9	30.3	**1261.6**	45.9
2008	656.5	191.7	199.2	123.3	75.3	67.0	44.4	**1357.4**	48.4
2009	681.9	179.0	102.6	34.0	59.4	29.1	27.7	**1113.7**	61.2
2010	751.2	209.7	157.2	103.5	60.6	58.7	29.5	**1370.4**	54.8
2011	926.9	242.8	177.9	97.4	82.8	77.0	40.2	**1645.0**	56.3
2012	968.5	258.6	171.9	92.0	105.5	42.7	26.8	**1666.0**	58.1
2013	1049.0	351.5	154.8	68.8	51.6	27.1	17.2	**1720.0**	61.0
2014	1035.0	389.3	156.3	69.5	52.1	17.4	17.4	**1737.0**	59.6

数据来源：IMnI，2014 *Annual Market Research Report*。

（二）我国消费状况

我国锰矿消费结构为：硅锰（SiMn）占46%，高碳锰铁（HC FeMn）占22%，电解锰金属（EMM）占22%，中低碳锰铁（Ref.FeMn）占7%，电解二氧化锰（EMD）占2%，硫化锰（MnS）占1%。

随着我国钢铁工业的发展和锰系产品出口的增加，锰矿石的消费量也逐步增加，进口矿石所占的比例越来越大。2016年，锰矿石成品矿（按进口矿平均品位38.2%计）表观消费量2490万吨，比2015年增长5.4%。约40%的国产锰矿被用于生产电解金属锰。

四、国内外贸易状况

（一）世界贸易状况

近十年来，世界锰矿石贸易量增长幅度较小，贸易规模从占当年世界锰矿总产量的35%逐步增加到2014年的44%。而世界锰合金贸易占当年产量的比例维持稳定，近十年，世界锰合金出口量占当年产量的30%左右，西方发达国家是锰合金的主要进口参与者。

2014年，世界锰矿石贸易量2700万吨，较2013年增长3.3%。其中，主要出口国家分别是南非、澳大利亚、巴西和加蓬四个高品位锰矿生产国，2006—2014年，这四国锰矿出口量合计占世界出口贸易总量的比例一直维持在80%左右（表4；图5）；2014年，中国锰矿进口量占世界锰矿进口贸易总量的比例为61.6%（表5）。

表4　2005—2013年世界锰矿（精矿）主要出口国贸易情况　　单位：万吨

国　家	2005年	2006年	2007年	2008年	2009年	2010年	2011年	2012年	2013年
南　非	256.0	290.8	357.2	552.6	374.7	626.9	660.5	712.0	900.0
澳大利亚	267.3	390.0	467.2	406.6	412.0	479.7	656.9	629.0	646.0
加　蓬	226.2	263.8	288.6	271.8	175.4	252.0	297.3	276.0	351.0
巴　西	169.2	119.2	130.4	181.3	136.7	238.6	168.8	166.0	184.0
加　纳	158.4	169.6	106.4	105.9	101.7	84.5	167.0	154.0	199.0
印　度	18.2	20.6	16.7	13.7	26.4	20.1	13.0	10.0	8.1
哈萨克斯坦	46.6	52.2	54.6	67.6	60.6	38.0	10.0	10.0	7.1
缅　甸	27.2	5.8	4.9	35.7	60.7	75.4	58.6	29.0	30.0
印度尼西亚	5.0	4.2	13.0	18.4	25.3	20.0	12.2	10.0	10.0
马来西亚	0.5	0.6	3.9	29.4	47.3	66.2	68.0	91.0	90.0
其　他	128.0	60.4	77.0	110.6	70.6	121.2	113.2	84.0	188.9
世界总计	**1302.6**	**1377.2**	**1519.9**	**1793.6**	**1491.4**	**2022.6**	**2225.5**	**2171.0**	**2614.1**
前四国出口合计占比/%	70.5	77.2	81.8	78.7	73.7	79.0	80.1	82.1	79.6
世界锰矿出口量占产量比例/%	37.7	40.6	39.8	39.6	42.2	45.9	47.5	46.1	44.2

资料来源：IMnI，2013 *Annual Market Research Report*；CRU。

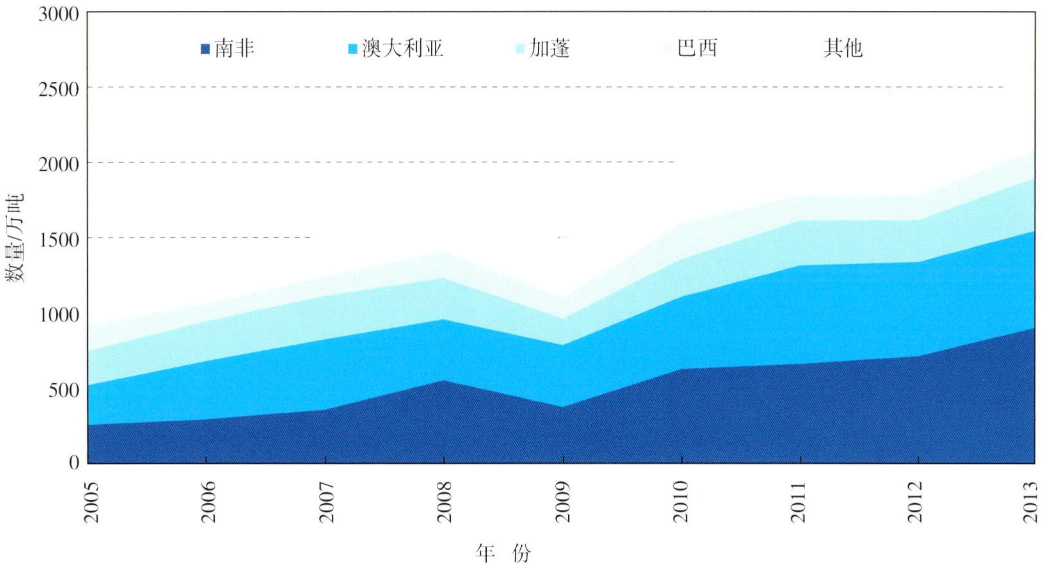

图5　2005—2013年世界锰矿（精矿）主要出口国贸易情况

资料来源：IMnI，2013 *Annual Market Research Report*

表5　2005—2013年世界锰矿（精矿）主要进口国贸易情况　　单位：万吨

国 家	2005年	2006年	2007年	2008年	2009年	2010年	2011年	2012年	2013年
中 国	457.9	620.8	662.8	757.2	961.8	1158.1	1297.8	1238.0	1662.0
印 度	10.8	16.2	51.9	107.2	63.1	118.9	181.7	237.0	210.7
韩 国	35.1	53.4	66.0	80.8	68.3	90.4	138.9	127.0	—
日 本	132.6	116.8	109.1	110.6	90.0	110.3	95.8	115.0	—
挪 威	117.2	84.9	108.8	123.3	52.6	112.2	108.5	107.0	—
乌克兰	183.2	166.3	150.2	200.3	88.6	129.8	120.4	73.0	—
法 国	61.6	61.1	67.9	87.7	19.4	72.1	61.2	56.0	—
美 国	64.0	57.5	59.9	57.1	26.9	48.9	61.9	51.0	—
西班牙	41.6	45.4	34.3	61.8	5.5	40.7	48.4	41.0	—
其 他	198.4	154.9	208.9	207.6	115.6	141.2	110.9	126.0	—
世界总计	**1302.4**	**1377.3**	**1519.8**	**1793.6**	**1491.8**	**2022.6**	**2225.5**	**2171.0**	**2614.1**
中国进口占比/%	35.2	45.1	43.6	42.2	64.5	57.3	58.3	57.0	62.0

资料来源：IMnI，2013 *Annual Market Research Report*。

（二）我国贸易状况

由于高品位优质锰矿石供应不足，我国每年进口的大量锰矿石，品位多为44%～45%Mn的中等品位和其他低等品位矿石。2016年，我国进口锰矿1705.4万吨，用汇20.7亿美元，同比分别增长8.2%和4.1%，平均价格为121.7美元/吨，比2015年均价下跌3.8%。主要进口来源有：南非710万吨（占41.6%）、澳大利亚406万吨（占23.8%）、加蓬126万吨（占7.4%）和巴西130万吨（占7.6%）等，从上述四国合计进口量占我国锰矿进口总量的80.5%（图6；表6），若按锰矿金属含量计，估计从上述四国合计进口量占我国锰矿进口总量的比例将超过90%。

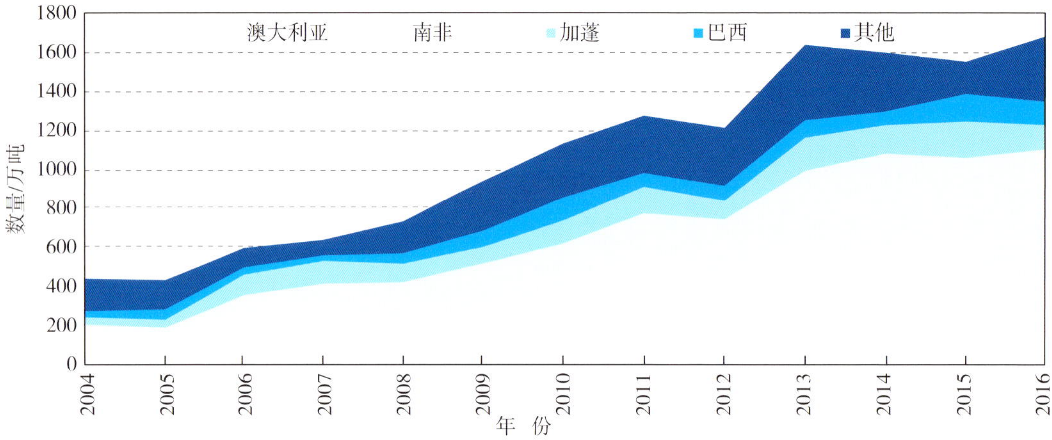

图6　2004—2016年我国锰矿分国别进口情况

资料来源：中华人民共和国海关总署，《中国海关统计年鉴》，2004—2016年

表6　2012—2016年我国锰矿进口情况

国　家	2012年		2013年		2014年		2015年		2016年	
	数量 万吨	金额 亿美元	数量 万吨	金额 亿美元	数量 万吨	金额 亿美元	数量 万吨	金额 亿美元	数量 万吨	金额 亿美元
澳大利亚	420	8.8	518	9.1	517	10.4	430	6.6	406	6.1
南　非	332	5.7	486	11.7	576	8.7	641	7.3	710	7.9
加　蓬	105	2.1	173	3.9	148	2.8	188	2.5	126	2.1
巴　西	84	1.4	99	1.9	80	1.4	152	1.9	130	1.9
缅　甸	26	0.2	37	0.3	22	0.2	5	—	27	0.2
加　纳	119	1.8	142	2.3	106	1.5	54	0.5	175	1.5
其　他	151	1.8	207	2.7	173	2.2	106	1.1	131	1.0
世界总计	**1237**	**21.8**	**1662**	**31.9**	**1622**	**27.2**	**1576**	**19.9**	**1705**	**20.7**

资料来源：中华人民共和国海关总署，《中国海关统计年鉴》，2012—2016年。

五、价格走势

我国进口锰矿的价格在经历了2007年和2008年上半年近于疯狂的直线式上涨后，于2008年9月达到最高水平600.6美元/吨，之后开始下调，2009年8月跌到最低水平136.8美元/吨，2010年6月回升到接近300美元/吨的水平，之后缓慢下跌，2012年2月回落到200美元/吨以下，到2016年3月创2009年全球金融危机时的最低点78.5美元/吨的新低，达到87.4美元/吨后开始反弹，2017年2月反弹至265.8美元/吨后开始回落（图7）。

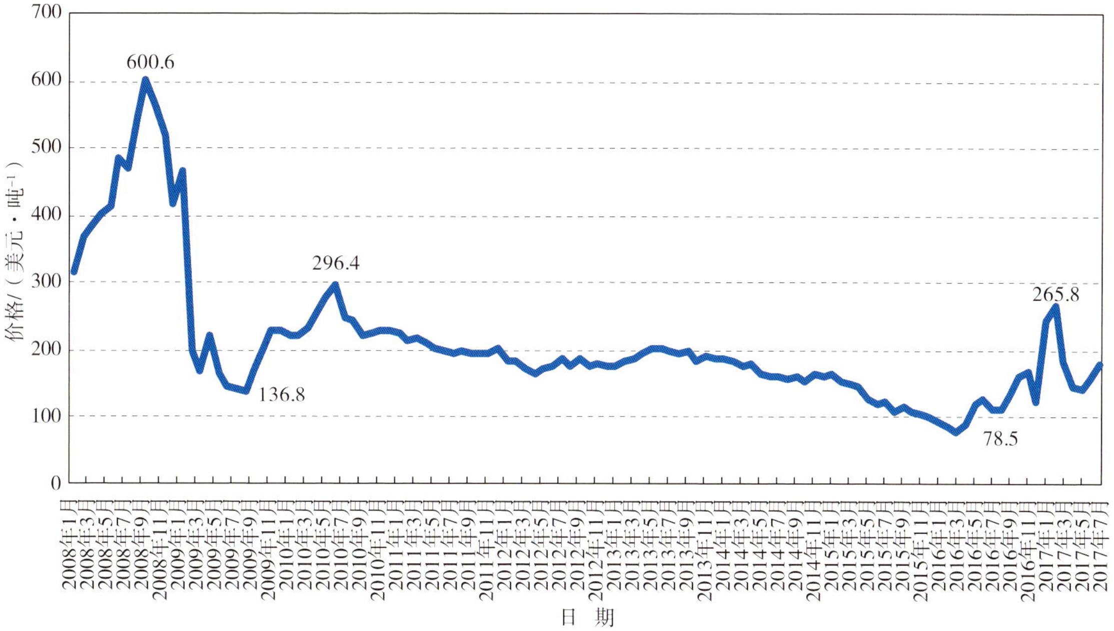

图7　2008—2017年我国锰矿月度进口平均价格走势情况

资料来源：中华人民共和国海关总署，《中国海关统计月报》，2008年1月—2017年8月

六、结论

近年来，世界锰矿石市场供应相对宽松，钢产量大幅增长是锰消费增长的驱动力。受世界钢铁工业需求拉动，2016年世界锰矿生产比2015年减产8.6%。近年来，世界锰矿石贸易量稳步增长，贸易规模达到当年产量的45%以上，主要出口国依然是锰资源丰富的国家。

2016年，我国锰矿石原矿产量与2015年持平，原矿品位逐年下降；国内供需缺口继续维持，锰矿石进口量比2015年增长8.2%，对外依存度达68.5%；2012年以来，受制于全球经济弱复苏及中国经济增长降速，全球大宗原材料价格被迫持续走低。国际锰矿市场价格自2007年金融危机以来持续走低，2016年，我国锰矿进口平均价格比2015年下跌3.8%。

（执笔：胡德文）

铬铁矿资源供需形势分析

我国铬铁矿资源匮乏，长期以来矿山产量在20万~30万吨之间徘徊。但是，随着近十年我国不锈钢工业的高速发展，对铬铁矿需求快速增长（2016年表观消费量达2066万吨）致使其供需缺口迅速扩大，进口量一直居高不下。2016年，我国铬铁矿进口量1057.6万吨，对外依存度达到98%。而国外铬铁矿资源市场几乎被国际矿业巨头瓜分殆尽，为打破国际矿业巨头对铬铁矿在资源、生产及国际出口市场等环节的垄断格局，在世界资源竞争中占据有利位置，改变我国利用国外资源在价格等方面受制于人的被动局面，必须加快建立国外资源基地步伐（例如，积极开展资源外交，与资源国建立更紧密的联系，用各种形式支持资源国相关矿业及初加工项目建设），在进口铬铁矿的同时继续鼓励铬铁合金等初加工产品进口。本文采集数据时参考不同文献，数据之间略有差别。

一、国内外资源状况

（一）世界资源状况

据美国地质调查局统计，截至2016年，世界铬铁矿储量超过5.0亿吨（图1，图2），其中南非2.0亿吨（占40.0%），哈萨克斯坦2.3亿吨（占46.0%），印度0.54亿吨（占10.8%）。世界铬铁矿资源量超过120亿吨，其中南非和哈萨克斯坦合计占95%。目前，世界铬铁矿储采比为18.5。

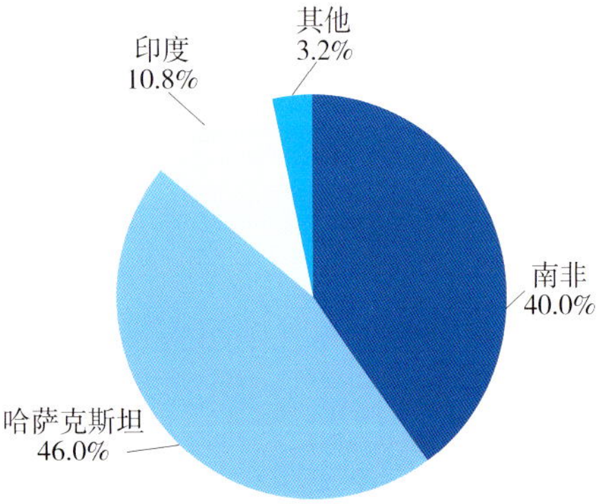

图1　2016年全球铬铁矿储量分布情况

资料来源：*Mineral Commodity Summaries*，2017

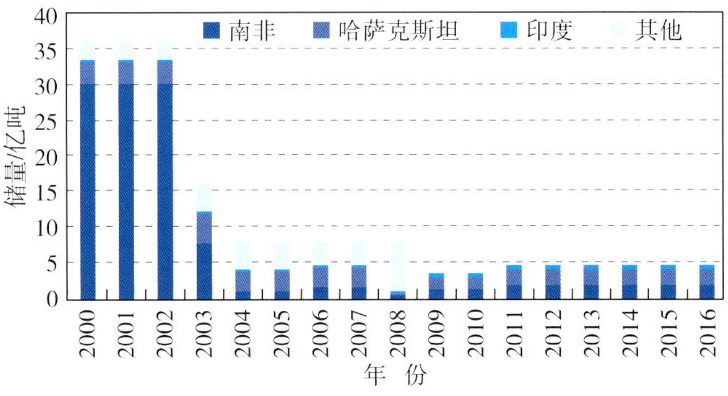

图2　2000—2016年全球铬铁矿储量变化情况

资料来源：*Mineral Commodity Summaries*，2017

（二）我国资源状况

铬铁矿是我国短缺矿产之一。截至2016年底，我国有铬铁矿区64处，查明资源储量为1233万吨（矿石），集中分布在西藏、内蒙古、甘肃三省（自治区），查明资源储量合计约占全国总量的63%。我国铬铁矿资源分布零散，已查明铬资源主要分布在西藏、甘肃、内蒙古、新疆、青海和北京等省（自治区、直辖市）（>70万吨），其中，西藏铬铁矿查明资源储量377万吨，居全国首位，甘肃铬铁矿查明资源储量243万吨，居全国第二位，内蒙古铬铁矿查明资源储量160万吨，居全国第三位，西藏、内蒙古、甘肃、青海、新疆和北京六省（自治区、直辖市）合计铬铁矿查明资源储量占全国铬铁矿查明资源储量的88.6%。另外，河北、山西和湖北三省也有一定资源潜力。

二、国内外生产状况

（一）世界生产状况

长期以来，世界铬铁矿市场供过于求，生产能力相对过剩。据世界金属统计局资料，2016年世界铬铁矿产量3415万吨（矿石，下同），比2015年减少0.7%（表1），主要的铬铁矿生产国包括南非（1470.5万吨）、哈萨克斯坦（554.6万吨）、印度（333.8万吨）、土耳其（660.0万吨）和芬兰（100.0万吨），上述五国产量合计占世界总产量的91.3%。

表1　2008—2016年世界铬铁矿（精矿）生产情况　　单位：万吨

国　家	2008年	2009年	2010年	2011年	2012年	2013年	2014年	2015年	2016年
南　非	1030.0	686.6	1082.0	1076.2	1131.0	1364.5	1402.9	1565.3	1470.5
哈萨克斯坦	420.7	467.8	509.2	505.9	393.4	525.5	541.0	538.3	554.6
印　度	411.0	371.1	397.8	378.3	329.7	275.3	336.8	261.2	333.8
土耳其	220.6	156.5	246.1	290.1	329.5	414.1	661.1	660.0	660.0
芬　兰	61.4	24.7	59.8	69.3	45.2	98.2	103.5	94.6	100.0
阿　曼	78.4	63.7	86.5	63.4	40.0	68.7	48.9	33.7	25.8
津巴布韦	44.3	19.4	51.7	59.9	41.0	35.5	40.6	21.1	22.6
阿尔巴尼亚	20.6	26.9	32.3	35.0	36.1	53.0	68.4	64.0	53.5
巴　西	66.4	36.5	52.0	54.3	47.3	48.6	71.7	70.0	70.0
巴基斯坦	44.7	15.7	51.1	44.0	47.2	49.2	32.9	30.6	28.1
伊　朗	26.9	27.5	35.0	33.0	44.8	42.8	49.4	39.2	42.0
俄罗斯	91.3	41.6	40.0	40.0	40.0	36.0	38.0	38.0	38.0
澳大利亚	12.7	10.8	18.1	32.4	45.2	40.7	4.4	—	—
其　他	25.5	20.6	28.4	19.8	17.8	20.5	22.9	21.9	16.1
世界总计	**2554.5**	**1969.4**	**2690.0**	**2701.6**	**2588.2**	**3072.6**	**3422.5**	**3437.9**	**3415.0**
前五国占比/%	83.9	86.7	85.3	85.9	86.1	87.1	89.0	90.7	91.3

数据来源：WBM，*World Metal Statistics Yearbook*，2017。

（二）我国生产状况

我国于1958年开始开采铬铁矿以来，铬铁矿生产一直处于低水平。据统计，铬铁矿原矿产量1958年为1.6万吨，此后铬铁矿年产量一直在10多万吨左右徘徊，1995年以后每年产量为15万~20万吨，2016年产量约20万吨，高度依赖进口的格局没有改变。

三、国内外消费状况

（一）世界消费状况

2016年世界铬铁矿消费量为3185万吨，其中，95.8%用于冶金工业中生产不锈钢和合金钢，2.5%用于化学工业，0.2%用于耐火材料工业，1.5%用于铸造工业（表2）。南非、中国和独联体等国家和地区是铬铁矿的消费大户。目前不锈钢中铬含量平均值是18%。

表2 近年世界铬铁矿消费量及构成情况

终端用途	消费量/万吨							2016年消费结构/%
	2007年	2008年	2009年	2010年	2011年	2014年	2016年	
冶金工业	2042.9	2232.2	1733.5	2244.6	2293.9	2778.2	3051.2	95.8
耐火材料	19.3	17.9	19.9	13.9	18.4	5.8	6.4	0.2
化学工业	109.2	123.9	89.6	99.4	118.2	72.5	79.6	2.5
铸造工业	68.8	70.7	47.9	64.9	76.6	43.5	47.8	1.5
合　计	**2240.1**	**2444.7**	**1890.9**	**2422.8**	**2507.1**	**2900.0**	**3185.0**	**100.0**

数据来源：ICDA，*Statistical Bulletin*，2016。

据国际钢铁协会不锈钢论坛（ISSF）统计数据，2016年全球不锈钢及耐热钢粗钢产量约4577.8万吨（表3），较2015年增产10.2%。全球仅中东欧不锈钢粗钢的产量有所减少，其他不锈钢粗钢生产国均出现不同程度的增产，其中，中国不锈钢粗钢产量同比增长15.7%，达到2493.8万吨，占全球总产量的54.5%。

表3 2009—2016年世界不锈钢粗钢产量情况　　单位：万吨

国家/地区	2009年	2010年	2011年	2012年	2013年	2014年	2015年	2016年
中　国	880.4	1125.6	1409.1	1608.7	1898.4	2169.3	2156.2	2493.8
亚洲（除中国）	747.2	901.1	877	927.4	927.6	933.3	946.1	995.7
西欧/非洲	644.9	787.8	788.3	782.9	749.6	757.0	751.8	770.5
美　洲	194.2	260.9	248.6	236.8	245.4	281.3	274.7	293.1
中东欧	23.7	34	39.1	35.9	29.6	27.7	25.9	24.7
世界总计	**2490.4**	**3109.4**	**3362.1**	**3591.7**	**3850.6**	**4168.5**	**4154.8**	**4577.8**

资料来源：国际钢铁协会不锈钢论坛（ISSF）。

（二）我国消费状况

据国际钢铁协会不锈钢论坛（ISSF）资料，2016年中国不锈钢钢产量为2493.8万吨，对铬铁的需求量为389.4万吨（表4）。2016年我国铬铁矿表观消费量为2066万吨，其中，冶金业消费1760万吨（占85.2%），化工业消费227万吨（占11.1%），耐火材料消费41万吨，铸造业消费38万吨。由于中国铬铁产量可满足60%以上的国内需求，且近年来铬铁国内外价格倒挂现象越来越明显，不锈钢厂商不得不增加铬铁进口。

表4　2009—2016年我国铬铁生产消费情况

单位：万吨

项　目	2009年	2010年	2011年	2012年	2013年	2014年	2015年	2016年
产　量	222.2	205.5	225.0	306.0	216.0	214.0	205.0	235.0
进口量	216.3	182.9	180.7	153.0	101.0	113.0	146.0	156.0
出口量	19.2	21.4	12.0	4.9	21.4	1.1	1.0	1.6
净进口	197.1	161.5	168.7	148.1	79.6	111.9	145.0	154.4
表观消费量	419.3	367.0	393.7	454.1	295.6	325.9	350.0	389.4

数据来源：中国铁合金工业协会；北京安泰科信息开发有限公司；ICDA；ISSF。

四、国内外贸易状况

（一）世界贸易状况

南非、印度等资源国限制原矿出口并实行高附加值政策，导致世界铬矿产品贸易以铬铁合金为主，矿石为辅的格局。世界铬铁矿主要出口国为南非、土耳其、哈萨克斯坦、阿曼和印度等；主要进口国家为中国和俄罗斯等。世界铬铁合金主要出口国为南非、哈萨克斯坦和印度等；主要进口国家和地区为中国、美国、欧盟和日本等。

2014年世界铬铁矿贸易量1138万吨，比2013年下降20%，其中，中国进口量占世界贸易总量的82.5%，南非出口量占世界贸易总量的48.9%。

2014年世界铬铁合金出口量650万吨，其中南非出口365万吨（占世界出口总量的56%），哈萨克斯坦出口110万吨（占世界出口总量的17%），印度出口50万吨（占世界出口总量的8%），津巴布韦出口20万吨（占世界出口总量的3%）。

（二）我国贸易状况

2016年，我国铬铁矿进口量1057.6万吨，比2015年增加1.7%，价值16.2亿美元，比2015年减少9.5%，对外依存度98.0%；进口主要来自南非775.3万吨（占73.3%）、土耳其82.3万吨（占7.8%）、阿尔巴尼亚49.2万吨（占4.7%）、伊朗41.9万吨（占4.0%）、阿曼25.8万吨（占2.4%）和巴基斯坦28.0万吨（占2.6%），从前六国进口量占进口总量的94.8%；进口平均价格为153.1美元/吨，比2015年下降11.1%（表5）。

表5 2000—2016年我国铬铁矿及铬铁合金进口情况

年份	铬铁矿			铬铁合金				合金与矿石均价之比
	数量 万吨	金额 亿美元	进口均价（美元·吨$^{-1}$）	数量 万吨	金额 亿美元	进口均价（美元·吨$^{-1}$）	净进口量 万吨	
2000	111.3	0.97	87.2	0.2	0.01	500.0	0.2	5.7
2001	109.0	0.81	74.3	2.4	0.12	500.0	–6.2	6.7
2002	114.2	0.79	69.2	7.2	0.27	375.0	2.8	5.4
2003	177.9	1.51	84.9	11.6	0.55	474.1	0.7	5.6
2004	216.6	3.81	175.9	31.4	2.47	786.6	20.9	4.5
2005	302.5	5.95	196.7	25.2	2.09	829.4	24.5	4.2
2006	432.1	7.39	171.0	44.9	3.32	739.4	40.7	4.3
2007	609.0	15.50	254.5	138.1	12.91	934.8	104.3	3.7
2008	684.0	27.16	397.1	112.0	14.95	1334.8	73.1	3.4
2009	675.6	13.11	194.0	218.0	17.92	822.0	197.1	4.2
2010	866.1	23.98	276.9	182.6	20.70	1133.6	161.4	4.1
2011	944.1	26.64	282.2	180.3	21.56	1195.8	168.6	4.2
2012	929.9	20.35	218.8	153.5	17.74	1155.7	148.6	5.3
2013	1209.3	23.95	198.0	183.9	20.34	1106.0	171.4	5.6
2014	938.6	18.32	195.2	205.9	20.59	1000.0	204.8	5.1
2015	1039.6	17.89	172.1	262.7	24.04	915.1	261.7	5.3
2016	1057.6	16.19	153.1	278.6	23.41	840.3	277.0	5.5

资料来源：中华人民共和国海关总署；《中国海关统计年鉴》，2000—2016年。

除了大量进口铬铁矿外，2016年我国还进口了高碳铬铁278.3万吨，较2015年增长6.0%，价值约23.4亿美元，较2015年减少2.7%；进口主要来自南非183.0万吨（占65.8%）、哈萨克斯坦67.4万吨（占24.2%），印度14.6万吨（占5.2%），津巴布韦6.1万吨（占2.2%）和阿曼3.1万吨（占1.1%），从前五国进口量占进口总量的98.5%；进口平均价格为840.3美元/吨，比2015年下降8.2%。

五、价格走势

近十年间，铬铁矿价格大幅上涨的原因是中国不锈钢生产迅速增长增加了对铬的需求，而2007年以来南非和印度限制铬铁矿出口导致中国铬铁合金进口猛增，南非电力供应不足、合金减产等因素推高合金价格2倍以上。历史上的供应障碍有：1987—1988年全球不锈钢生产大幅增长，导致市场供需紧张，国际铬铁价格上涨约2.5倍；1995年6—12月不锈钢生产大幅增长，独联体和中国合金生产及矿石供应减少，导致市场供需紧张，国际铬铁价格上涨接近2倍；1997年11月—1999年哈萨克斯坦铬铁冶炼企业内讧，产能利率低下，销售停止1年以上，新开工铬铁项目停止；1999年11月—2000年1月印度暴雨导致铁路运输中断，流通停滞，国际铬铁价格上涨约2倍；2001年南非Samancor和Xstrata等减产，导致市场供应减少；2003—2004年不锈钢生产对铬铁需求增加，南非汇率上升及焦炭价格上涨等导致供应不足，全球铬铁供需紧张，国际铬铁价格上涨2倍以上；2007年4月—2008年4月世界不锈钢行业需求增加，南非电力短缺，印度铬铁矿出口管制等导致国际铬铁价格上涨接近3倍（当时价格约为2002年的7倍）。

受美国次贷危机影响，全球不锈钢市场进入持续低迷运行态势，需求疲软，我国铬铁矿进口平均单价从2008年9月的485.3美元/吨下降到2009年7月的165.4美元/吨，之后逐步反弹至2010年中的320美元/吨附近，再次逐级下滑，至2016年5月开始再次强劲反弹，到2017年4月最高342.6美元/吨，到2017年7月快速回落到200美元/吨以下（图3）。

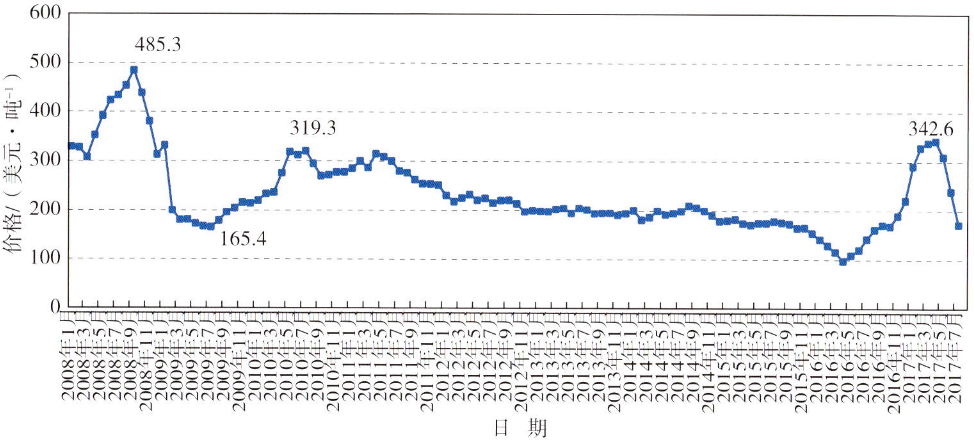

图3　2008—2017年我国月度铬铁矿进口平均价格走势情况

资料来源：中华人民共和国海关总署，《中国海关统计月报》，2008年1月—2017年8月

六、结论

从世界铬铁矿的生产供需看，国际市场总体处于供大于求的局面。世界铬铁矿资源高度集中于南非和哈萨克斯坦。2016年世界铬铁矿产消基本平衡。世界铬铁矿产品贸易以铬铁合金为主，贸易量占当年产量的比例在60%左右，原矿贸易规模基本保持在当年产量的45%左右。

铬铁矿是我国短缺矿产之一，国内消费需求的98%以上依赖国际市场已成定局。2016年我国进口铬铁矿1057.6万吨，比2015年增加1.7%，进口依存度达98%；受全球经济增长放缓影响，国际铬铁矿市场价格逐年下滑，我国铬铁矿平均进口单价为153.1美元/吨，比2015年下降11.0%。

（执笔：胡德文）

钒资源供需形势分析

一、国内外资源状况

（一）世界资源状况

根据美国地质调查局数据显示，截至2016年底，世界钒矿储量为1934.5万吨，比2015年增长26.7%。全球钒储量集中分布中国、俄罗斯、南非、澳大利亚和美国等五个国家。其中，以中国、俄罗斯和南非三国资源储量最多，储量分别占全球总储量比例的46.5%、25.8%和18.1%（表1，图1）。

表1 2016年世界钒矿资源储量分布情况

单位：万吨

国家	储量	国家	储量
中国	900	美国	4.5
俄罗斯	500	其他	—
南非	350	**总计**	**1934.5**
澳大利亚	180		

资料来源：*Mineral Commodity Summaries*，2017。

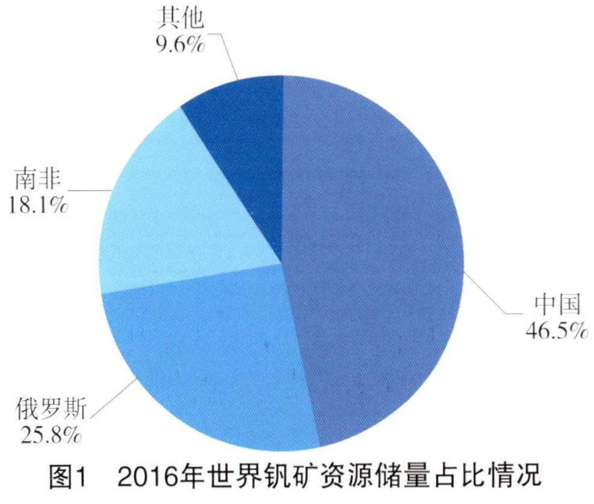

图1 2016年世界钒矿资源储量占比情况

（二）我国资源状况

截至2016年底，全国钒矿查明资源储量6401.8万吨（V_2O_5，下同），其中勘查新增204.9万吨（图2）。中国钒资源广泛分布于23个省（自治区、直辖市）。但集中分布在四川、湖南、贵州、湖北、陕西、河南、广西、安徽、甘肃、江西、内蒙古十一省（自治区）。其中，四川和湖南两省钒查明资源储量超过千万吨，两省查明资源储量合计占全国总量的49.7%。

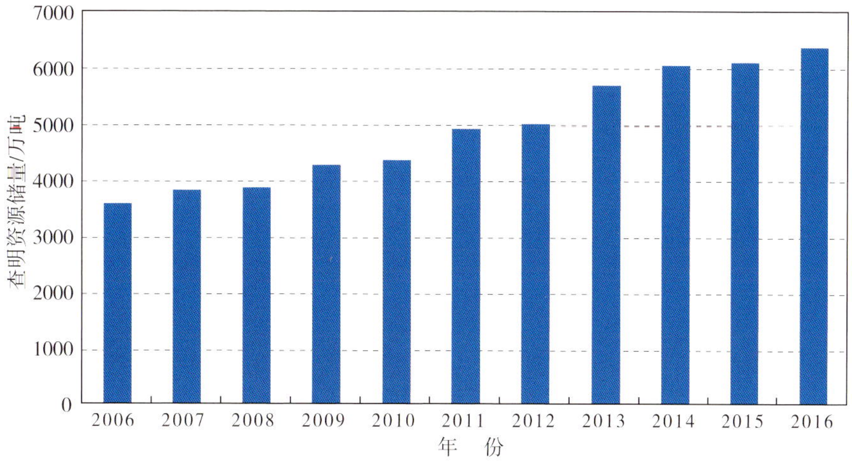

图2　2006—2016年我国钒查明资源储量变化情况

二、国内外生产状况

（一）世界生产状况

2016年，世界钒产量为7.6万吨，同比减少2.6%，产量全部来源于中国、俄罗斯、南非、巴西等四个国家的产出。其中，中国、俄罗斯、巴西产量与2015年持平，南非产量比2015年减少14.3%。中国仍然是全球最大的钒生产国，2016年产量占世界总量的55.3%（表2；图3）。

表2　2011—2016年世界钒矿生产分布情况

国　家	产量/万吨						2016年比2015年同比增幅/%
	2011年	2012年	2013年	2014年	2015年	2016年	
中　国	2.3	3.9	4.1	4.5	4.2	4.2	0.0
俄罗斯	1.5	1.5	1.5	1.5	1.6	1.6	0.0
南　非	2.2	2.0	2.1	2.1	1.4	1.2	-14.3
巴　西	0.0	0.0	0.0	0.0	0.6	0.6	0.0
美　国	0.1	0.0	0.1	0.0	0.0	0.0	—
其　他	0.1	0.0	0.1	0.2	0.0	0.0	—
世界总计	**6.2**	**7.4**	**7.9**	**8.3**	**7.8**	**7.6**	**-2.6**

资料来源：*Mineral Commodity Summaries*，2017。

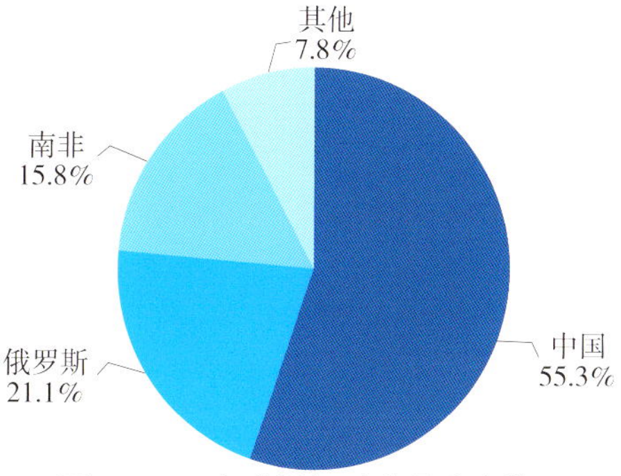

图3　2016年世界钒矿产量分布情况

（二）我国生产状况

我国是全球重要的产钒国，钒产量在世界范围占据重要地位，并在2009年以来年产量长期占据世界首位。1995年以来，中国钒产量呈波动增长趋势。2016年中国钒产量为4.2万吨，与2015年产量持平（图4）。

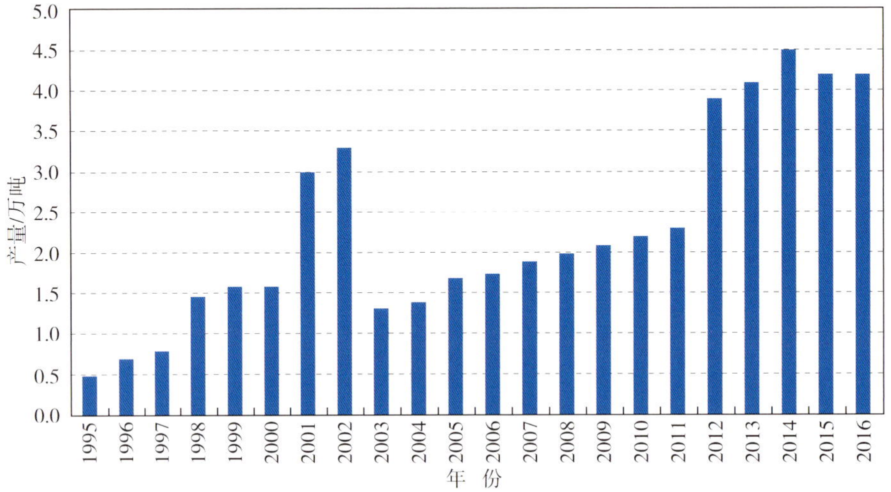

图4　1995—2016年我国钒产量变化情况

三、国内外消费状况

（一）世界消费状况

2012年以来，全球钒（V_2O_5，下同）消费量在12万~15万吨之间波动。由于目前世界上85%的钒产品消费集中在钢铁行业。所以，通常世界钒消费量随着钢铁行业产量变化的增减而变化。金融危机之后，随着世界经济缓慢复苏，粗钢产量在2013年和2014年分别出现了2.7%和3.9%的增长，因而，全球钒消费量也随之分别出现了9.6%和7.1%的增长。2015年，受世界经济疲软复苏的影响，钢铁市场出现全球性疲软，粗钢产量同比下降2.8%，导致全年钒消费量同比下降7.7%，为13.6万吨（图5）。

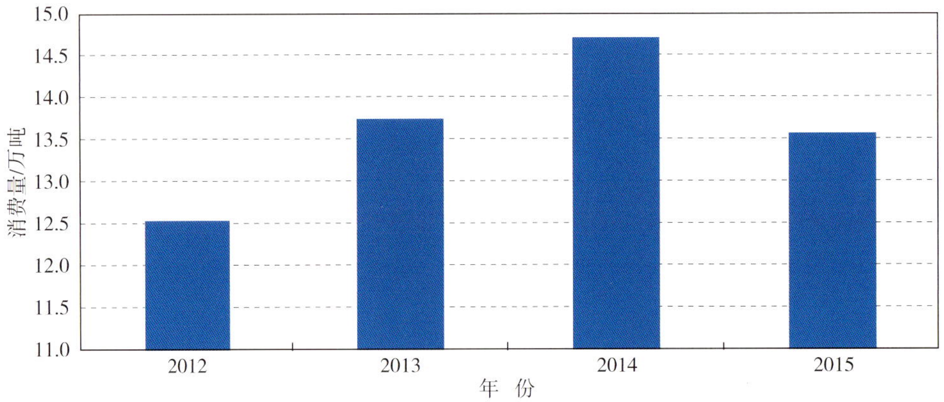

图5　2012—2015年世界钒消费变化情况

近年来，钒消费结构比较稳定，主要应用领域包括冶金工业、化学工业、有色合金和其他相关领域等。各消费领域所占消费比例分别为85%、4%、9%和2%。钒应用于冶金工业，主要是用来生产合金钢、工具钢、其他铁基合金等；钒的航空航天应用主要是用于生产航空、航天工业所需的含钒钛基合金；钒应用于化学工业，主要是作为化工及石油产业的催化剂；另外，钒可以应用于陶瓷染色、电子、电池、超导材料等其他相关领域（图6）。

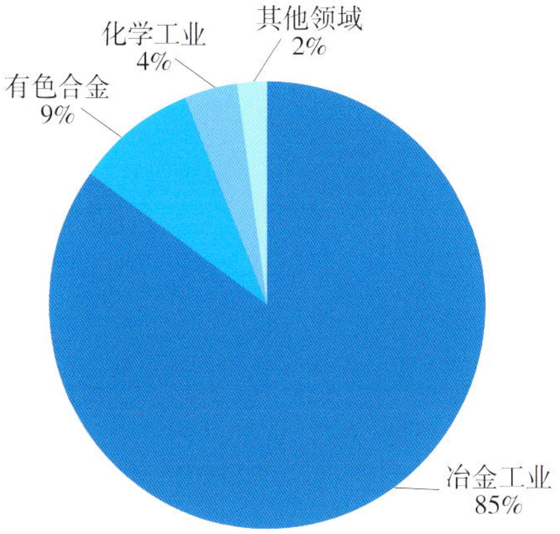

图6　近年世界钒消费结构

（二）我国消费状况

我国是世界上钒消费量最大的国家。2000年以来，随着我国钢铁生产规模和品种结构的调整，钒消费量总体保持稳定增长趋势，至2014年达到钒消费量峰值，为7.1万吨。2015年，受国内粗钢和钢筋产量下降的影响，全年钒消费量为6.4万吨，同比下降9.9%，是2000年的12.8倍（图7）。

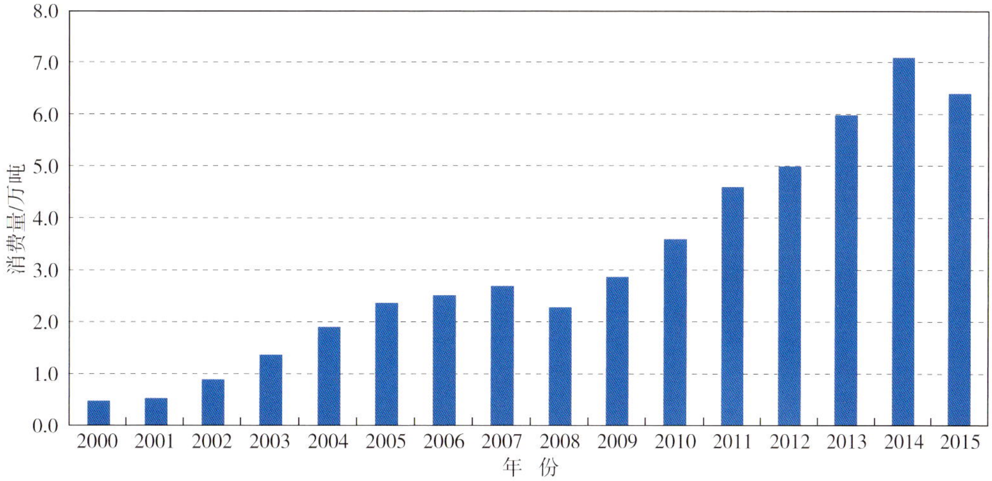

图7　2000—2015年我国钒消费量变化情况

我国的钒主要应用于钢铁工业，其次应用于航空航天工业和化学催化剂领域，各消费领域所占消费比例分别为85%、10%和5%（图8）。

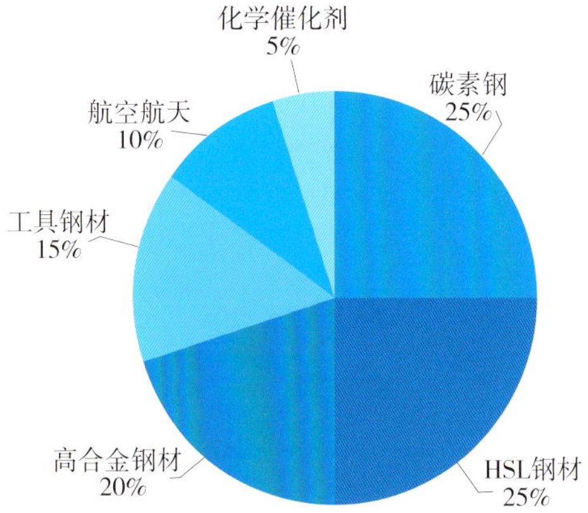

图8　近年我国钒消费结构

四、国内外贸易状况

（一）世界贸易状况

在全球钒贸易结构中，南非、俄罗斯、中国等国家为钒产品主要出口国。美国、德国、日本、奥地利、比利时为主要进口国。其中，南非的钒产品绝大部分用于出口，其出口流向主要是西方国家，约占该国出口总量的60%。其出口产品类型以含钒炉渣为主，另外出口少量的五氧化二钒和钒铁。美国的进口产品类型包括钒铁、五氧化二钒、钒的氧化物和氢氧化物、钒铝合金、钒渣、含钒硫酸盐、钒酸盐、钒金属（包括含钒废料），其中以钒铁、五氧化二钒和钒渣进口为主。

（二）我国贸易状况

2016年，钒产品进出口贸易格局未变，钒矿砂及其精矿和未锻轧钒、废碎料、粉末仍然呈净进口态势，其他主要钒产品呈净出口态势。我国是世界上重要的钒铁出口国，2016年出口量合计6916吨，同比减少10.7%。主要出口流向国家或地区包括荷兰、日本、中国台澎金马关税区、韩国、墨西哥、印度、阿拉伯联合酋长国，向这些国家和地区的出口量合计占全年出口量的93.3%（表3，表4）。

表3　2015—2016年我国钒产品进出口情况

方向	产品	2015年		2016年	
		数量/吨	金额/万美元	数量/吨	金额/万美元
出口	铌、钽、钒或锆矿砂及其精矿	14954	1560	15184	1398
	钒的氧化物及氢氧化物	6434	5768	8747	6639
	钒铁	7743	12431	6916	9116
	未锻轧的钒；废碎料；粉末	207	291	56	94
	锻轧的钒及其制品	516	925	657	1002
进口	铌、钽、钒或锆矿砂及其精矿	1040352	88393	1014555	70330
	钒的氧化物及氢氧化物	0.3	5	51	31
	钒铁	1	3	68	94
	未锻轧的钒；废碎料；粉末	213	283	83	119
	锻轧的钒及其制品	445	778	116	185

资料来源：海关信息网。

表4　2015—2016年我国钒铁主要出口流向情况

国家/地区	2015年		2016年	
	进口量/吨	金额/万美元	进口量/吨	金额/万美元
荷　兰	3260	5300	2380	3180
日　本	1353	2136	1467	1950
中国台澎金马关税区	688	1090	1109	1448
韩　国	1606	2565	975	1253
墨西哥	430	680	200	279
印　度	235	411	194	237
阿拉伯联合酋长国	15	20	127	168
其　他	156	229	464	601
合　计	**7743**	**12431**	**6916**	**9116**

资料来源：海关信息网。

五、价格走势

（一）世界价格走势

2006年以来，国际钒铁价格（伦敦战略金属市场，钒铁80%，鹿特丹仓库交货）总体呈现震荡下行态势。2016年国际市场钒铁价格在2015年的基础上继续走低，全年平均价格为17.8美元/千克，同比下降9.9%，是自2006年以来的最低价格水平。从2016年国际市场钒铁月度价格表现来看，全年钒铁价格呈现震荡上扬态势。1月价格为全年最低水平，为14.0美元/千克，之后价格震荡上扬至5月达到2016年上半年最高水平，为19.4美元/千克；之后3个月，价格持续走低；9月之后价格止跌回升，至12月升至全年最高水平，为23.4美元/千克（图9，图10）。

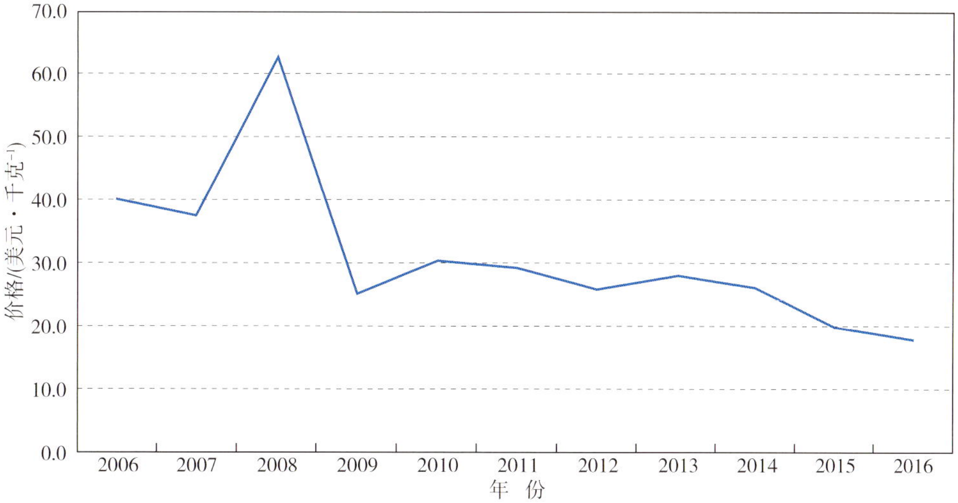

图9　2006—2016年国际市场钒铁价格走势情况

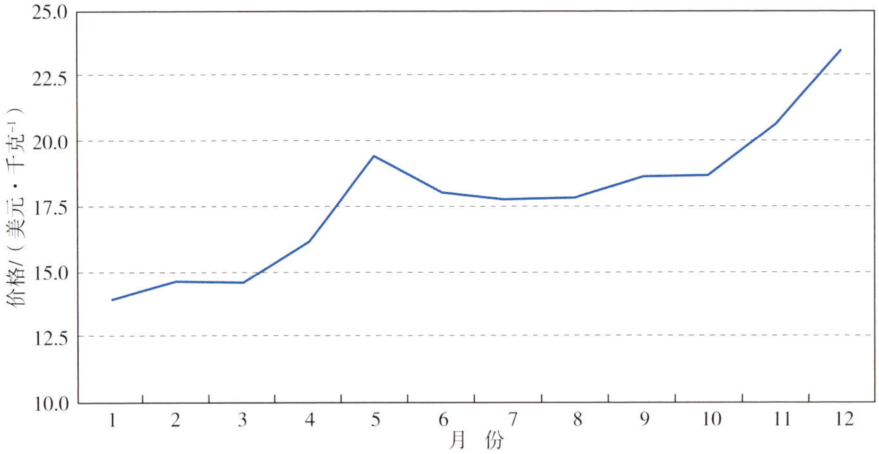

图10 2016年国际钒铁月度价格走势情况

（二）我国价格走势

中国钒产品价格走势与国际市场基本一致。2011年以来中国钒铁价格总体呈现震荡下行态势。2015年，受钢铁行业运行和景气状低迷、行业产能过剩等因素影响，钢铁行业亏损加剧，拉动国内钒铁价格大幅下跌，跌幅达到26.9%。五氧化二钒价格（四川市场，98%钒）从2011年的78237.0元/吨波动跌至2015年的49088.4元/吨，年均跌幅为10.2%。

2011年以来，中国钒铁（钒铁，50%V，下同）价格总体呈震荡下行态势。年均价格从2011年的88078.9元/吨下跌至2015年的57518.1元/吨。5年来，除2013年价格比2012年略有上涨外，其他年份价格都呈下跌态势。2016年中国钒铁价格变化趋势与国际市场变化不同，全年平均价格为6.0万元/吨，同比增长4.8%（图11）。

2016年月度钒铁价格走势与国际市场走势一致，呈震荡上扬态势，但变化幅度有所不同。钒铁价格自2016年1月起连续3个月走低，至3月降至全年最低点，为4.7万元/吨；之后一路在5.4万元/吨左右拨动；自8月起，价格呈现稳定上扬趋势，至12月钒铁月度均价为8.5万元/吨，为全年最高水平（图12）。

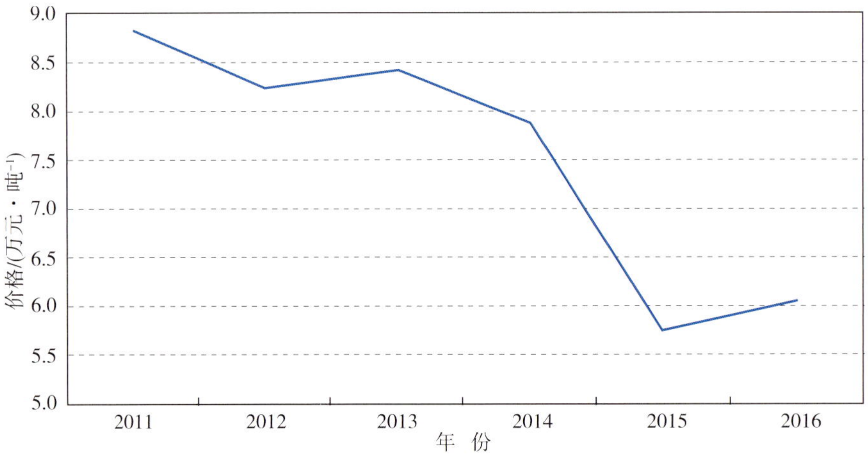

图11 2011—2016年我国钒铁价格走势情况

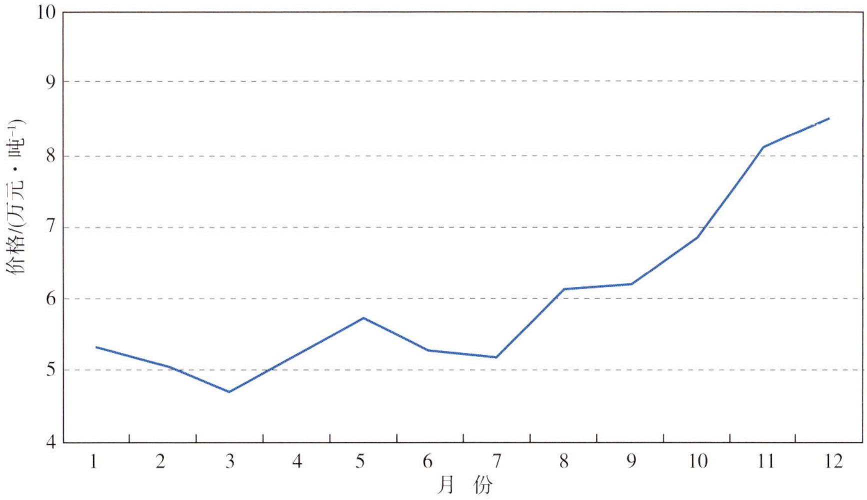

图12　2016年国内钒月度价格走势情况

六、结论

国际方面，2016年世界钒矿资源储量同比增长26.7%。世界钒产量小幅下降2.6%，为7.6万吨。2016年国际市场钒铁价格跌至近10年来的最低水平，全年平均价格为17.8美元/千克，同比下降9.9%。

国内方面，2016年国内钒产量4.2万吨，与2015年持平。区别于国际市场钒铁价格的低迷走势，2016年中国钒铁价格弱势回升，全年平均价格为6.0万元/吨，同比增长4.8%。

（执笔：马茁卉）

铜资源供需形势分析

铜是与人类关系非常密切的有色金属，被广泛地应用于电气、轻工、机械制造、建筑工业、国防工业等领域，在我国有色金属材料的消费中仅次于铝。铜在电气、电子工业中应用最广、用量最大，占总消费量一半以上。铜还可用于各种电缆和导线，电机和变压器，开关及印刷线路板的制造。在机械和运输车辆制造中，铜可用于制造工业阀门和配件、仪表、滑动轴承、模具、热交换器和泵等。目前，我国已发展成为全球最大的铜消费国，2016年，我国精铜消费量已达1164.2万吨，比2015年增长了2.55%。为了提高我国铜资源供应安全性，应合理制定各种应对措施，科学认识我国铜资源供需形势是非常必要的。

一、国内外资源状况

（一）世界资源状况

近年来，随着全球铜矿勘查投资的不断增加，世界不断地有新的铜资源被发现，使得世界铜资源储量进入了一个相对平稳、协调的增长期，具有较高的保障供应能力。截至2016年底，全球铜储量为7.2亿吨，且全球铜资源分布集中，超过50%分布于美洲。从国家分布看，世界铜资源主要集中于智利、澳大利亚、秘鲁、墨西哥等国家。其中，储量最多的国家是智利，2016年智利铜资源储量2.1亿吨，占世界总量的29.17%；其他储量较多的国家还有美国、中国及俄罗斯等，中国的铜矿资源储量位居全球第七，占全球储量的3.89%（表1）。

表1　2016年世界铜矿资源储量分布情况　　单位：万吨（铜）

国　家	储　量	国　家	储　量
智　利	21000	中　国	2800
澳大利亚	8900	赞比亚	2000
秘　鲁	8100	刚果（金）	2000
墨西哥	4600	加拿大	1100
美　国	3500	其　他	15000
俄罗斯	3000	**世界总计**	**72000**

资料来源：*Mineral Commodity Summaries*，2017。

（二）我国资源状况

截至2016年底，全国共有铜查明资源储量10110.63万吨。目前，我国的铜查明资源储量主要分布在江西、安徽、云南、甘肃、内蒙古、新疆、黑龙江、西藏八省（自治区），约占全国总量的77.9%。2000—2016年我国铜查明资源储量变化情况见图1。

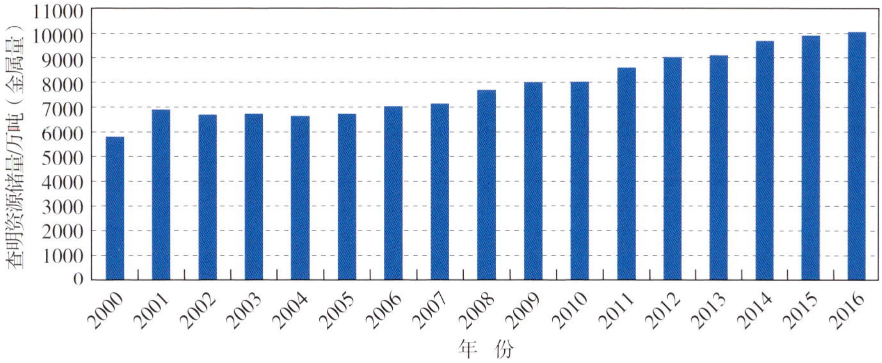

图1　2000—2016年我国铜查明资源储量变化情况

二、国内外生产状况

（一）世界生产状况

1. 铜精矿

近年来，世界铜矿产量不断增长。截至2016年底，世界矿山铜产量2071.8万吨，比2015年增长7.21%（表2）。目前，全球共有60多个国家和地区开采铜矿，但是从区域分布上看，美洲是世界矿山铜生产的核心，2016年产量达1118.5万吨，占世界比例达54%，其中，智利2016年产量达555.2万吨，占世界比例达26.8%；秘鲁是同比增长最高的国家，比2015年增长38.77%，产量超过了中国，达到236.6万吨。此外，亚洲的中国、欧洲的俄罗斯及大洋洲的澳大利亚等国家也是世界矿山铜的重要生产区域。

表2　2011—2016年世界铜矿生产情况

国家/地区	产量/万吨（铜）						2016年比2015年同比增幅/%
	2011年	2012年	2013年	2014年	2015年	2016年	
欧　洲	154.7	160.0	162.3	160.8	164.1	166.6	1.52
俄罗斯	71.4	72.0	72.0	72.0	74.0	74.0	0.00
非　洲	142.1	150.2	178.9	205.2	206.9	205.8	–0.53
赞比亚	74.0	70.0	75.2	75.6	75.8	82.8	9.23
刚　果	48.0	60.8	81.7	99.6	103.9	102.4	–1.44
亚　洲	319.1	337.4	374.5	371.8	405.7	480.2	18.36
中　国	129.5	155.2	168.1	174.1	166.7	182.1	9.24
哈萨克斯坦	43.3	49.1	53.8	50.1	56.6	98.4	73.85
美　洲	896.7	936.5	992.6	1012.8	1054.8	1118.5	6.03
加拿大	56.9	58.0	65.3	67.3	69.7	70.8	1.58
智　利	526.3	543.4	577.6	575.0	576.4	555.2	–3.68
秘　鲁	123.5	129.9	137.6	138.0	170.5	236.6	38.77
美　国	111.0	117.0	124.0	138.3	141.0	143.1	1.49
大洋洲	109.1	103.9	110.5	104.2	101.0	100.7	–0.30
澳大利亚	96.0	91.4	99.9	96.6	96.4	94.8	–1.66
世界总计	**1621.7**	**1688.0**	**1818.8**	**1854.8**	**1932.5**	**2071.8**	**7.21**

资料来源：*World Metal Statistics Yearbook*，2017。

2. 精炼铜

铜精矿主要被用于冶炼生产精炼铜，随着世界铜精矿产量的缓慢增长，世界精炼铜产量也在不断增加。2016年世界精炼铜产量为2352.7万吨，比2015年增长2.43%（表3），但也有一些主要生产国如智利、赞比亚等，受铜价下跌的影响，产量有不同程度的下滑。

表3　2011—2016年世界精炼铜生产情况

国家/地区	产量/万吨（铜）						2016年比2015年同比增幅/%
	2011年	2012年	2013年	2014年	2015年	2016年	
欧　洲	371.4	371.8	358.7	372.5	372.2	367.4	–1.29
德　国	70.9	68.2	66.7	67.3	67.8	67.2	–0.88
俄罗斯	91.0	88.0	87.4	89.4	87.6	87.6	0.00
非　洲	95.4	107.2	125.1	130.9	135.0	144.2	6.81
赞比亚	51.6	53.0	52.3	49.9	48.2	39.9	–17.22
亚　洲	904.9	986.9	1058.0	1177.5	1214.2	1259.0	3.69
中　国	516.3	587.9	666.7	764.9	796.4	843.6	5.93
印　度	66.2	68.9	61.9	76.5	79.2	76.8	–3.03
日　本	132.8	151.6	146.8	155.4	148.3	155.3	4.72
韩　国	59.4	59.0	60.4	60.4	60.4	60.7	0.50
美　洲	540.1	506.5	507.7	510.6	528.1	534.3	1.17
加拿大	27.4	27.6	32.2	32.5	33.1	31.4	–5.14
智　利	309.2	290.2	275.5	272.9	268.8	261.3	–2.79
美　国	103.2	100.1	104.0	109.5	114.1	122.1	7.01
秘　鲁	36.8	31.1	36.2	34.7	35.3	33.9	–3.97
大洋洲	47.7	46.1	48.0	51.1	47.3	47.8	1.06
澳大利亚	47.7	46.1	48.0	51.1	47.3	47.8	1.06
世界总计	**1959.5**	**2018.5**	**2097.5**	**2242.6**	**2296.8**	**2352.7**	**2.43**

资料来源：*Mineral Commodity Summaries*，2017。

目前，全球虽然有近50个国家或地区生产精炼铜，但是生产精炼铜必然是属于高耗能产业，因而，发达国家对铜冶炼项目一般不鼓励发展，而是提倡进口消费。例如欧洲，其精炼铜生产规模基本稳定在330万～375万吨之间，满足不了自身的消费需要；美国、加拿大等发达国家精炼铜的生产规模也波动不大。只有广大发展中国家，为了满足自身发展或出口等方面的需要，才不断地开展冶炼生产，使得精炼铜产量规模不断扩张。这方面中国是明显的例子，近年来，中国精炼铜产量处于不断增长趋势，2016年中国精炼铜产量达到843.6万吨，较2015年增长5.93%。

基于对铜冶炼项目观念上的差异，使得铜精矿生产与其冶炼地域发生了变化，即铜精矿的生产地不一定是其冶炼地，这揭示着世界铜精矿贸易问题比较突出。从统计资料看，目前世界精炼铜生产主要集中在亚洲与美洲地区，2016年两大洲的精炼铜产量分别达1259.0万吨及534.3万吨，占世界的比例分别为53.5%及22.7%。未来几年，估计这样的格局难以发生根本性的变化。

（二）我国生产状况

我国铜矿资源的突出特点是中小型矿床多，大型、超大型矿床少。在探明的矿产地中，大型、超大型矿仅占3%、中型占9%、而小型占88%；共伴生矿多、单一矿少。诸如此类的特点使得我国铜矿山建设规模普遍偏小，且经过几十年的强化开采，部分矿山的资源储量在大幅度减少，有的甚至已接近枯竭；早些年虽然国家花大气力发展铜矿业，但是生产成效并不显著。据国土资源部《全国非油气矿产资源开发利用统计年报》统计，截至2016年，我国铜矿山企业数888个，其中大型矿山占3.94%、中型矿山占8.78%。从2005年开始，我国铜精矿和精炼铜产量增长比较明显，呈现稳步上升的趋势。2016年我国铜精矿产量185.1万吨，比2015年增长10.93%；2016年精炼铜产能继续扩张，精炼铜产量达843.6万吨，比2015年增长5.95%（图2）。分区域看，我国精炼铜产量前十位的省（自治区）包括安徽、山东、江西、甘肃、云南、河南、广西、湖北、浙江、福建，产量分别为129.7万吨、129.0万吨、128.0万吨、87.6万吨、60.8万吨、48.1万吨、45.2万吨、43.6万吨、37.5万吨、33.0万吨，排名前十位的省（自治区）精炼铜产量占全国总产量的88.02%。

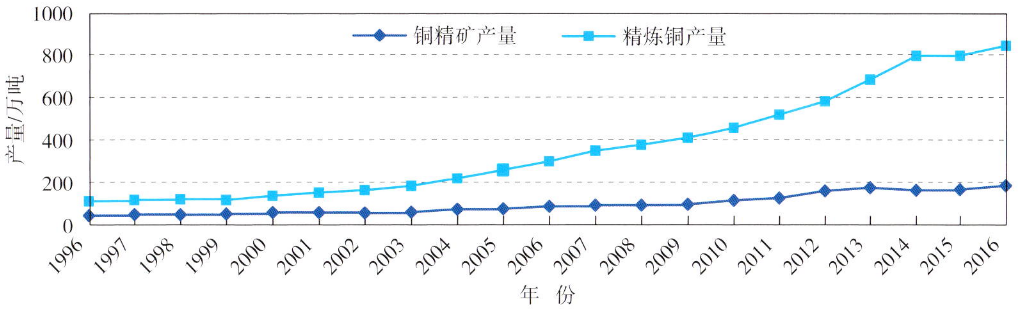

图2 1996—2016年我国铜产量变化情况

三、国内外消费状况

（一）世界消费状况

近年来，世界铜精矿和精炼铜消费呈现稳步增长。2016年，分区域看，世界铜矿消费主要集中在亚洲、美洲和欧洲，因铜冶炼产能分布集中，亚洲地区铜精矿需求量最大。精铜消费方面，亚洲仍然是消费最大的地区，而且呈逐年增长态势。2016年，亚洲消费量达1640.2万吨，较2015年增长2.47%，占世界总消费量的70.3%。分国别看，世界精炼铜消费主要集中在中国、美国、德国、日本、韩国等国家，其中，特别是中国、美国、德国的铜消费量不仅长期高于100万吨，而且合计占世界消费总量的比例基本稳定在60%左右（表4）。

表4 2011—2016年世界精炼铜消费情况

国家/地区	消费量/万吨（铜）						2016年比2015年同比增幅/%
	2011年	2012年	2013年	2014年	2015年	2016年	
欧 洲	397.8	375.2	373.6	387.8	371.0	379.0	2.16
德 国	124.7	111.0	112.3	116.2	121.9	124.3	1.97
意大利	60.8	57.0	55.2	62.5	61.3	59.7	–2.61
俄罗斯	58.6	64.1	66.4	61.1	33.0	38.0	15.15
法 国	18.3	17.8	20.1	20.7	18.2	19.6	7.69
非 洲	23.8	24.4	19.3	13.7	17.7	14.0	–20.90
埃 及	12.7	13.2	8.5	6.3	9.6	7.3	–23.96
亚 洲	1241.3	1332.2	1423.1	1583.8	1600.6	1640.2	2.47
中 国	788.1	889.6	983.0	1130.3	1135.3	1164.2	2.55
日 本	100.3	98.5	99.6	107.2	99.8	97.3	–2.51
韩 国	78.4	72.1	72.2	75.9	70.5	75.9	7.66
印 度	40.2	45.6	42.3	43.4	49.1	49.9	1.63
美 洲	281.7	286.0	290.9	282.3	291.2	297.3	2.09
美 国	174.5	175.8	182.6	176.7	179.6	177.8	–1.00
墨西哥	33.0	32.2	33.4	31.6	34.5	34.5	0.00
巴 西	40.0	43.2	39.5	38.5	43.4	51.1	17.74
大洋洲	12.0	11.3	8.5	2.6	2.5	2.6	4.00
澳大利亚	12.0	11.3	8.5	2.6	2.5	2.6	4.00
世界总计	**1956.6**	**2029.1**	**2115.4**	**2270.2**	**2283.0**	**2333.1**	**2.19**

资料来源：*Mineral Commodity Summaries*，2017。

20世纪90年代以来，在世界铜消费增长中起较大作用的国家主要有两类：一类是北美洲和欧洲的发达国家，例如美国、加拿大、法国、德国、意大利、英国等；另一类是亚洲和南美洲的发展中国家及地区，例如中国大陆、印度、韩国、中国台湾、马来西亚、泰国、菲律宾、印度尼西亚、巴西及智利等。从今后发展趋势看，第一类国家的铜消费已经基本趋于稳定，在世界铜消费中增长幅度较低，第二类国家和地区经济发展潜力大，对铜的消费保持较快增长速度。尤其是中国大陆，铜消费量增长迅猛，2016年消费量高达1164.2万吨，占世界总量的49.9%。

值得注意的是，中国虽然是世界铜消费的核心区，与中国经济发展对耗铜产品消费拉动有一定的关系，但是发达国家向中国转移制造业及中国铜进出口政策方面的问题也是导致中国铜消费增长的重要因素。很多耗铜产品在中国生产制造，其消费量记在中国账户上，但是中国很多的耗铜产品是出口供世界消费的，因而，中国铜消费增长存在一定的“虚拟”或“泡沫”问题。

（二）我国消费状况

长期以来，我国铜供应紧张，铜消费是在计划经济体制下运行的，形成了被压抑的消费

（例如1988年原国家物资部曾下文205种产品禁止用铜等），其消费量低于国民经济正常高效运行的合理需求，直到20世纪90年代中期以后，随着国民经济发展加快和铜消费政策的放开，我国铜消费才开始迅速增长。我国精炼铜消费量突破第一个100万吨经历了47年（1949—1995年），消费量突破第二个100万吨经历了5年（1996—2000年），消费量突破第三个100万吨只经历了3年（2001—2003年），突破第四个、第五个100万吨只经历了5年（2004—2008年），而突破1000万吨仅经历了6年（2009—2014年），到2014年，我国精铜消费量已达1128.0万吨（与上文中世界铜消费量中国铜消费量数据不同是由于美国与中国统计口径不同），2016年持续突破1000万吨，比2015年增长了2.47%，已经连续12年成为世界最大的铜消费大国。而发达国家向我国转移制造业步伐的加快及国内电网改造与新建电力项目的实施，进一步推动了我国精铜消费量的扩张，成为影响全球铜价走势的重要影响因素之一。

需要注意的是，我国铜工业产业链是非常脆弱的：上游的资源采掘业不能满足中游冶炼发展的需要，而冶炼产品又不能满足下游对精炼铜的消费需要，在链条的每一个环节都需要靠进口来弥补其中的供需差距；换言之，我国铜工业的蓬勃发展及精炼铜消费的快速扩张，都是建立在大规模利用国外资源的基础上（图3）。

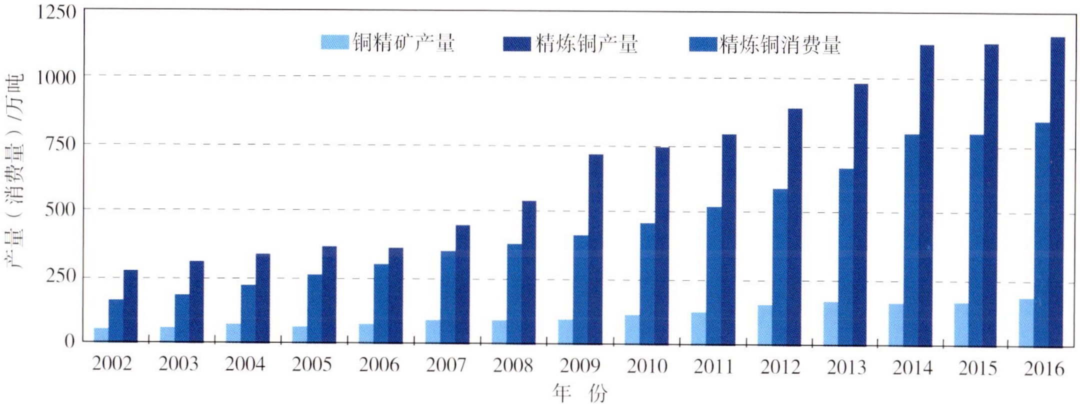

图3 2002—2016年我国铜生产与消费情况

四、国内外贸易状况

（一）世界贸易状况

在资源型领域，世界铜贸易量比较大的方面主要体现在精炼产品上。从统计资料来看，2007年之前，世界精炼铜的贸易量总体呈缓慢增长态势；受2007年美国次贷危机及2008年金融危机的影响，以美国为首的发达国家铜消费减少，影响到世界精炼铜的进口情况，出现同比下降现象。2009年开始，世界经济逐步走出经济危机的阴影，带动铜消费增长，直到2012年铜进口量增长为800万吨以上，2016年接近900万吨。2014年，随着世界经济复苏形势趋缓，铜出口量出现小幅回落。从出口国家来看，智利依然是世界第一大出口国，2016年出口精炼铜263.8万吨，其出口量占全球出口总量的29.6%（表5）。

表5　2011—2016年世界精炼铜出口情况

国　家	出口量/万吨（铜）						2016年比2015年同比增幅/%
	2011年	2012年	2013年	2014年	2015年	2016年	
智　利	299.1	282.0	271.0	250.0	261.8	263.8	0.76
秘　鲁	34.5	25.5	28.8	29.7	28.6	27.6	-3.50
日　本	43.7	54.6	57.2	50.6	54.1	61.6	13.86
赞比亚	71.1	77.6	87.5	91.5	76.2	44.9	-41.08
俄罗斯	32.5	23.9	21.2	28.4	54.8	49.7	-9.31
澳大利亚	37.6	37.1	40.4	48.6	44.9	45.2	0.67
世界总计	**852.7**	**853.7**	**853.9**	**820.7**	**859.8**	**891.0**	**3.63**

资料来源：*Mineral Commodity Summaries*，2017。

从进口国家来看，2016年中国进口362.9万吨，尽管进口量比2015年减少了1.33%，仍是世界第一大进口国，占世界进口总量的38.1%。此外，其他进口量比较多的国家有德国、美国、意大利等（表6）。

表6　2011—2016年世界精炼铜进口情况

国　家	进口量/万吨（铜）						2016年比2015年同比增幅/%
	2011年	2012年	2013年	2014年	2015年	2016年	
美　国	64.9	62.8	73.0	61.4	66.4	70.1	5.57
德　国	73.9	70.6	68.0	66.4	68.5	72.0	5.11
中　国	283.6	340.2	320.6	359.0	367.8	362.9	-1.33
意大利	61.5	58.4	55.9	62.2	62.2	60.5	-2.73
韩　国	34.7	30.2	29.8	34.6	38.3	40.4	5.48
土耳其	33.7	34.89	36.3	36.4	38.6	40.3	4.40
世界总计	**790.2**	**833.0**	**838.9**	**847.6**	**896.0**	**953.8**	**6.45**

资料来源：*Mineral Commodity Summaries*，2017。

（二）我国贸易状况

尽管2008年宏观经济受到金融危机的重创，但是我国铜消费增长依然强劲；受国内资源禀赋制约，我国铜精矿的实际生产能力与国内对铜的消费状况不匹配，尤其是在国内各大铜冶炼企业纷纷扩产的背景下，对铜精矿等原料的需求日益增加，造成铜精矿等基础原料供需矛盾不断扩大。原料缺口必须通过国际市场进行调剂。2016年，我国铜贸易依旧比较活跃，铜矿和精炼铜进口量继续保持增长，进口铜矿砂及其精矿1696.3万吨，同比上升27.6%；进口废铜334.8万吨，连续四年负增长；进口铜及铜材494.8万吨，同比增长2.84%（图4）。2016年铜产品出口贸易总体低迷，出口铜及铜材88.1万吨，同比增长28.8%。

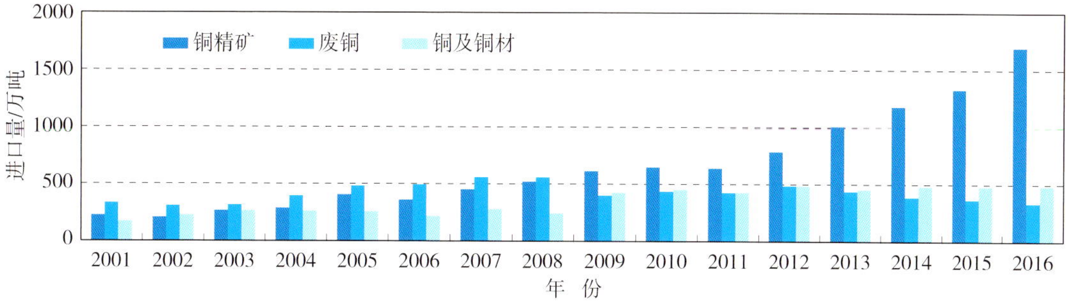

图4　2001—2016年我国铜资源产品进口情况

五、价格走势

2008年虽然次贷危机在延续，并最终演变成世界性的金融危机，但是在金融炒家等因素的作用下，2008年上半年国际铜价不仅持续走高，而且刷新了历史纪录；之后铜价稍微震荡，最终于下半年急剧下滑，并在12月创下了该年度的最低水平。进入2009年以来，世界经济逐步向好，促使铜价逐步回升，形成了“V”形反转的走势。2010年上半年铜价维持高位震荡的格局，从2010年7月开始铜价出现线性增长，在2010年底突破了前期高点。进入2011年，受欧债危机的影响，国际铜价出现震荡下降的趋势。2012年国际铜价延续了2011年下半年的走势，在相对高位震荡。但2013—2015年受发展中国家经济增速放缓的影响，国际铜价出现了逐步下降的趋势。2016年前10个月，铜价都没有表现明确方向性，以在近年来的低位附近震荡为主，主要波动区间为4500~5100美元/吨。一直到10月末，在多重因素共同带动下，铜价迎来一轮行情，一改颓势，涨势如虹，一度领涨基本金属，达到6000美元/吨上方，但是，随着诸多因素的压制，12月铜价出现一定幅度回撤，年度均价也继续同比下跌。总体来看，2016年铜价受美元走强，供应过剩及对中国需求担忧等诸多因素的冲击，延续着2011年以来的下行趋势（图5）。

我国铜价与国际市场基本实现了价格联动机制，国内铜价一般是随国际铜价变化而波动。2008年第一季度受国际市场行情影响而反弹冲高，第二、第三季度在震荡中缓慢下滑；进入第四季度，世界金融危机影响加速了前期的下滑趋势，使得铜价出现急剧回落而

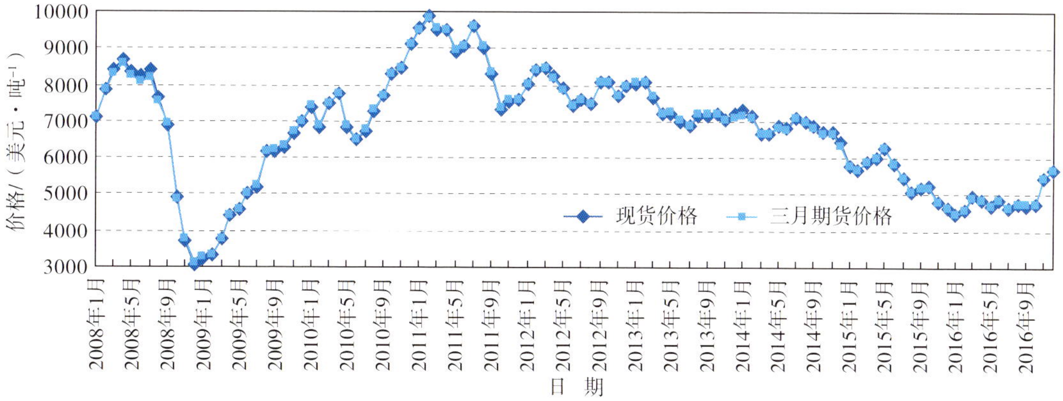

图5　2008—2016年LME铜价月度变化情况

显示典型的“熊市”特征。2009年中国经济逐步走出世界金融危机的阴霾，从第二季度开始，铜价趋势走出了不断上扬的格局。2010年铜价属于震荡调整攀升的格局。进入2011年后，受欧债危机的影响，国际铜价出现震荡下降的趋势，国内铜价受国际铜价的影响，前三季度呈现微幅震荡趋势，但从10月开始，出现了明显下降的走势。进入2012年，国内铜价呈现波动很小的震荡走势。2013—2015年国内铜价走势基本与国际铜价一致，但2015年具体情况稍有区别，虽然价格也于11月24日创出年内新低的33150元/吨，但是由于人民币贬值，下半年的伦铜下跌时，沪铜显现较为明显的抗跌走势，比值在不断走高。2016年第二季度中期以后也是由于人民币不断贬值，沪铜表现得更为强势一些，两市比值不断走高。2016年的SHFE当月期铜和三个月期铜平均价分别为38152元/吨和38203元/吨，同比分别下跌6.11%和5.87%（图6）。

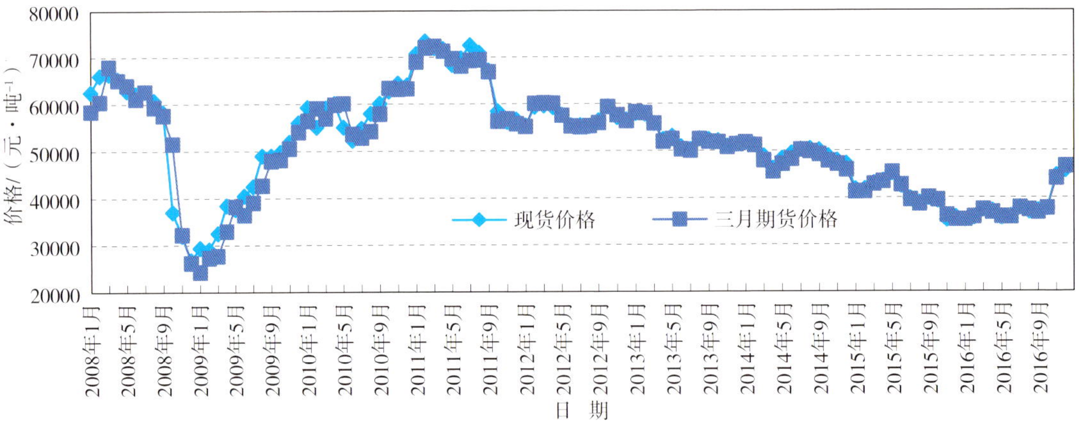

图6 2008—2016年上海金属交易所铜价月度变化情况

六、结论

（一）世界供需形势

无论是2003年世界经济复苏的驱动，还是2008年金融危机的影响，世界铜产品生产与消费并没有显著增长，而是以缓慢的速度在微增长。目前，一方面，矿山铜产量与冶炼之间虽然存在一定的供需差距，但是如果考虑废杂铜回收情况，则铜原料不仅能满足世界铜正常的冶炼需求，而且有一部分铜精矿富裕而需要库存（近几年，世界铜精矿的库存量基本在10万~20万吨之间波动），2016年世界铜精矿供需仍出现过剩；另一方面，由于中国进入经济结构调整期，对铜的需求增速放缓，世界精炼铜市场自2012年转变成供应过剩以后，消费增幅也受到较大限制，但精炼铜产量却随着铜精矿供应的改善呈现稳定的增长趋势。近年来，世界精炼铜生产与消费都在微增长，2016年世界精铜还延续了近年来小幅过剩的格局。总体来看，世界铜资源供需基本是健康平衡的。

（二）我国供需趋势

截至2016年底，全国铜储量为884.15万吨（铜），在不考虑采矿损失的情况下，以目前年生产能力约185万吨计，我国铜矿储量静态供应保障能力不足5年，且铜矿资源特点是中小型矿床多，大型、超大型矿床少，铜矿山建设规模普遍偏小，资源禀赋条件先天不足，短板日益凸显，目前国内铜矿产量与实际消费量非常不匹配，铜矿资源自给率逐步降低；另外，受我国铜冶炼产能持续扩张的推动，铜精矿需求量逐年增长，远远高于国内产量增幅和增速，国内铜精矿产消缺口逐步扩大，但进口铜精矿也有较快增长，铜精矿供需维持过剩局面，今后，全球经济仍处于金融危机后深度调整期，主要新兴工业体经济增速下滑，我国经济结构调整转型，经济增速放缓，对原材料的需求增长速度将有所放缓，加之劳动力、环保等成本的提高，用铜终端产品出口竞争优势逐步减弱，应一方面控制产能，另一方面化解过剩产能，以缓解我国铜矿资源的供应紧缺和精矿进口量的不断增长。

（执笔：张　华）

钛资源供需形势分析

钛是地壳中分布最广和丰度较高的元素之一。钛资源储量仅次于铁、铝、镁，位列第四，被誉为继铁、铝之后处于发展中的“第三金属”和“战略金属”，也是“很有希望的金属材料”。钛主要用于制取钛渣、人造金红石、钛白、海绵钛、钛金属及钛材、焊条涂料，在航空、航天、舰船、军工、冶金、化工、机械、电力、海水淡化、交通运输、轻工、环境保护、医疗器械等领域有广泛应用。

一、国内外资源状况

（一）世界资源状况

世界钛矿资源赋存形式有钛铁矿、金红石、锐钛矿和钛矿渣等。其中，钛铁矿是主要资源组成部分，约占钛资源量的92%。

1.钛铁矿资源状况

根据美国地质调查局统计，近15年来，世界钛铁矿资源储量整体呈增长态势。截至2016年底，世界钛铁矿储量77000万吨（二氧化钛），比2015年增长了4.05%（图1）。

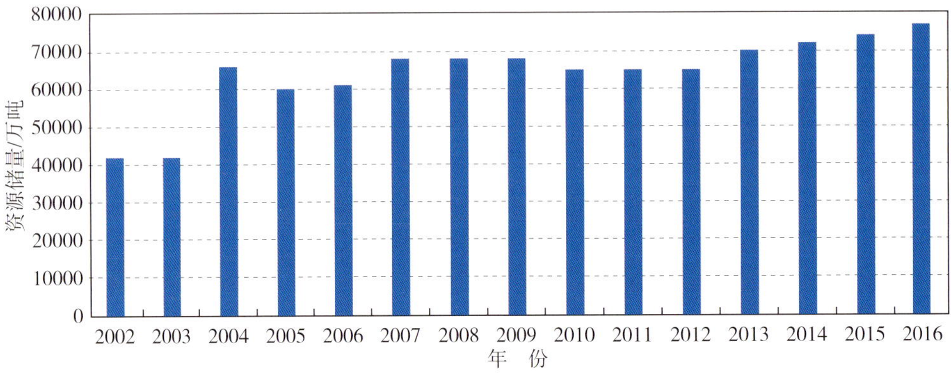

图1　2002—2016年全球钛铁矿资源储量变化情况

资料来源：*Mineral Commodity Summaries*, 2003—2017

2016年，世界钛铁矿资源主要分布在中国、澳大利亚、印度、南非和肯尼亚等国，五国钛铁矿储量合计占世界钛矿储量的71.68%。其中，中国钛铁矿储量2亿吨，居世界首位；澳大利亚钛铁矿储量1.5亿吨，比2015年度增长了1000万吨，居世界第二位；印度钛铁矿储量8500万吨，居世界第三位。其他钛铁矿资源较多的国家还有巴西、马达加斯加、挪威、加拿大和莫桑比克等国家（表1）。

表1　2016年世界钛铁矿（二氧化钛）资源储量分布情况

国　家	储量/万吨	占世界比例/%	国　家	储量/万吨	占世界比例/%
中　国	20000	25.97	加拿大	3100	4.03
澳大利亚	15000	19.48	莫桑比克	1400	1.82
印　度	8500	11.04	乌克兰	590	0.77
南　非	6300	8.18	美　国	200	0.26
肯尼亚	5400	7.01	越　南	160	0.21
巴　西	4300	5.58	其　他	4350	5.65
马达加斯加	4000	5.19	—	—	—
挪　威	3700	4.81	**世界总计**	**77000**	**100.00**

资料来源：*Mineral Commodity Summaries*, 2017。

2.金红石资源状况

2002年至今，世界金红石储量的变化情况总体上呈现波浪式变化态势，其中，2004年、2015年和2016年的金红石储量是期间的高位。截至2016年底，世界金红石储量5900万吨（二氧化钛），比2015年增长了9.26%，连续两年保持增长态势（图2）。

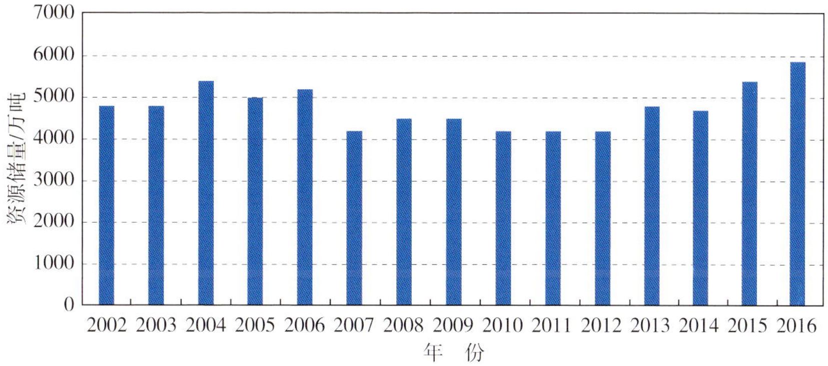

图2　2002—2016年全球金红石资源储量变化情况

资料来源：*Mineral Commodity Summaries*, 2003—2017

2016年，世界金红石资源主要分布在澳大利亚、肯尼亚、南非和印度等国，四国金红石储量合计占世界钛矿储量的94.41%。其中，澳大利亚金红石储量2700亿吨（二氧化钛，下同），比2015年增长500万吨，居世界首位；肯尼亚金红石储量1300万吨，居世界第二位；南非金红石储量830万吨，居世界第三位；印度金红石储量740万吨，居世界第四位。其他金红石资源较多的国家还有乌克兰，占世界比例为4.24%（表2）。

表2　2016年世界金红石（二氧化钛）资源储量分布情况

国　家	储量/万吨	占世界比例/%	国　家	储量/万吨	占世界比例/%
澳大利亚	2700	45.76	乌克兰	250	4.24
肯尼亚	1300	22.03	其　他	80	1.36
南　非	830	14.07	—	—	—
印　度	740	12.54	**世界总计**	**5900**	**100.00**

资料来源：*Mineral Commodity Summaries*, 2017。

（二）我国资源状况

我国的钛铁矿资源非常丰富，为世界第一，占全球钛铁矿资源总储量的31%。截至2016年底，我国钛查明资源储量为7.9万吨（折二氧化钛，下同），从2005年至今，我国钛查明资源储量基本上维持在7万吨左右，总量相对平衡。截至2016年底，我国钛资源储量为1.3万吨，同比增长0.6%（图3）。

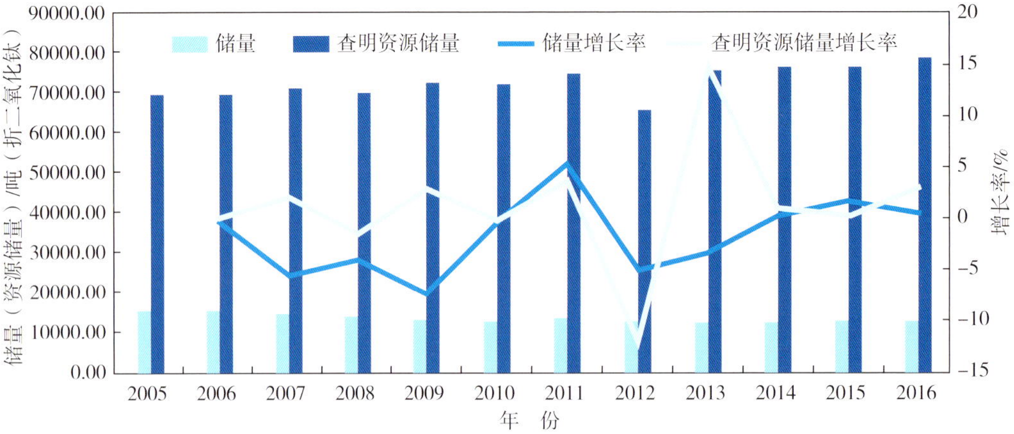

图3　2005—2016年我国钛资源储量变化情况

数据来源：国土资源部

从区域分布上看，2016年我国钛查明资源储量［原生钛（磁）铁矿］主要分布在四川、山东和河北三个地区，分别占全国总量的85.31%、4.55%和3.93%，其中，四川地区是我国钛资源的重点富集地，主要富集原生钒钛磁铁矿岩矿，重点集中在四川攀西地区（图4）。

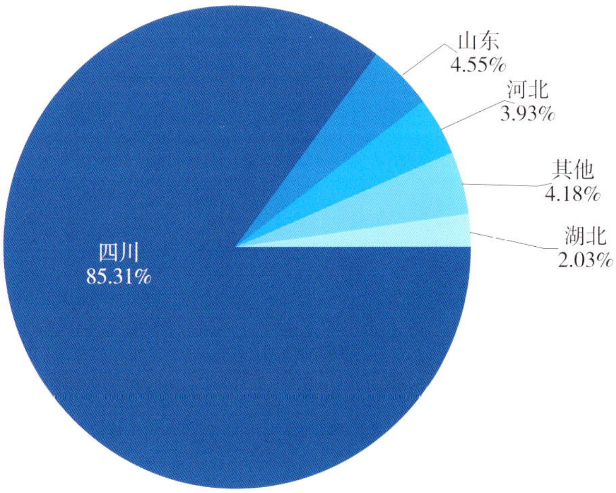

图4　2016年我国原生钛（磁）铁矿查明资源储量分布情况

数据来源：国土资源部

二、国内外生产状况

（一）世界生产状况

1.矿山钛

2016年，世界矿山钛（二氧化钛含量，下同）生产主要集中在南非、加拿大、莫桑比克和澳大利亚等国（表3）。2016年，南非为世界最大的矿山钛生产国，产量达到80.00万吨，占全球比例为17.09%；其次是加拿大，矿山钛产量60.00万吨，占全球比例为12.82%；莫桑比克产量58.64万吨，占全球比例为12.53%；澳大利亚产量51.01万吨，占全球比例为10.90%；四国共计249.65万吨，占全球矿山钛产量的一半以上。

表3　2010—2016年世界矿山钛生产情况

国家	产量/万吨（二氧化钛含量）							2016年比2015年同比增幅/%
	2010年	2011年	2012年	2013年	2014年	2015年	2016年	
南非	92.65	103.71	88.08	80.00	85.00	80.00	80.00	0.00
加拿大	95.00	90.00	95.00	70.00	70.00	70.00	60.00	-14.29
莫桑比克	38.70	36.31	37.48	41.03	54.00	49.06	58.64	19.53
澳大利亚	118.60	115.01	114.40	95.01	90.01	76.50	51.01	-33.33
挪威	35.60	37.40	31.90	32.23	33.00	35.18	37.50	6.59
塞内加尔	0.00	0.00	0.00	0.00	5.63	26.78	26.80	0.07
肯尼亚	0.00	0.00	0.00	0.00	12.50	21.63	25.40	17.43
乌克兰	28.40	20.20	26.50	35.09	32.50	29.50	23.80	-19.32
越南	30.51	38.00	48.92	51.30	46.47	10.90	22.55	106.88
塞拉利昂	7.17	7.01	9.75	12.64	12.28	13.44	14.23	5.88
马达加斯加	9.66	29.43	20.81	36.00	10.00	7.50	14.20	89.33
美国	14.00	14.00	14.00	14.00	14.00	14.00	14.00	0.00
印度	18.97	16.45	13.34	11.28	12.48	12.50	12.50	0.00
韩国	7.50	10.38	5.50	5.00	5.00	4.00	10.33	158.25
中国	7.50	7.50	7.50	7.50	7.50	7.50	7.50	0.00
巴西	3.18	4.00	3.97	4.49	4.72	4.50	4.50	0.00
斯里兰卡	3.29	4.37	3.09	1.56	1.70	3.20	2.35	-26.56
埃及	0.00	0.79	2.85	1.14	0.59	0.00	2.00	*
马来西亚	1.98	3.37	3.59	1.95	0.95	0.60	0.54	-10.00
冈比亚	2.99	2.90	1.09	1.93	1.04	0.00	0.24	*
葡萄牙	0.01	0.01	0.01	0.01	0.01	0.01	0.01	0.00
世界合计	**515.71**	**540.84**	**527.78**	**502.16**	**499.38**	**466.80**	**468.10**	**0.28**

注：*表示大于100。

资料来源：*World Metal Statistics Yearbook*，2017。

从区域上看，世界矿山钛分布总体上以非洲和亚洲为主。其中，非洲的产量达到221.5万吨，占全球比例为47.32%；欧洲产量61.3万吨，占全球比例为13.10%；亚洲的产量达到55.76万吨，占全球比例为11.91%；三个洲的钛产量占全球的72.33%。另外，美洲、澳大利亚和欧洲各

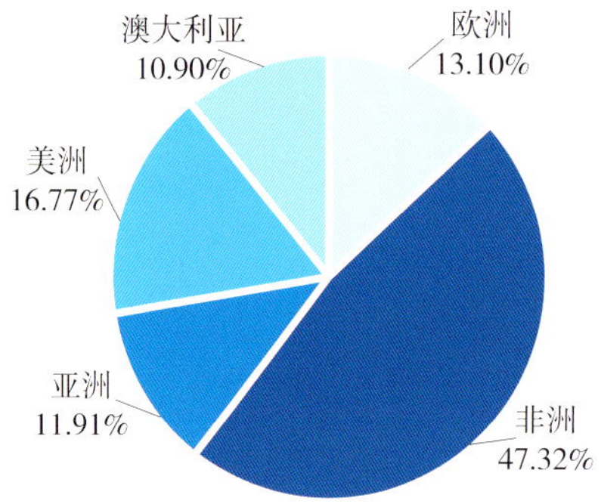

图5　2016年世界矿山钛生产分布情况

占百分之十几的比例（图5）。

2.海绵钛（钛金属）

世界海绵钛生产较为集中，主要集中在中国、日本和俄罗斯三个国家。2016年，中国仍然是世界最大的海绵钛生产国，产量为6.35万吨，较2015年降低13.37%。其次为日本，产量为5.00万吨；排在第三位的是俄罗斯，产量为4.40万吨。之后为美国、乌克兰和哈萨克斯坦，这三国产量分别为1.60万吨、1.00万吨和0.09万吨（表4）。

表4　2010—2016年世界海绵钛生产情况

国　家	产量/万吨							2016年比2015年同比增幅/%
	2010年	2011年	2012年	2013年	2014年	2015年	2016年	
中　国	5.68	6.80	8.21	10.58	7.53	7.33	6.35	-13.37
日　本	3.16	5.60	5.80	5.00	5.00	5.00	5.00	0.00
俄罗斯	2.58	4.00	4.20	4.40	4.40	4.40	4.40	0.00
美　国	1.28	1.61	1.60	1.60	1.60	1.60	1.60	0.00
乌克兰	0.74	0.90	1.10	1.00	1.00	1.00	1.00	0.00
哈萨克斯坦	1.80	2.00	2.20	0.99	0.99	0.99	0.99	0.00
世界总计	**15.24**	**20.91**	**23.11**	**23.57**	**20.52**	**20.32**	**19.34**	**-4.82**

资料来源：*World Metal Statistics Yearbook*，2017。

（二）我国生产状况

1.海绵钛生产状况

2002—2016年，我国海绵钛的产量出现了“过山车式”的增长历程。自2103年后，受矿业危机的影响，海绵钛的产量出现下滑；2016年，出现回归趋势，年内我国生产海绵钛产量67077吨，同比增长8.13%。海绵钛产能降至8.8万吨，与2015年基本持平（图6）。

从企业分布上看，2016年我国海绵钛产量主要来源于攀钢钛业、双瑞万基、朝阳金达、朝阳百盛、贵州遵钛和宝钛华神六家企业，共计产量58777吨，占全国总量的87.6%，另外，鞍山海量有4800吨的产量。山西卓峰和锦州铁合金各有2000吨和1500吨的产量（表5）。

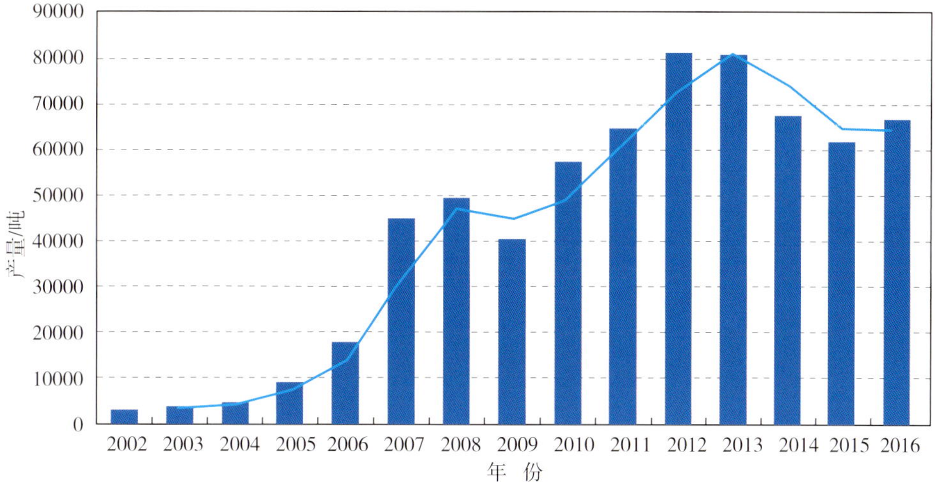

图6 2002—2016年我国海绵钛产量变化情况

资料来源：有色金属工业协会

表5 2016年我国不同企业海绵钛产量

生产企业	产量/吨	比例/%	生产企业	产量/吨	比例/%
攀钢钛业	14297	21.3	宝钛华神	8220	12.2
双瑞万基	11000	16.4	鞍山海量	4800	7.2
朝阳金达	8700	13.0	山西卓峰	2000	3.0
朝阳百盛	8321	12.4	锦州铁合金	1500	2.2
贵州遵钛	8239	12.3	**合　计**	**67077**	**100.0**

资料来源：《2016年中国钛工业发展报告》。

2.钛锭生产情况

2008—2016年，我国钛锭的产量总体上呈波浪式增长态势，其中2012年是一个高峰期，达到64927吨，之后受矿业行情影响，钛锭产量呈微弱下行态势。2016年全国共生产钛锭66479吨，同比增长11.29%，重回历史最高峰。钛锭产能升至13.5万吨，与2015年基本持平（图7）。

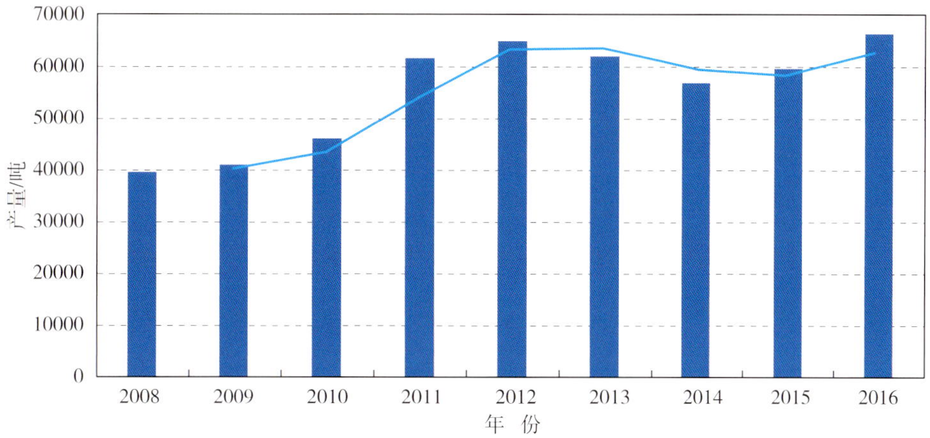

图7 2008—2016年我国钛锭产量变化情况

资料来源：有色金属工业协会

三、国内外消费状况

（一）世界消费状况

一方面，随着未来航空、船舶、电力领域的不断发展，相关领域的钛需求将会呈现新的生机，随着世界经济与科技的不断发展，钛产品的需求动力提升，相关产品的应用领域也会不断扩展，钛产品的需求规模会进一步放大。据估计，2016年全球航空航天领域用钛量为15万吨，约占钛加工材总量的45%。未来航空航天业对钛的需求将保持波动上升势头。2016年，钛废料利用率达到20%；据Roskill预计，未来钛废料的利用率将上升到2026年的30%。届时钛废料的消耗量将达到8.5万吨以上。另一方面，随着钛废料利用的增加，钛工业对海绵钛的需求可能会很快达到峰值。

（二）我国消费状况

2016年，我国钛产品消费量水平出现回升势头。其中，海绵钛表观消费量为67077吨，同比增长14.5%，在连续两年下降态势后，出现强力反弹；钛加工材表观消费量为44156吨，同比增长18.0%。钛产品的应用领域也出现新的变化，2016年，我国钛加工材在传统领域，例如化工（42.0%）、冶金（3.6%）、电力（12.7%）和制盐（2.7%）等领域的用量出现不同程度的减少，而在航空航天（19.3%）、医药（4.2%）等高端领域的消费量呈大幅增长态势。可以预见，随着国家经济转型、产业结构调整等大格局的调整，未来钛产业的应用领域也会从量向质上发生较快转变（图8，图9）。

图8 2002—2016年我国钛产品消费量变化情况

资料来源：《中国钛工业发展报告》，2002—2016

四、国内外贸易状况

（一）世界贸易状况

2016年，日本钛产品出口形势总体偏弱，主要有未锻轧钛、其他钛制品、粉末及废料等产品出口。其中未锻轧钛的出口量为19172吨，同比减少7.0%。其他钛制品出口量为11899吨，同比减少1.1%。粉末及废料出口5523吨，同比增长14.3%（图10）。

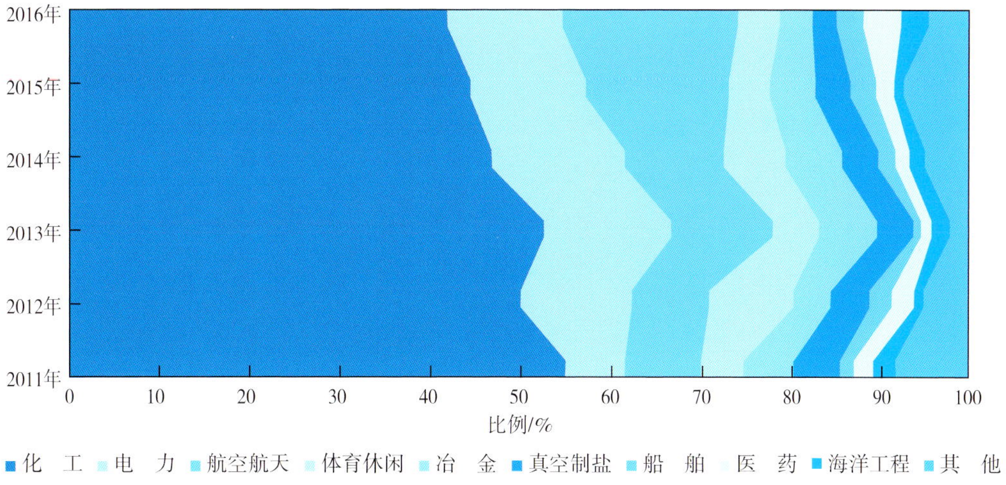

图9 2011—2016年我国钛产品消费领域变化情况

资料来源：《中国钛工业发展报告》，2011—2016

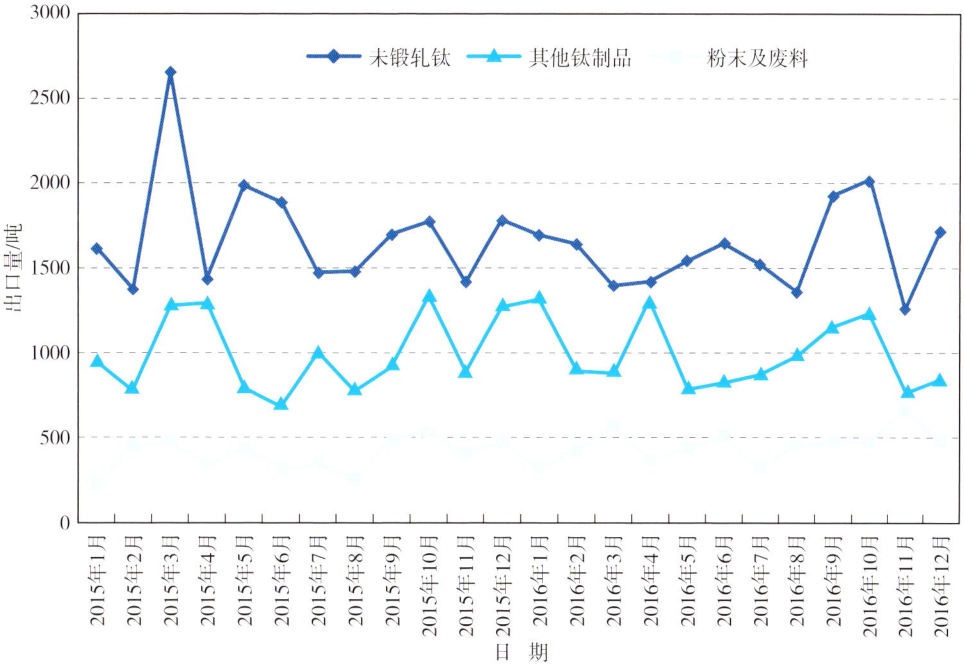

图10 2015—2016年日本钛产品月度出口变化情况

2016年，日本钛产品进口数量较2015年略有下降。其中，未锻轧钛及粉末的进口量为1497吨，同比下降50.5%；钛废料进口量为1358吨，同比下降13.9%；其他钛制品进口量为4204吨，同比增长53.7%（图11）。

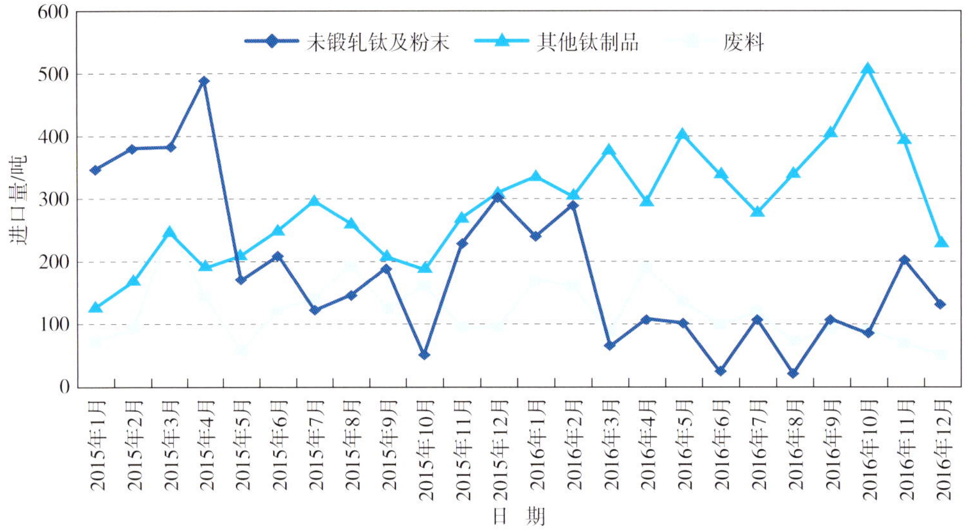

图11　2015—2016年日本钛产品月度进口变化情况

（二）我国贸易状况

我国是钛矿资源的净输入国和钛加工产品的净输出国。2016年，我国进口钛矿砂及精矿254.8万吨，在2015年的基础上增长35.51%，总体上已走出矿业危机的影响，表现回升的态势（表6）。海绵钛进口量出现大幅增长，2016年共进口海绵钛3182吨，比2015年增长3780.49%。其他几个贸易的钛产品中，钛的氧化物、钛白粉和钛加工材皆为净出口产品。2016年，钛的氧化物净出口5.2万吨，同比增长7.18%；钛白粉净出口51.7万吨，同比减少2.72%；钛加工材净出口量为7763吨，同比减少23.24%。

其中，钛加工材虽然在贸易数量上呈现顺差态势，但贸易金额则是呈逆差态势，说明我国在钛加工材的贸易上仍存在出口低附加值产品比例高，以及进口高附加值产品比例高的现象。

表6　2014—2016年我国钛产品贸易情况

方向	产品	2014年		2015年		2016年	
		数量/吨	金额/万美元	数量/吨	金额/万美元	数量/吨	金额/万美元
进口	钛矿砂及其精矿	2026147	41783	1880394	27372	2548201	29589
	钛的氧化物	10474	4809	6352	2366	6028	2218
	钛白粉	10474	4809	6352	2366	199885	49455
	海绵钛	118	101	82	51	3182	1724
	钛加工材	4978	42170	5547	45278	5944	39907
出口	钛矿砂及其精矿	17234	1640	33386	1641	13155	984
	钛的氧化物	56109	10129	54748	8988	57898	8701
	钛白粉	552479	113086	538274	96182	717323	119314
	海绵钛	5691	367	3550	216	1760	774
	钛加工材	11908	31947	11846	28918	13707	28797
贸易顺差	钛矿砂及其精矿	−2008913	−40143	−1847008	−25731	−2535046	−28605
	钛的氧化物	45635	5320	48396	6622	51870	6483
	钛白粉	542005	108277	531922	93816	517438	69859
	海绵钛	5573	266	3468	165	−1422	−950
	钛加工材	6930	−10223	6299	−16360	7763	−11110

资料来源：海关综合信息网。

五、价格走势

（一）世界钛产品价格

2005年至今，国际钛产品价格出现大幅下滑态势，总体呈“L”形变化。其中，海绵钛99.6%鹿特丹仓库交货价从2005年的25美元/千克降至2009年的4美元/千克，之后价格虽有回探势头，但总体呈低位运行态势。同样，钛铁68%鹿特丹仓库交货价格从2005年的23美元/千克降至2009年的1.4美元/千克，之后也呈低位运行态势（图12）。到2016年，国际钛产品价格仍没有摆脱之前的市场不景气态势，价格依然低迷。伦敦战略金属市场，海绵钛99.6%鹿特丹仓库交货年均价格为8.05美元/千克；钛铁68%鹿特丹仓库交货年均价格为3.31美元/千克。价格低迷态势延续至2017年（图13）。

图12　2005—2016年伦敦战略金属市场钛产品价格月度变化曲线

资料来源：Wind资讯

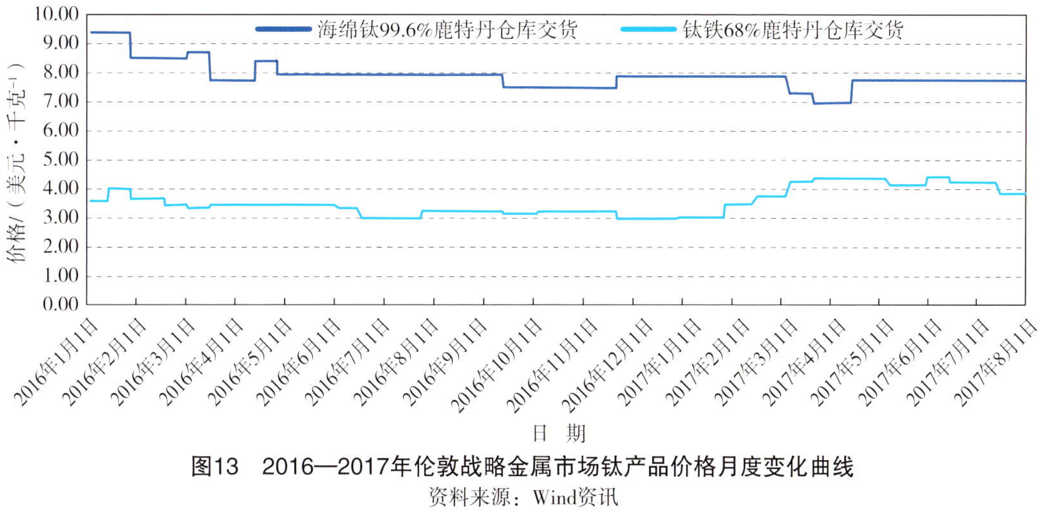

图13　2016—2017年伦敦战略金属市场钛产品价格月度变化曲线

资料来源：Wind资讯

（二）我国钛产品价格

2011年以来，我国钛产品价格总体呈现缓慢下行态势，至2015年步入低俗。之后，随着矿业大环境呈复苏趋势，2016年我国钛产品价格总体上呈震荡企稳的态势。其中，适合做钛白粉的四川、山东等地区钛精矿，价格上调幅度较大，四川地区50%钛精矿价格上调幅度高达226%。2016年上半年，钛行业的下游产品提价明显，进一步推进国内钛精矿市场价格上扬。2016年底，受环保排查影响，攀枝花等地钛矿工厂大规模停产，导致国内钛精矿现货供应不足，助力价格回归。2016年国内钛白粉市场基本实现全年上涨趋势，其中金红石型钛白粉价格上调幅度高达60%左右。2017年，钛产品的价格有延续2016年趋势的基础，其中钛铁的价格趋势最为明显（图14，图15）。

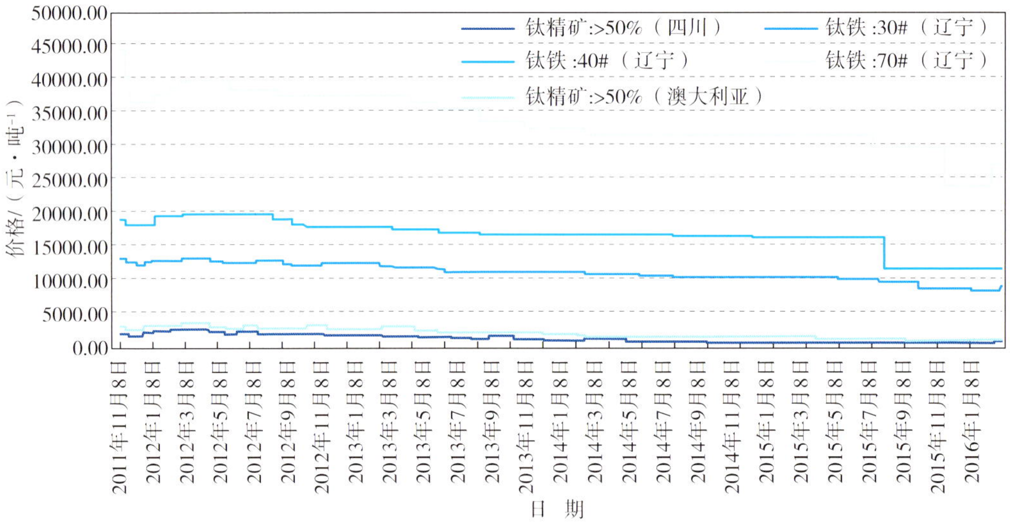

图14　2011—2016年国内钛产品价格月度变化曲线

资料来源：Wind资讯

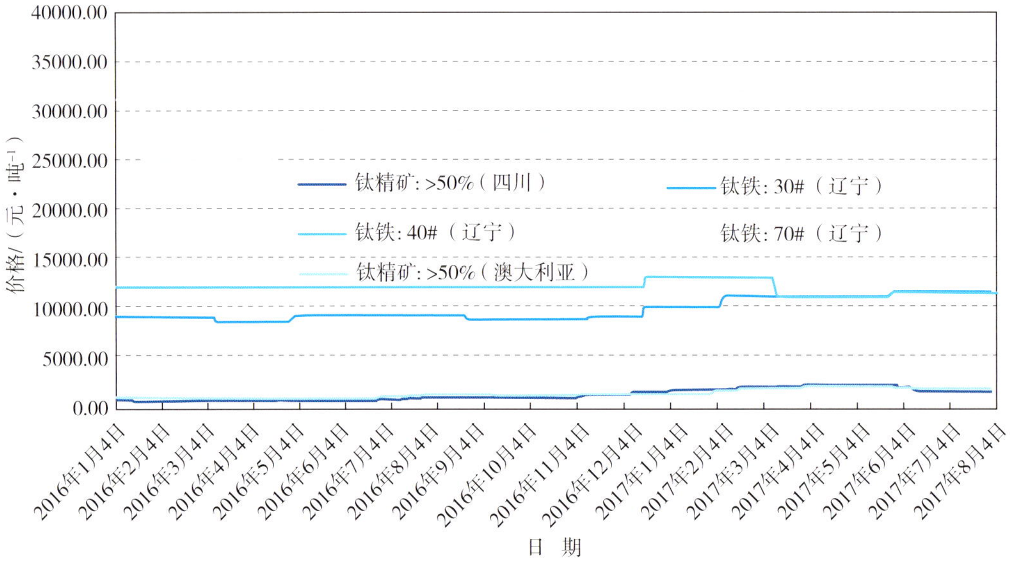

图15　2016—2017年国内钛产品价格月度变化曲线

资料来源：Wind资讯

六、结论

（一）世界供需形势

世界钛铁矿资源储量整体呈增长态势，截至2016年底，世界钛铁矿储量77000万吨（二氧化钛），比2015年增长了4.05%。2016年，全球矿山钛供应468.10万吨，生产主要集中在南非、加拿大、莫桑比克和澳大利亚等国。2016年，全球航空航天领域用钛量为15万吨，约占钛加工材总量的45%。贸易方面，以日本以例，2016年日本钛产品出口形势总体偏弱，主要有未锻轧钛、其他钛制品、粉末及废料等产品出口。2005年至今，国际钛产品价格出现大幅下滑态势，总体呈"L"形变化。到2016年，国际钛产品价格仍没有摆脱之前的市场不景气态势，价格依然低迷。

（二）我国供需趋势

我国的钛铁矿资源非常丰富，截至2016年底，钛资源储量为1.3万吨，同比增长0.6%。供应方面，海绵钛生产出现回归趋势，年产67077吨，同比增长8.13%。消费方面，出现回升势头，其中海绵钛表观消费量为67077吨，同比增长14.5%，在连续两年下降态势后，出现强力反弹。我国是钛矿资源的净输入国和钛加工产品的净输出国，2016年我国进口钛矿砂及精矿254.8万吨，在2015年的基础上增长35.51%，总体表现回升态势。2016年，我国钛产品价格总体呈震荡企稳的态势，2017年，钛产品的价格延续2016年趋势，其中钛铁的价格趋势最为明显。

（执笔：余良晖）

铝资源供需形势分析

铝具有材质轻、导电导热性强、易延展、耐腐蚀、可回收等优良的物理化学性能，在国民经济各部门、国防军工业及人民日常生活中得到广泛应用。铝合金重量轻、强度大，被广泛用于运载工具制造业，是制造飞机、飞船、潜艇、船舶、汽车、火车、导弹、火箭、人造地球卫星等陆海空运载工具的主要结构材料。随着科技的进步，电子工业、信息工业、新材料工业等用铝量日益增大，铝的应用领域越来越广泛。在当今世界，人均铝的消耗量已成为衡量一个国家国民经济综合实力、国防军工现代化和人民生活水平的重要指标之一。

一、国内外资源状况

（一）世界资源状况

世界铝土矿资源丰富，保障程度很高。按目前世界铝土矿产量估计，全球铝土矿静态保证能力在100年以上。根据美国地质调查局资料，世界铝土矿资源量为550亿~750亿吨，2016年，世界铝土矿储量为280亿吨。其中，几内亚铝土矿储量74.0亿吨，居世界第一位；澳大利亚铝土矿储量65.0亿吨，居世界第二位，上述两国铝土矿储量约为世界总储量的一半。其他铝土矿储量比较大的国家有巴西（26.0亿吨）、印度尼西亚（21.0亿吨）、牙买加（20.0亿吨）、印度（10.0亿吨）、圭亚那（8.5亿吨）、中国（8.3亿吨）、希腊（6.0亿吨）、苏里南（5.8亿吨）、印度（5.4亿吨）、委内瑞拉（3.2亿吨）、俄罗斯（2.0亿吨）、哈萨克斯坦（1.6亿吨），上述14个国家铝土矿储量合计占世界总储量的91.6%（表1）。

表1　2016年世界铝资源储量分布情况

国　家	储量/亿吨	比例/%	国　家	储量/亿吨	比例/%
几内亚	74.0	26.4	希　腊	6.0	2.1
澳大利亚	65.0	23.2	苏里南	5.8	2.1
巴　西	26.0	9.3	印　度	5.4	1.9
印度尼西亚	21.0	7.5	委内瑞拉	3.2	1.1
牙买加	20.0	7.1	俄罗斯	2.0	0.7
印　度	10.0	3.6	哈萨克斯坦	1.6	0.6
圭亚那	8.5	3.0	其　他	23.2	8.4
中　国	8.3	3.0	**世界总计**	**280.0**	**100**

资料来源：*Mineral Commodity Summaries*，2017。

（二）我国资源状况

2000—2016年，我国铝土矿查明资源储量逐年增长的趋势比较明显（图1）。截至2016年底，我国铝土矿查明资源储量48.5亿吨，比2015年净增加1.5亿吨，增长3.1%。我国铝土矿资源具有分布广且相对集中的特点，目前铝土矿资源分布于19个省（自治区、直辖市），但资源和生产都集中在山西、广西、贵州和河南四省（自治区），这四省（自治区）的查明资源储量合计44.5亿吨，占全国查明资源储量的91.7%。

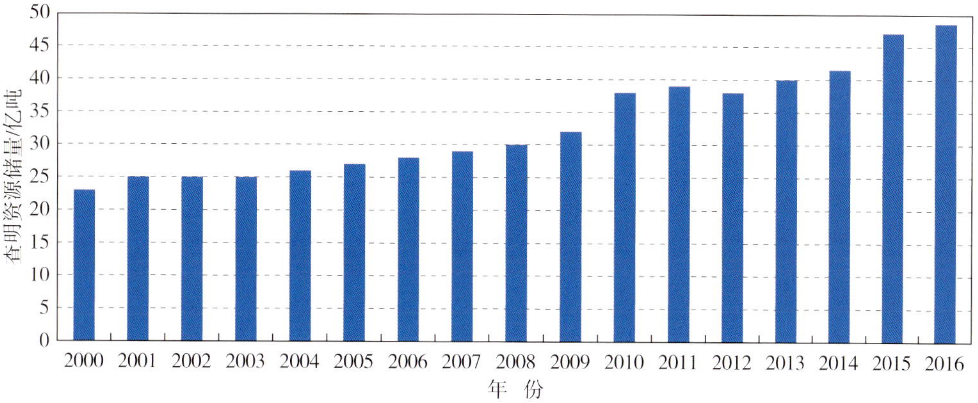

图1　2000—2016年我国铝土矿查明资源储量变化情况

二、国内外生产状况

（一）世界生产状况

1.铝土矿

2009—2013年，世界铝土矿的开采量总体持续上升，2014年产量有所下降。2015年世界铝土矿产量为2.87亿吨，同比增长12.1%；2016年世界铝土矿产量为2.71亿吨，同比减少5.5%。铝土矿资源的分布决定了其生产格局。澳大利亚、中国、巴西、几内亚、印度、牙买加六个国家中，澳大利亚因其资源储量丰富且品质较好，已经成为全球铝土矿的主要生产大国。特别值得注意的是，2015年马来西亚的铝土矿产量达到2418.7万吨，同比增长640.6%，产量居世界第五位。2016年，以上七国的铝土矿产量占全球产量的91.3%，其中澳大利亚产量占全球产量的30.3%，中国产量占全球产量的24.0%（表2）。目前，全球主要铝土矿生产国有30个左右，规模型矿山80多座，其中特大型铝业公司有俄铝、美铝、必和必拓、中铝等。

表2　2011—2016年世界铝土矿生产状况

国　家	产量/万吨						2016年比2015年同比增幅/%
	2011年	2012年	2013年	2014年	2015年	2016年	
澳大利亚	6997.7	7628.2	8111.9	7863.2	8091.0	8215.2	1.5
中　国	3717.4	4405.2	5033.9	5921.2	6500.0	6500.0	0.0
巴　西	3362.5	3498.8	3384.9	3541.0	3480.6	3245.1	-6.8

续表

国家	产量/万吨						2016年比2015年同比增幅/%
	2011年	2012年	2013年	2014年	2015年	2016年	
几内亚	1769.5	1997.4	1876.3	1917.8	1811.4	2760.5	52.4
印　度	1300.0	1532.0	2042.1	2068.8	2638.3	2421.9	-8.2
牙买加	1018.9	933.9	943.5	967.7	962.9	854.0	-11.3
马来西亚	18.8	12.2	22.0	326.6	2418.7	766.4	-68.3
以上比例/%	73.1	77.6	72.1	88.2	90.2	91.3	1.1
其　他	6694.0	5760.8	8266.2	3033.3	2803.8	2372.3	-15.4
世界总计	**24878.8**	**25768.6**	**29680.8**	**25639.6**	**28706.6**	**27135.4**	**-5.5**

资料来源：*World Metal Statistics Yearbook*，2017。

2.氧化铝

世界氧化铝产量总体保持增长态势，但是增速明显放缓。据Wind资讯，2016年全球氧化铝产量11546万吨，较2015年增长0.2%（图2）。目前，全球的氧化铝厂分布在30个国家和地区，生产能力超过6000万吨/年，主要分布在澳大利亚、中国、几内亚、牙买加和巴西。2004—2015年，中国氧化铝的产量占全球产量的比例已由2004年的16.7%提高到2015年的51.2%，2014年，中国氧化铝产量的增量占全球同期增量的比例达到60.2%；2015年，全球氧化铝增量为737万吨，而中国氧化铝的增量为824万吨。所以，全球近几年每年新增的氧化铝产量，基本上是由中国贡献的。中国氧化铝的产量和消费量已位居世界前列，并成为世界最大的氧化铝生产国，在世界铝工业生产格局中占据重要地位。

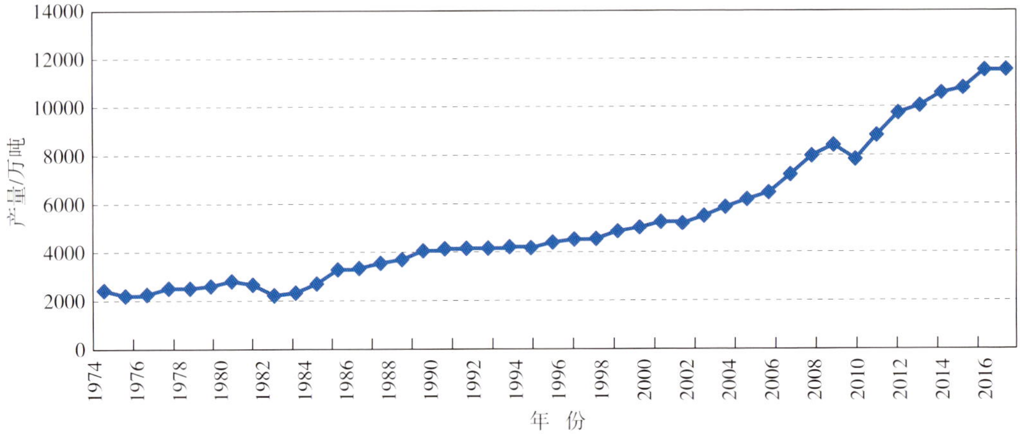

图2　1974—2016年全球氧化铝生产变化情况

3.原铝

2016年全球原铝产量5754.6万吨，同比增长0.4%，原铝的生产主要集中在中国、俄罗斯、加拿大、阿拉伯联合酋长国、印度、澳大利亚、挪威、巴林、美国和巴西，以上十国2016年的原铝产量占全球总产量的84.0%；其中，中国产量占全球产量的55.4%，是世界原铝产量最大的国家（表3）。

表3 2011—2016年世界原铝生产状况

国家	产量/万吨						2016年比2015年同比增幅/%
	2011年	2012年	2013年	2014年	2015年	2016年	
中国	2007.2	2353.4	2653.4	2831.7	3141.0	3187.0	1.5
俄罗斯	399.2	402.4	372.4	348.8	352.9	345.4	-2.1
加拿大	298.8	278.1	296.7	285.8	288.0	320.9	11.4
阿拉伯联合酋长国	175.0	186.1	184.8	229.6	246.4	247.1	0.3
印度	166.0	171.4	159.7	176.7	188.6	190.9	1.2
澳大利亚	194.5	186.4	177.8	170.4	164.6	163.5	-0.7
挪威	120.1	111.1	115.5	118.2	124.1	123.1	-0.8
巴林	88.1	89.0	91.3	93.1	96.1	97.1	1.0
美国	198.3	207.0	194.8	171.0	158.7	81.8	-48.5
巴西	144.0	143.6	130.4	96.2	77.2	79.3	2.7
以上合计	**3791.2**	**4128.5**	**4376.8**	**4521.5**	**4837.6**	**4836.1**	**0.0**
以上比例/%	81.2	83.4	84.0	84.1	84.4	84.0	-0.5
其他	880.6	823.4	831.3	857.1	896.0	918.5	2.5
世界总计	**4671.8**	**4951.9**	**5208.1**	**5378.6**	**5733.6**	**5754.6**	**0.4**

资料来源：*World Metal Statistics Yearbook*，2017。

（二）我国生产状况

1.铝土矿

我国是世界铝土矿资源开采大国，2016年铝土矿产量6500万吨，与2015年持平，目前铝土矿产量已经占到世界总量的24.0%。由于我国铝土矿资源的品质较差，国内铝土矿产量最终会被迫稳定乃至减少（图3）。

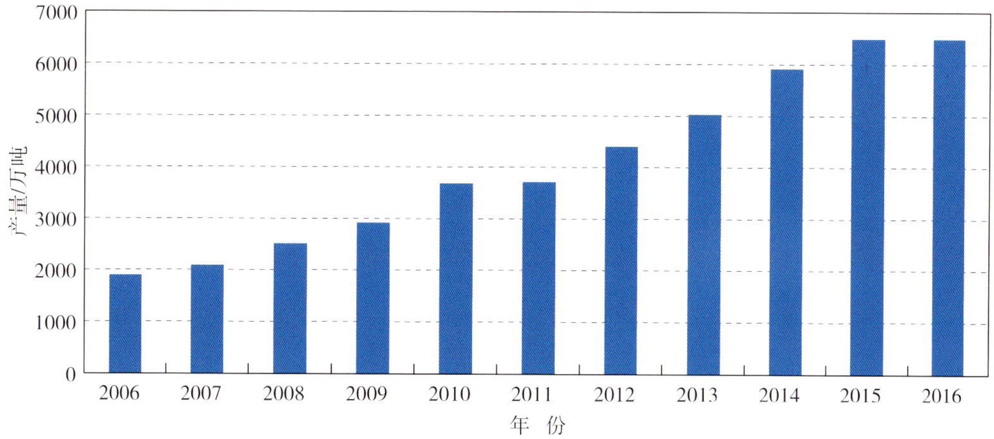

图3 2006—2016年我国铝土矿产量变化情况

2.氧化铝

我国氧化铝的生产能力布局和铝土矿的生产能力分布大体一致，产能集中分布在山东、河南、山西、广西、贵州、云南和重庆七省（自治区、直辖市）。从统计数据看，我国氧化铝产量呈稳定增长态势，2016年产量达到近几年最高峰，为6082.7万吨，较2015年增长7.9%，占全球总产量的52.7%，多年产量连续居全球第一位（图4）。

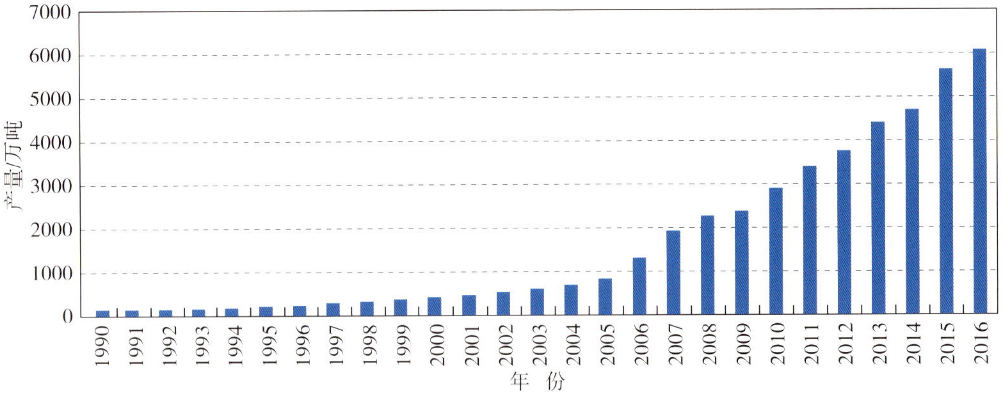

图4 1990—2016年我国氧化铝产量变化情况

资料来源：《中国金属通报》

历年来，山东、河南是我国氧化铝产量最大的省份。2016年，山东省氧化铝产量为1849.8万吨，占全国产量的30.4%，居全国第一位；山西省已超过河南省成为我国氧化铝生产第二大省，2016年产量为1414.1万吨，占全国产量的23.2%；河南省退居第三位，2016年氧化铝产量为1213.4万吨，占全国产量的19.9%；广西壮族自治区居第四位，2016年氧化铝产量为507.0万吨，占全国产量的8.3%；贵州省的氧化铝产量增长很快，2016年产量为449.6万吨，约占全国产量的7.4%（图5）。

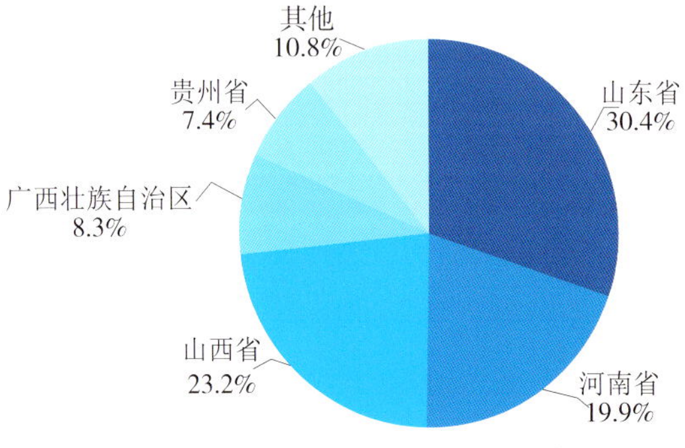

图5 2016年我国氧化铝产量分布情况

3.原铝

随着我国用铝量的增加，原铝产量多年呈现逐步走高的趋势，2016年用量为3164万吨，基本与2015年持平（图6）。其中，河南、山东、内蒙古、青海、山西和甘肃是原铝产量大省（自治区），实际产量已接近或超过百万吨。

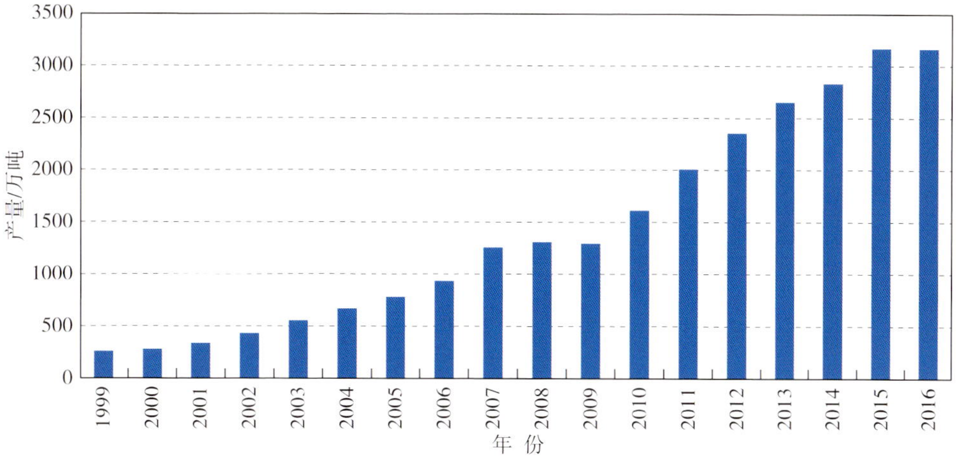

图6　1999—2016年我国原铝产量变化情况

三、国内外消费状况

（一）世界消费状况

21世纪以来，在中国的带动下，亚洲原铝消费一直居世界首位（1998年东南亚金融危机除外），并呈现加速增长趋势，年均增长率远高于同期世界原铝消费的年均增幅；同期，中国的原铝消费年均增长率高居世界首位。2008年全球铝消费规模一改1990—2007年不断上升的趋势，与2007年基本持平，然后出现逐年下降的趋势。2010年以后，随着全球经济复苏，原铝消费量又逐年增加。2016年，全球原铝消费量5800.8万吨，较2015年增长1.2%。受欧洲经济复苏的影响，意大利和法国的消费量均有增长，增长幅度分别为13.5%、7.8%；德国的增长幅度为1.3%。美国、日本、印度、巴西、俄罗斯原铝消费量有所下降，下降幅度分别为3.8%、2.1%、6.6%、4.6%、1.0%（表4）。

表4　2011—2016年世界原铝消费分布情况

国　家	消费量/万吨						2016年比2015年同比增幅/%
	2011年	2012年	2013年	2014年	2015年	2016年	
中　国	1963.9	2258.5	2195.5	2800.3	3106.8	3161.5	1.8
美　国	406.0	487.5	463.2	525.0	532.5	512.1	-3.8
德　国	210.3	208.6	208.3	228.9	216.3	219.2	1.3
日　本	194.6	198.2	177.2	203.4	177.9	174.2	-2.1
韩　国	123.3	127.8	124.1	128.2	136.6	145.3	6.4
印　度	156.9	169.0	155.9	152.3	147.6	137.8	-6.6
土耳其	87.0	92.5	86.7	91.5	95.2	94.9	-0.3
意大利	99.4	75.2	70.9	81.0	80.1	90.9	13.5
阿拉伯联合酋长国	75.0	83.5	83.5	83.5	83.5	83.5	0.0
巴　西	107.7	102.1	98.8	102.7	80.1	76.4	-4.6
法　国	58.4	54.6	58.8	69.4	65.6	70.7	7.8
俄罗斯	68.5	68.5	68.5	66.8	69.2	68.5	-1.0
以上合计	**3551.0**	**3926.0**	**3791.4**	**4533.0**	**4791.4**	**4835.0**	**0.9**
以上比例/%	79.0	81.1	81.5	83.6	83.6	83.3	-0.2
其　他	946.6	914.1	861.9	886.9	943.3	965.8	2.4
世界总计	**4497.6**	**4840.1**	**4653.2**	**5419.9**	**5734.7**	**5800.8**	**1.2**

资料来源：*World Metal Statistics Yearbook*，2017。

（二）我国消费状况

多年来，我国都是全球最大的原铝消费国，原铝消费的增长一直是全球铝市场的一个亮点，2016年我国原铝消费量为3161.5万吨，占全球总量的54.5%。2002—2006年，我国每年原铝消费增量在100万吨左右，几乎占同期全球原铝消费增量的一半以上。2007年，全球原铝消费增量几乎全部集中在我国。2009年开始，我国原铝消费又出现了快速增长的趋势，2014年以后开始下降（图7）。我国铝消费的整体水平虽然增长较快，但和世界发达国家20~30千克的人均消费水平相比依然较低。

长期以来，我国对原铝的需求主要集中在建筑、电力、包装、交通运输和消费品等领域。其中，前三个领域的原铝消费量占到总消费量的一半以上，接近发达国家的消费结构。从终端消费用户来看，汽车与交通、电力及包装行业用铝量增长潜力在今后几年会十分可观。

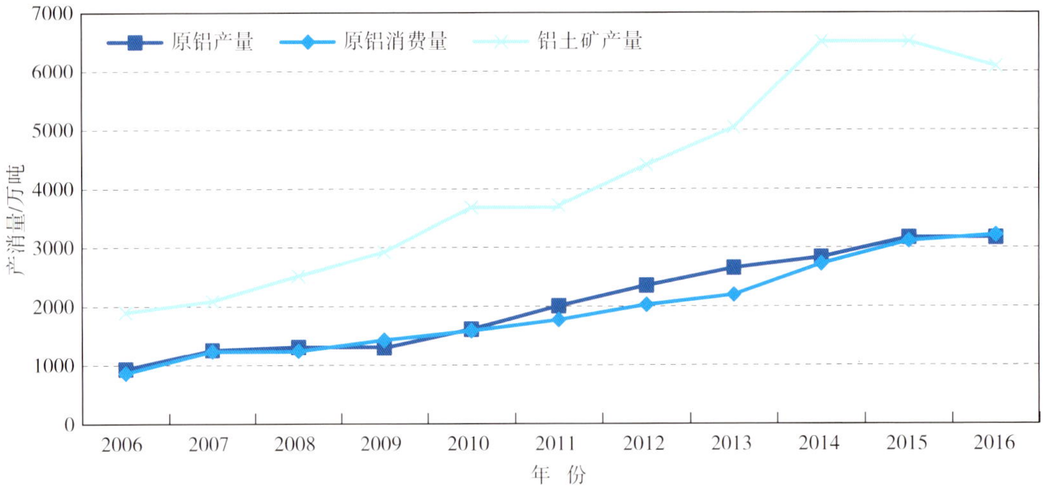

图7 2006—2016年我国铝生产与消费情况

四、国内外贸易状况

（一）世界贸易状况

2016年，全球原铝出口量1961.4万吨，同比增加4.7%，且大部分国家的原铝出口量出现不同程度的增长。全球原铝出口国家主要为俄罗斯、加拿大、荷兰、澳大利亚、挪威、印度、冰岛、中国八个国家，其出口量占全球总出口量的68.6%。2016年，荷兰和印度原铝出口量出现大幅增加，荷兰出口量同比增加19.8%，总量位列世界第三；印度出口量同比增长21.6%，澳大利亚、冰岛和中国的原铝出口量出现下降，分别同比下降5.1%、2.8%和9.5%（表5）。

表5 2011—2016年世界原铝贸易（出口）情况

国 家	出口量/万吨						2016年比2015年同比增幅/%
	2011年	2012年	2013年	2014年	2015年	2016年	
俄罗斯	558.3	335.6	323.8	273.0	341.5	348.0	1.9
加拿大	247.9	240.0	263.0	248.1	246.9	274.0	11.0
荷 兰	189.5	179.6	207.4	219.8	196.3	235.1	19.8

续表

国 家	出口量/万吨						2016年比2015年同比增幅/%
	2011年	2012年	2013年	2014年	2015年	2016年	
澳大利亚	168.0	165.3	154.3	146.5	150.1	142.4	-5.1
挪 威	142.9	135.4	125.4	132.7	121.5	127.2	4.7
印 度	33.8	31.6	38.5	58.9	79.8	97.0	21.6
冰 岛	76.0	77.8	71.6	69.9	72.6	70.6	-2.8
中 国	76.6	63.1	57.2	66.7	56.6	51.2	-9.5
世界总计	**2193.9**	**1909.5**	**1951.5**	**1971.4**	**1872.9**	**1961.4**	**4.7**

资料来源：*World Metal Statistics Yearbook*，2017。

发达国家工业化完成后，产业结构一般会经过深度调整，冶炼产业规模总体比较弱小，主要资源型产品都靠进口消费。2016年，全球铝进口量2447.3万吨，较2015年增加6.8%。全球原铝进口国家主要为美国、日本、德国、荷兰、韩国等工业化程度高的国家，这五国进口量超过全球总进口量的一半。2015年受国际经济下行的影响，欧洲主要国家进口量有所下降，2016年这一现象有所缓解，欧洲主要国家进口量都有所增长（表6）。2013年以来，中国大陆原铝进口量持续减少，2015年进口量为22.4万吨，比2014年下降36.7%，2016年进口量有所增长，进口量为25.6万吨，同比增长14.3%。墨西哥原铝进口量为84.9万吨，比2015年下降36.8%。

表6 2011—2016年世界原铝贸易量（进口）情况

国家/地区	进口量/万吨						2016年比2015年同比增幅/%
	2011年	2012年	2013年	2014年	2015年	2016年	
美 国	269.6	285.5	289.7	305.6	333.3	427.6	28.3
德 国	258.3	252.4	250.3	264.7	258.8	268.4	3.7
日 本	269.3	275.1	248.0	282.4	252.9	251.6	-0.5
荷 兰	207.1	195.9	206.2	250.1	217.6	246.8	13.4
韩 国	131.8	142.9	142.9	149.0	151.2	165.5	9.5
意大利	104.7	84.5	98.6	111.4	113.2	130.0	14.8
土耳其	88.5	93.4	99.0	109.4	113.1	105.1	-7.1
墨西哥	56.1	64.2	61.4	69.2	134.3	84.9	-36.8
泰 国	46.6	52.2	55.8	52.0	53.7	63.2	17.7
中国 大 陆	33.3	63.8	48.1	35.4	22.4	25.6	14.3
中国 台 湾	56.4	55.3	59.2	66.2	64.5	62.9	-2.5
世界总计	**2093.8**	**2091.1**	**2084.0**	**2257.7**	**2291.5**	**2447.3**	**6.8**

资料来源：*World Metal Statistics Yearbook*，2017。

（二）我国贸易状况

我国铝土矿资源品质欠佳，而氧化铝产能产量又增长迅速，使得铝土矿供需矛盾越来越突出。解决这个矛盾，一是从国外直接进口铝土矿，二是到国外采矿，三是到国外开办氧化铝厂。自2014年印度尼西亚执行矿石出口禁令以后，市场曾一度担忧中国进口铝土矿受限，但经过实践证明，进口铝土矿量并未受到多大影响，矿石供应仍旧相当宽裕。海关总署的数据显示，2016年我国共进口铝土矿5178万吨，同比下降7.24%。其中，从澳大利亚进口铝土矿累计2131万吨，同比增长8.8%，为我国第一大铝土矿进口国。从马来西亚进口铝土矿累计745万吨，同比减少68.9%。我国铝土矿进口来源愈加丰富，对外依存度稳中有降，除澳大利亚和马来西亚外，几内亚也成为我国铝土矿的主要进口国，2016年进口量为1191万吨。南非、几内亚等地区将逐步成为主要国家。2016年未锻铝进口量为25.6万吨，较2015年增长16.4%，出口量为51.2万吨，较2015年下降10.2%（图8）。

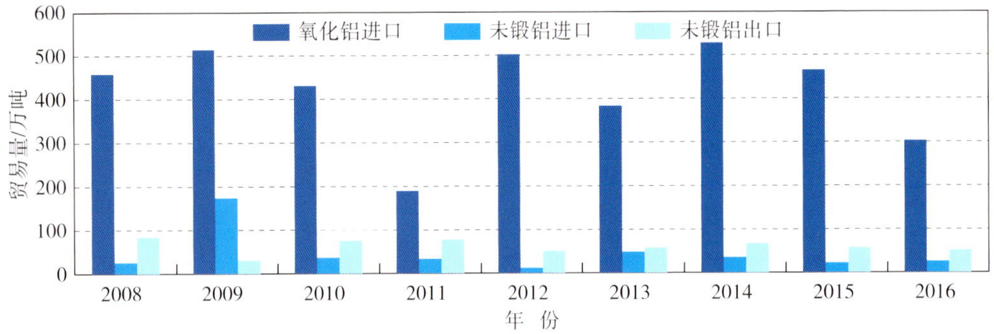

图8　2008—2016年我国铝资源产品进出口情况

五、价格走势

从1990—2016年铝的LME价格走势看，国际市场年平均价格经历了大幅下挫—高速增长—振荡整理—一路走高—高位盘整—继续下挫—小幅上升—持续走低的过程（图9）。2009年原铝价格大幅下跌，2010年又有小幅上升，2011年保持相对稳定，2012年又呈现下跌趋势，2013年LME原铝价格继续下降，2014年原铝价格小幅上涨，2014年又进入持续低迷。2016年铝平均价格为1610美元/吨，年度最高价为1779美元/吨，最低价为1452美元/吨。

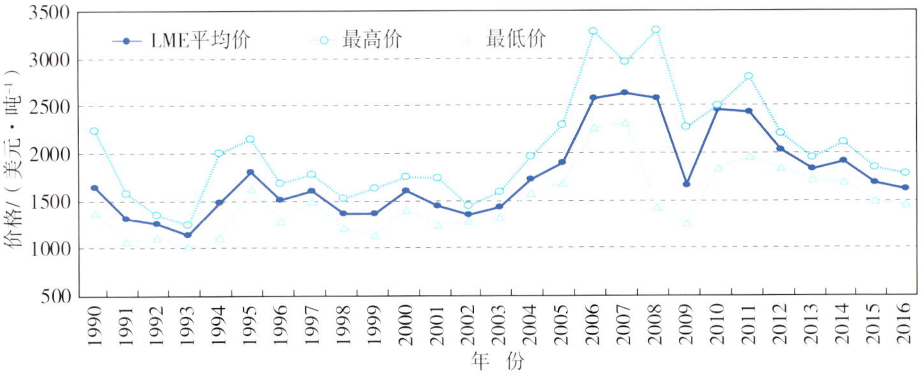

图9　1990—2016年LME年度现货铝结算平均价格变动情况

2016年铝价整体呈先上涨后下跌的走势，1—4月是铝价快速上涨期，主要是受库存和产量都下降的影响。5—8月是铝价调整震荡期，受一季度价格上涨的影响，生产企业扭亏为盈逐渐复产，这一段时间铝价一直在12000元/吨上下徘徊震荡为主。9—11月铝价又进入了一轮快速的拉涨期，一方面是需求增加，铁路运输紧张，汽车运费价格较高的影响。另一方面是动力煤和氧化铝的价格上涨，成本增加，铝价随之上涨。12月为销售淡季，需求下降，铝价又稍有回落（图10）。

图10　2016年我国有色金属期货价（日）价格变动情况（上海期货交易所）

六、结论

（一）世界供需形势

截至2016年底，全球探明铝土矿储量为280亿吨，其中几内亚铝土矿储量为74亿吨，占全球总储量的26.43%，居世界第一位。2016年，全球铝土矿产量在2.7亿吨左右，其中澳大利亚年度产量达到8215万吨，占同期全球总产量的30.3%，是全球最大的铝土矿供给国。2016年全球原铝产量5754.6万吨，中国占全球产量的55.4%，是世界原铝产量最大的国家。2016年，全球原铝消费量5800.8万吨，较2015年增长1.2%，意大利、法国和德国等欧洲国家的消费量均有增长。2016年，全球原铝出口量为1961.4万吨，进口量为2447.3万吨，欧洲主要国家进口量都有所增长。2016年LME铝价格稳定上涨，从1400美元/吨左右一直涨到年终1700美元/吨左右。

（二）我国供需趋势

从2016年开始，政策影响成为铝市场价格的主导因素，2016年铝价小幅上涨的主要因素有：一是之前供给侧改革铝产能减产见成效；二是环保检查和运输新政推升了企业的生产成本，三是房地产去库存和汽车购置税优惠促进了下游需求，使铝价在2015年整体维持上行态势。预计2017年铝价的主基调是稳，价格在12000~15000元/吨上下波动。

（执笔：朱欣然）

铅资源供需形势分析

一、国内外资源状况

（一）世界资源状况

美国地质调查局数据显示，截至2016年底，世界铅矿储量8800万吨，比2015年减少100万吨。主要的铅矿资源国有澳大利亚、中国、俄罗斯、秘鲁、墨西哥、美国、印度、哈萨克斯坦、波兰、玻利维亚、瑞典、土耳其、马其顿、爱尔兰、伊朗和南非，这16个国家储量合计占世界铅矿储量的98.5%。世界铅矿储量减少的主要原因在于俄罗斯、秘鲁、波兰等3个国家储量不同程度的减少，减幅分别为30.4%、6.0%和5.9%。中国铅储量同比增长了7.6%，其他主要铅资源国储量与2015年相比没有发生变化。其中，澳大利亚和中国铅储量超过千万吨，两国储量合计占世界总量的59.1%（表1；图1）。

表1　2016年世界铅矿资源储量分布情况　　单位：万吨

国　家	储　量	国　家	储　量
澳大利亚	3500	玻利维亚	160
中　国	1700	瑞　典	110
俄罗斯	640	土耳其	86
秘　鲁	630	马其顿	60
墨西哥	560	爱尔兰	60
美　国	500	伊　朗	54
印　度	220	南　非	30
哈萨克斯坦	200	其　他	130
波　兰	160	**总　计**	**8800**

资料来源：*Mineral Commodity Summaries*，2017。

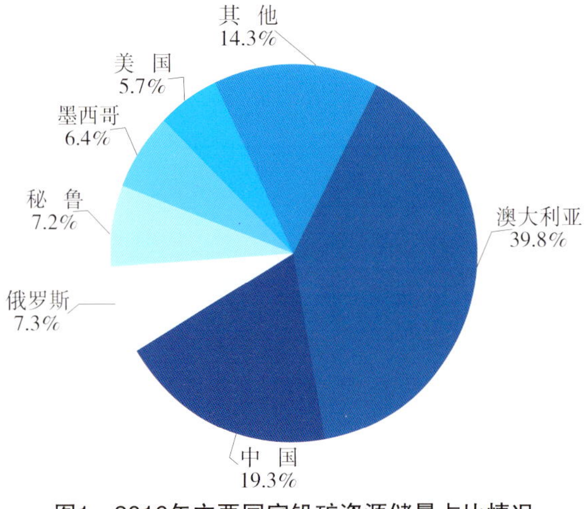

图1　2016年主要国家铅矿资源储量占比情况

（二）我国资源状况

2001年以来，我国铅查明资源储量增长明显（图2）。截至2016年底，全国铅矿查明资源储量8546.8万吨，比2015年净增779.8万吨，增长10.0%。其中，勘查新增632.8万吨，勘查新增矿区主要集中在新疆、西藏、青海、内蒙古、安徽等省（自治区）。我国铅资源分布广泛，其中查明资源储量超过500万吨的省（自治区）包括内蒙古、云南、西藏、新疆和河南，这五省（自治区）查明资源储量合计占全国总量的54.4%。

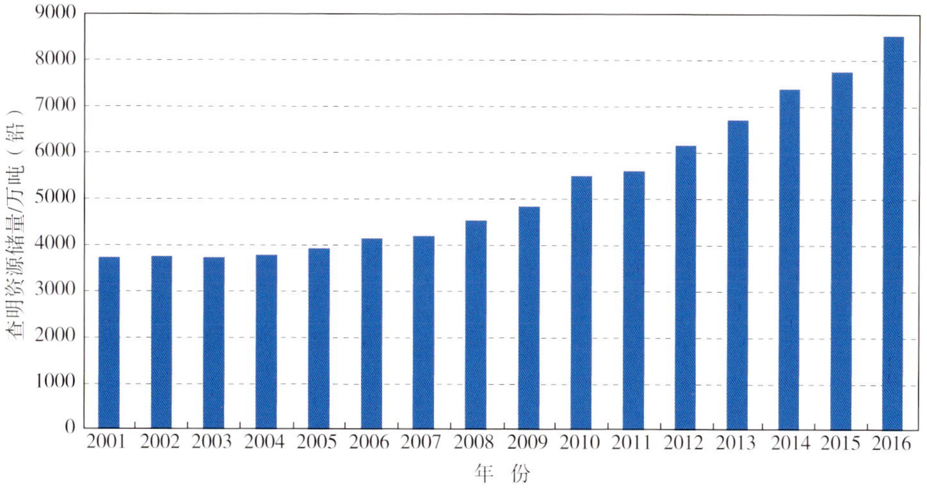

图2　2001—2016年我国铅查明资源储量变化情况

二、国内外生产状况

（一）世界生产状况

1.铅矿

受国际主要大型矿山关闭、计划性减产等因素的影响，2016年世界铅矿产量在2015年基础上继续缩减，全年产量470.3万吨，同比下降5.8%。世界主要铅矿生产国包括中国、澳大利亚、美国、秘鲁、墨西哥、俄罗斯、印度、玻利维亚、瑞典、土耳其等十国，产量合计占世界总量的87.8%。主要生产国中，除玻利维亚年产量比2015年增长14.7%之外，其他国家产量均有不同程度的下降，其中澳大利亚产量减幅最大，比2015年减少30.8%（表2）。

表2　2011—2016年世界铅矿生产分布情况

国　家	产量/万吨						2016年比2015年同比增幅/%
	2011年	2012年	2013年	2014年	2015年	2016年	
中　国	240.6	261.3	269.7	260.9	233.5	223.0	-4.5
澳大利亚	62.1	62.1	71.1	72.8	65.3	45.2	-30.8
美　国	33.4	33.6	34.3	38.1	37.1	34.2	-7.8
秘　鲁	23.0	24.9	26.7	27.9	31.6	31.4	-0.6
墨西哥	22.4	23.8	25.3	25.0	25.4	23.3	-8.3

续表

国家	产量/万吨						2016年比2015年同比增幅/%
	2011年	2012年	2013年	2014年	2015年	2016年	
俄罗斯	11.9	15.1	16.2	19.6	19.6	19.3	–1.5
印度	9.4	11.5	10.6	10.5	13.9	13.9	0.0
玻利维亚	10.0	8.1	8.2	7.6	7.5	8.6	14.7
瑞典	6.2	6.4	6.0	7.1	7.9	7.5	–5.1
土耳其	4.0	5.4	7.7	6.2	7.6	6.5	–14.5
其他	53.3	55.7	52.9	50.7	49.9	57.4	15.0
世界总计	**476.3**	**507.9**	**528.7**	**526.4**	**499.3**	**470.3**	**–5.8**

资料来源：*World Metal Statistics Yearbook*，2017。

2.精炼铅

受产能增加及价格上涨的刺激，2016年世界精炼铅产量扭转自2014年以来的缩减态势，全年产量为1111.3万吨，同比增长9.3%。主要的精炼铅生产国包括中国、美国、韩国、印度、英国、德国、墨西哥、加拿大、日本和澳大利亚，这十国产量合计占世界总量的80.1%。主要精炼铅生产国中，除德国和墨西哥产量分别比2015年下降9.3%和3.7%外，其他国家产量均有不同程度增长，其中中国、韩国产量增长幅度较大，分别为21.3%和17.9%（表3）。

表3　2011—2016年世界精炼铅生产分布情况

国家	产量/万吨						2016年比2015年同比增幅/%
	2011年	2012年	2013年	2014年	2015年	2016年	
中国	460.4	459.1	493.5	470.4	384.6	466.5	21.3
美国	124.8	122.1	130.8	102.0	110.0	112.0	1.8
韩国	42.3	46.0	52.2	67.0	68.2	80.4	17.9
印度	38.0	46.1	46.2	47.7	49.6	50.8	2.4
英国	27.5	31.2	29.6	26.7	35.7	37.5	5.0
德国	42.9	42.6	40.0	38.0	37.8	34.3	–9.3
墨西哥	39.8	38.4	37.1	36.4	35.4	34.1	–3.7
加拿大	28.3	27.9	28.2	28.2	26.9	27.4	1.9
日本	25.3	25.9	25.2	24.0	23.2	24.0	3.4
澳大利亚	23.2	20.7	23.2	22.6	22.2	22.7	2.3
其他	211.5	210.3	223.7	228.7	223.2	221.6	–0.7
世界总计	**1064.0**	**1070.3**	**1129.7**	**1091.7**	**1016.8**	**1111.3**	**9.3**

资料来源：*World Metal Statistics Yearbook*，2017。

（二）我国生产状况

我国是铅精矿和精炼铅生产大国。2016年，我国铅精矿和精炼铅产量仍居世界首位，全年产量分别为222.8万吨和466.5万吨，分别同比上升3.1%和5.7%（图3）。

2016年，我国精炼铅主要生产省（自治区）包括河南、湖南、安徽、湖北、云南，产量合计占全国总产量的82.4%。除湖南产量比2015年下降4.8%以外，其他主要生产省（自治区）产量均有不同程度上升，其中，安徽产量涨势迅猛，比2015年增长35.6%（表4）。

图3　2006—2016年我国铅精矿和精炼铅产消量变化情况

表4　2011—2016年我国精炼铅生产分布情况

省 份	产量/万吨						2016年比2015年同比增幅/%
	2011年	2012年	2013年	2014年	2015年	2016年	
河 南	130.7	152.6	153.1	134.2	132.0	138.8	5.2
湖 南	96.3	106.3	115.7	121.1	99.8	95.0	-4.8
安 徽	*	*	*	*	*	79.7	35.6
湖 北	*	*	*	*	*	36.1	4.3
云 南	43.2	56.1	49.8	45.2	34.6	34.9	0.9
其 他	—	—	—	—	—	82.0	—
总 计	**464.8**	**426.3**	**446.7**	**422.1**	**385.8**	**466.5**	**20.9**

注：*表示该省产量在2016年未列入全国前5位。
资料来源：《有色金属统计》，2017年第1期。

三、国内外消费状况

（一）世界消费状况

2016年，世界精炼铅消费量为1126.6万吨，比2015年增长10.6%。世界主要精炼铅消费国包括中国、美国、韩国、印度、德国、英国、日本、西班牙、墨西哥和巴西，这十国消费量合计占世界总量的80.8%。主要精炼铅消费国中，除韩国和日本消费量比2015年略有缩减外，其他国家消费量均有不同程度的增长，其中中国和英国消费量增长迅猛，涨幅分别为22.4%和31.3%（表5）。

表5　2011—2016年世界精炼铅消费分布情况

国　家	消费量/万吨						2016年比2015年同比增幅/%
	2011年	2012年	2013年	2014年	2015年	2016年	
中　国	461.8	461.8	492.7	468.2	380.4	465.5	22.4
美　国	141.0	136.0	175.0	154.0	159.0	161.0	1.3
韩　国	42.7	42.9	55.0	60.1	60.2	59.2	–1.7
印　度	42.0	52.4	42.8	52.1	53.9	56.7	5.2
德　国	37.4	38.1	39.2	33.7	35.7	37.4	4.8
英　国	21.1	22.9	24.1	20.8	21.7	28.5	31.3
日　本	23.6	27.3	25.2	25.5	26.9	26.4	–1.9
西班牙	27.0	24.4	25.4	24.9	23.8	26.3	10.5
墨西哥	27.7	28.1	18.8	22.1	23.5	25.2	7.2
巴　西	21.7	23.8	23.4	22.9	24.0	24.6	2.5
其　他	201	193.7	207.1	205.9	209.1	215.8	3.2
世界总计	**1047.0**	**1051.4**	**1128.7**	**1090.2**	**1018.2**	**1126.6**	**10.6**

资料来源：*World Metal Statistics Yearbook*，2017。

据国际铅锌研究小组统计，铅一次消费主要用于制造车用及应急系统（例如医院）用铅酸蓄电池，以及电脑和叉车用工业蓄电池，也有部分用于远程接入电力系统和负载系统，另有部分用于玻璃、塑料工业及辐射屏蔽。2016年，世界精炼铅消费结构没有发生变化，依然是铅酸蓄电池、电缆护套、铅材、弹药、铅合金、颜料及化工产品、其他用途等，各用途所占比例分别为80%、1%、6%、3%、2%、5%、3%（图4）。

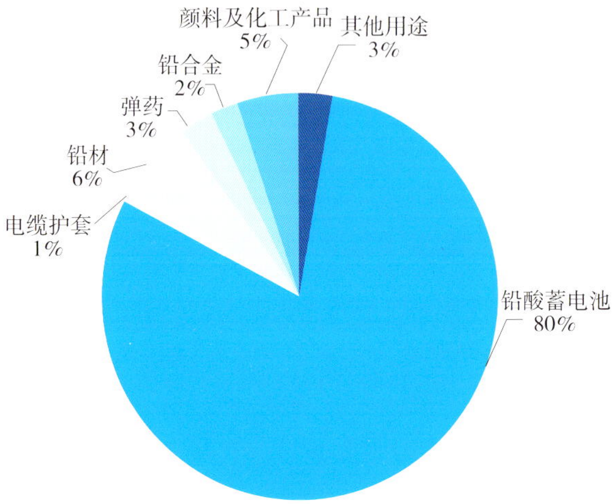

图4　2016年世界精炼铅最终消费结构情况

（二）我国消费状况

我国是精炼铅消费大国，自1990年以来精炼铅消费量一直稳定增长，并在2005年超过美国成为世界第一大精炼铅消费国。我国铅的主要消费领域有铅酸蓄电池、氧化铅、铅合金及铅材、其他铅制品等。据统计，2016年我国精铅表观消费量475.0万吨，比2015年增长1.1%。

四、国内外贸易状况

（一）世界贸易状况

2016年，世界精炼铅出口贸易量为188.0万吨，比2015年下降5.7%。进口贸易量为194.8万吨，比2015年增长5.0%。主要出口国包括韩国、澳大利亚、加拿大、比利时、俄罗斯、哈萨克斯坦、英国、墨西哥、德国、瑞典，这些国家出口量合计占世界总出口量的81.1%。主要精炼铅出口国出口量走势分化，韩国、澳大利亚、加拿大、比利时、俄罗斯、哈萨克斯坦、瑞典等国出口量呈增长态势，其中韩国和俄罗斯出口量增幅高达44.6%和33.3%。但是，这些国家出口量的增长难以抵消其他主要出口国出口量的下降。比利时、英国、墨西哥、德国出口量下降，其中英国和德国出口量下降幅度超过30%（表6，表7）。

主要精炼铅进口国和地区包括美国、印度、德国、捷克、韩国、西班牙、土耳其、泰国、中国台湾和波兰，这些国家和地区的精炼铅进口量合计占世界总量的72.2%。主要进口国和地区中，韩国和波兰进口量比2015年有所减少，其中韩国进口量减幅为20.7%。其他主要进口国和地区的进口量均比2015年有所增长，其中西班牙和泰国涨幅最大，分别为36.4%和23.6%。

表6　2011—2016年世界精炼铅主要国家出口情况

国　家	出口量/万吨						2016年比2015年同比增幅/%
	2011年	2012年	2013年	2014年	2015年	2016年	
韩　国	13.7	14.1	14.5	21.8	22.4	32.4	44.6
澳大利亚	25.0	20.1	21.6	23.1	23.1	24.2	4.8
加拿大	12.8	12.3	14.8	19.6	19.0	20.5	7.9
比利时	13.1	12.4	16.0	15.5	16.5	14.6	−11.5
俄罗斯	8.6	9.3	8.5	8.4	9.3	12.4	33.3
哈萨克斯坦	13.8	16.4	7.8	10.6	10.9	12.1	11.0
英　国	8.4	10.4	8.0	9.5	15.8	10.9	−31.0
墨西哥	12.9	11.6	14.0	15.0	12.9	9.8	−24.0
德　国	17.0	15.6	12.1	15.6	13.2	8.7	−34.1
瑞　典	5.0	4.6	6.5	6.5	6.0	6.9	15.0
其　他	45.6	49	49.3	49.8	50.3	35.5	−29.4
世界总计	**175.9**	**175.8**	**173.1**	**195.4**	**199.4**	**188.0**	**−5.7**

资料来源：*World Metal Statistics Yearbook*，2017。

表7　2011—2016年世界精炼铅主要国家和地区进口情况

国家/地区	进口量/万吨						2016年比2015年同比增幅/%
	2011年	2012年	2013年	2014年	2015年	2016年	
美　国	29.8	33.5	47.8	55.2	49.6	50.1	1.0
印　度	7.8	9.9	10.2	11.3	10.9	12.1	11.0
德　国	11.5	11.1	11.3	11.4	11.1	11.7	5.4
捷　克	3.3	5.7	9.0	11.6	10.6	11.6	9.4
韩　国	14.0	11.0	17.3	15.0	14.5	11.5	−20.7
西班牙	10.8	12.1	10.8	9.3	7.7	10.5	36.4
土耳其	8.3	9.5	8.6	9.6	9.1	9.7	6.6
泰　国	7.3	7.3	7.2	6.4	7.2	8.9	23.6

续表

国家/地区	进口量/万吨						2016年比2015年同比增幅/%
	2011年	2012年	2013年	2014年	2015年	2016年	
中国台湾	9.7	8.6	8.6	6.1	7.2	7.6	5.6
波　兰	4.4	3.9	4.2	4.9	7.2	6.9	–4.2
其　他	67.3	61.5	55.4	59.3	50.5	54.2	7.3
世界总计	**174.2**	**174.1**	**190.4**	**200.1**	**185.6**	**194.8**	**5.0**

资料来源：*World Metal Statistics Yearbook*，2017。

（二）我国贸易状况

2016年，我国铅产品贸易依然延续多年来的总体形势，即铅矿砂及其精矿贸易为净进口，其他铅产品均为净出口。2016年，铅矿砂及其精矿进口量为140.9万吨，同比减少25.8%。进口主要来源于美国、俄罗斯、秘鲁、朝鲜、土耳其、哈萨克斯坦、波兰、德国、伊朗、缅甸，进口量合计占全年总进口量的73.7%。铅的氧化物，未锻轧铅，铅板、片、带、箔，铅粉及片状粉末，其他铅制品均为净进口，净进口量分别为0.1万吨、1.4万吨、1.3万吨和0.2万吨（表8，表9）。

表8　2013—2016年我国铅产品进出口情况

方向	产品	2013年		2014年		2015年		2016年	
		数量/吨	金额/万美元	数量/吨	金额/万美元	数量/吨	金额/万美元	数量/吨	金额/万美元
出口	铅矿砂及其精矿	6490	2619	2069	168	114	36	0	0
	铅的氧化物；铅丹及铅橙	1387	403	1436	399	1267	343	1215	303
	未锻轧铅	23448	5223	36013	7645	51156	10101	15150	2963
	铅板、片、带、箔；铅粉及片状粉末	41989	11207	32766	8406	21907	4776	13805	3196
	其他铅制品	4046	1750	3811	1541	3373	1122	2435	785
进口	铅矿砂及其精矿	1492890	214324	1812030	216732	1899264	208099	1409231	147926
	铅的氧化物；铅丹及铅橙	0.4	0.7	23	46	17	6	0	0
	未锻轧铅	31988	7146	28008	6313	17741	3697	1075	270
	铅板、片、带、箔；铅粉及片状粉末	1108	1246	665	764	172	335	598	566
	其他铅制品	649	589	559	582	599	665	854	683

资料来源：海关信息网。

表9　2013—2016年我国铅矿砂及其精矿进口主要来源情况

国　家	2013年		2014年		2015年		2016年	
	进口量/吨	金额/万美元	进口量/吨	金额/万美元	进口量/吨	金额/万美元	进口量/吨	金额/万美元
美　国	215642	27347	312493	40135	343306	35092	262510	29265
俄罗斯	215301	31279	155672	20112	192646	20960	221780	26706
秘　鲁	105020	30620	99982	19847	232827	39765	137717	21780

续表

国家	2013年		2014年		2015年		2016年	
	进口量/吨	金额/万美元	进口量/吨	金额/万美元	进口量/吨	金额/万美元	进口量/吨	金额/万美元
朝鲜	117550	5939	106104	5637	95126	5033	108168	6152
土耳其	94231	18773	78136	11958	83855	11153	74362	9694
哈萨克斯坦	*	*	*	*	21386	1165	49737	3976
波兰	54006	4417	115089	6693	84806	3633	49223	2274
德国	44517	4384	71109	7154	78251	14443	47460	3643
伊朗	*	*	*	*	43765	3904	44437	4288
缅甸	*	*	*	*	27202	1511	43232	3002
其他	—	—	—	—	696094	71440	370605	37146
合计	**1492890**	**214324**	**1812030**	**216732**	**1899264**	**208099**	**1409231**	**147926**

注：*表示该年该国进口量未在国内进口来源前10位。
资料来源：海关信息网。

五、价格走势

自2014年起国际铅市场LME价格开始下跌。2016年国际铅价扭转近两年来的下跌趋势，开始止跌回升，全年LME当月期货平均价和三月期货平均价分别为1870美元/吨和1877美元/吨，都比2015年上涨4.6%。

从2016年各月份价格走势来看，国际铅价在上半年持续震荡，7月以后国际铅价持续上扬，至12月达到全年最高水平。具体来说，LME当月期货与三月期货分别从1月的1647美元/吨的年内最低水平震荡波动至6月的1714美元/吨和1720美元/吨；自7月起，国际铅价逐月稳定上涨，LME当月期货与三月期货均在12月达到全年最高水平，分别为2230美元/吨和2243美元/吨（图5，图6）。

与国际铅价走势一致，2016年国内铅价呈现上涨态势，且上涨幅度强于国际市场。上期所主力合约和当月合约全年均价分别为14664元/吨和14593元/吨，分别比2015年上涨13.6%和12.1%。

从各月份价格走势来看，2016年上半年铅价小幅震荡，上期所主力合约和当月合约价在6月跌至全年最低点，分别为12868元/吨和12811元/吨；之后受环保检查和需求增长等因素拉动，国

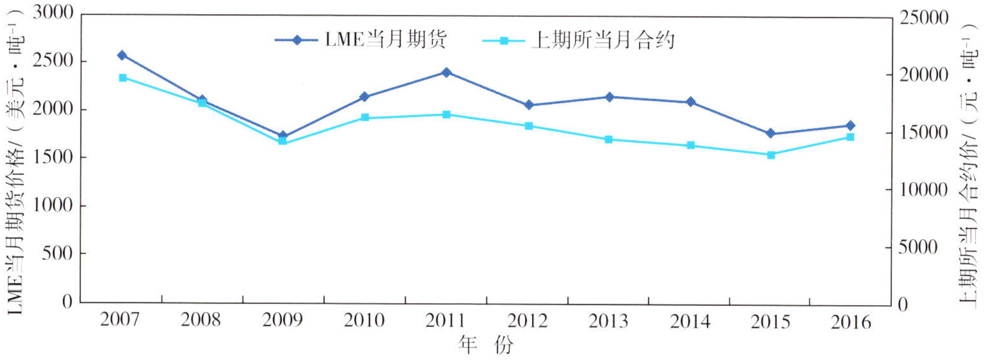

图5 2007—2016年国内外铅市场价格变化趋势

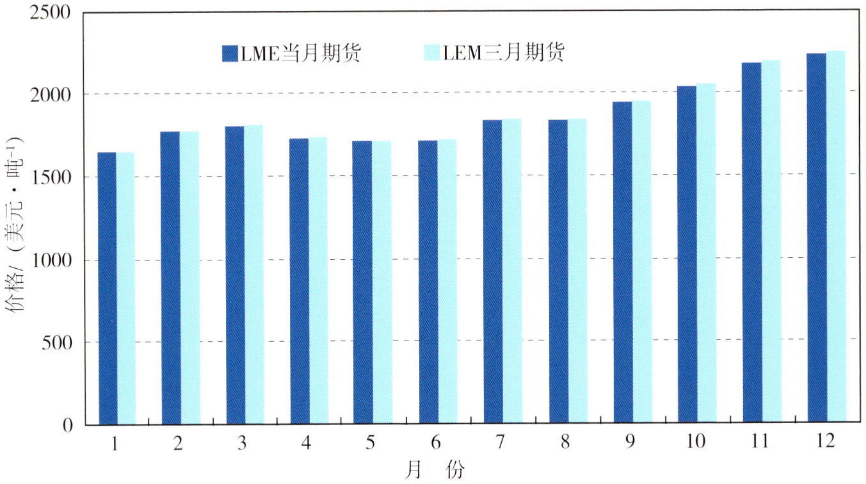

图6　2016年国际铅价月度变化情况

内铅价持续增长，至11月涨至全年最高水平，上期所主力合约和当月合约价分别为19569元/吨和19045元/吨；12月受需求回落影响，铅价略有回落，上期所主力合约和当月合约价分别收于19262元/吨和18751元/吨（图7）。

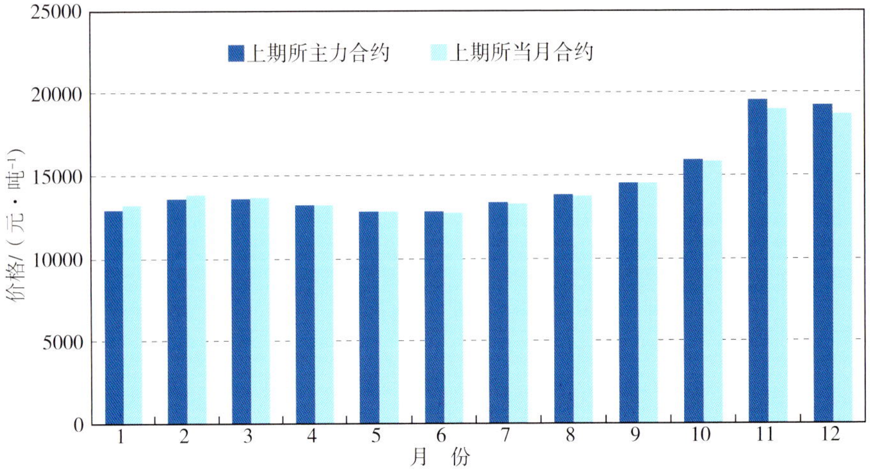

图7　2016年国内铅价月度变化情况

六、结论

国际方面，2016年世界铅矿产量继续下降，降幅为5.8%。精炼铅产消量齐升，分别上升9.3%和10.6%。有色金属市场回暖，国际铅价止跌回升，LME铅价比2015年上涨4.6%。

国内方面，2016年中国铅精矿产量、精炼铅产消量仍然居于世界首位。铅精矿和精炼铅产消量均比2015年有所增长。国内铅价上涨，上期所主力合约和当月合约全年均价分别同比上涨13.6%和12.1%。

（执笔：马苗卉）

锌资源供需形势分析

一、国内外资源状况

（一）世界资源状况

根据美国地质调查局统计数据，截至2016年底，世界锌储量2.2亿吨，比2015年增长2000万吨。世界锌储量集中分布在澳大利亚、中国、秘鲁、墨西哥、美国、哈萨克斯坦、印度、加拿大、玻利维亚、瑞典和爱尔兰，这些国家锌储量合计占世界总量的86.7%。全球锌储量增长的主要原因在于中国、墨西哥、哈萨克斯坦等三国储量比2015年有不同程度的增长，其中哈萨克斯坦锌储量增长175.0%。加拿大、玻利维亚锌储量分别比2015年减少8.1%和13.0%，其他主要锌资源国储量保持稳定（表1；图1）。

表1 2016年世界锌矿资源储量分布情况 单位：万吨

国家	储量	国家	储量
澳大利亚	6300	加拿大	570
中国	4000	玻利维亚	400
秘鲁	2500	瑞典	300
墨西哥	1700	爱尔兰	110
美国	1100	其他	2920
哈萨克斯坦	1100	**总计**	**22000**
印度	1000		

资料来源：*Mineral Commodity Summaries*，2017。

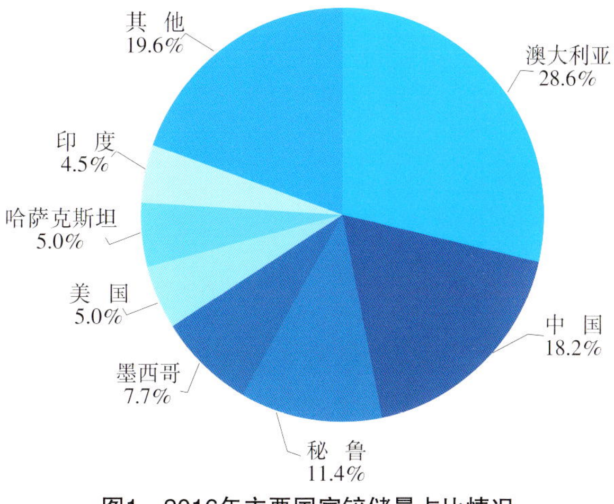

图1 2016年主要国家锌储量占比情况

（二）我国资源状况

截至2016年底，全国锌查明资源储量1.8亿吨，比2015年增长18.5%（图2），其中勘查新增2240.4万吨，新增查明资源储量主要集中在新疆、云南、浙江、西藏、广西、青海、内蒙古、安徽、陕西、甘肃等省（自治区）。锌资源在30个省（自治区、直辖市）广泛分布。2016年锌查明资源储量超过1000万吨的省（自治区）包括内蒙古、新疆、云南、广西和甘肃，这五个省（自治区）查明资源储量合计占全国总量的59.5%。

图2　2001—2016年我国锌查明资源储量变化情况

二、国内外生产状况

（一）世界生产状况

1.锌矿

2016年，世界锌矿产量延续自2014年以来的下滑趋势，全年产量为1286.1万吨，比2015年下降2.9%。主要的锌矿生产国包括中国、秘鲁、澳大利亚、美国、墨西哥、印度、玻利维亚、哈萨克斯坦、加拿大和瑞典，这些国家产量合计占世界总产量的86.2%。中国、墨西哥、玻利维亚、加拿大和瑞典产量比2015年有不同程度的增长。但这些增长难以抵消其他主要生产国产量的下降，其中，澳大利亚和印度年产量的下降幅度分别高达45.6%和21.4%（表2）。

表2　2011—2016年世界锌矿生产分布情况

国　家	产量/万吨						2016年比2015年同比增幅/%
	2011年	2012年	2013年	2014年	2015年	2016年	
中　国	405.0	485.9	518.8	511.8	475.0	527.0	10.9
秘　鲁	125.6	128.1	135.1	131.9	142.2	133.7	-6.0
澳大利亚	151.0	153.6	152.2	155.2	158.3	86.1	-45.6
美　国	76.9	73.8	78.4	83.2	80.6	79.8	-1.0
墨西哥	63.2	66.0	64.3	66.0	67.7	69.4	2.5
印　度	73.3	72.5	81.7	72.9	82.6	64.9	-21.4
玻利维亚	42.7	39.0	40.7	44.9	44.2	52.4	18.6
哈萨克斯坦	37.7	37.1	41.7	38.6	38.4	37.0	-3.6

续表

国家	产量/万吨						2016年比2015年同比增幅/%
	2011年	2012年	2013年	2014年	2015年	2016年	
加拿大	62.3	64.1	42.7	35.2	27.7	32.2	16.2
瑞典	19.4	18.8	17.7	22.2	24.7	25.7	4.0
其他	188.5	194.9	192.9	199.3	183.2	177.9	–2.9
世界总量	**1245.6**	**1333.8**	**1366.2**	**1361.2**	**1324.6**	**1286.1**	**–2.9**

资料来源：*World Metal Statistics Yearbook*，2017。

2.锌锭

2016年世界锌锭产量为1364.9万吨，比2015年减少1.8%。主要的锌锭生产国包括中国、韩国、加拿大、印度、日本、西班牙、澳大利亚、秘鲁、哈萨克斯坦和墨西哥，这些国家产量合计占世界总量的81.1%。在十个主要锌锭生产国中，六个国家产量均比2015年有所增长，但难以抵消印度、日本和哈萨克斯坦等3个国家产量的消减，其中，印度产量下降幅度高达25.1%（表3）。

表3 2011—2016年世界锌锭产量分布情况

国家	产量/万吨						2016年比2015年同比增幅/%
	2011年	2012年	2013年	2014年	2015年	2016年	
中国	521.2	488.1	528.0	580.7	615.1	627.4	2.0
韩国	82.8	87.7	89.5	91.5	93.5	99.2	6.1
加拿大	66.2	64.9	65.2	64.9	68.3	68.7	0.6
印度	78.8	69.1	77.3	70.0	81.7	61.2	–25.1
日本	54.5	57.1	58.7	58.3	56.7	53.4	–5.8
西班牙	51.1	51.2	48.4	50.1	50.9	51.0	0.2
澳大利亚	51.7	50.8	50.4	48.8	47.8	47.0	–1.7
秘鲁	31.4	31.9	34.6	33.7	33.5	34.2	2.1
哈萨克斯坦	32.0	32.0	32.0	32.5	32.4	32.6	0.6
墨西哥	32.2	32.4	32.3	32.1	32.7	31.6	–3.4
其他	311.0	294.5	286.6	288.7	276.9	258.6	–6.6
世界总计	**1312.9**	**1259.7**	**1303.0**	**1351.3**	**1389.5**	**1364.9**	**–1.8**

资料来源：*World Metal Statistics Yearbook*，2017。

（二）我国生产状况

我国是锌精矿和精炼锌生产大国，2016年产量均居世界首位。受锌价上涨拉动，2016年锌精矿产量440万吨，同比增长3.5%（图3）。主要的锌矿生产省（自治区）包括内蒙古、云南、湖南、甘肃、广西、陕西、四川、新疆、广东，这些省（自治区）产量合计占全国总产量的85.4%（表4）。

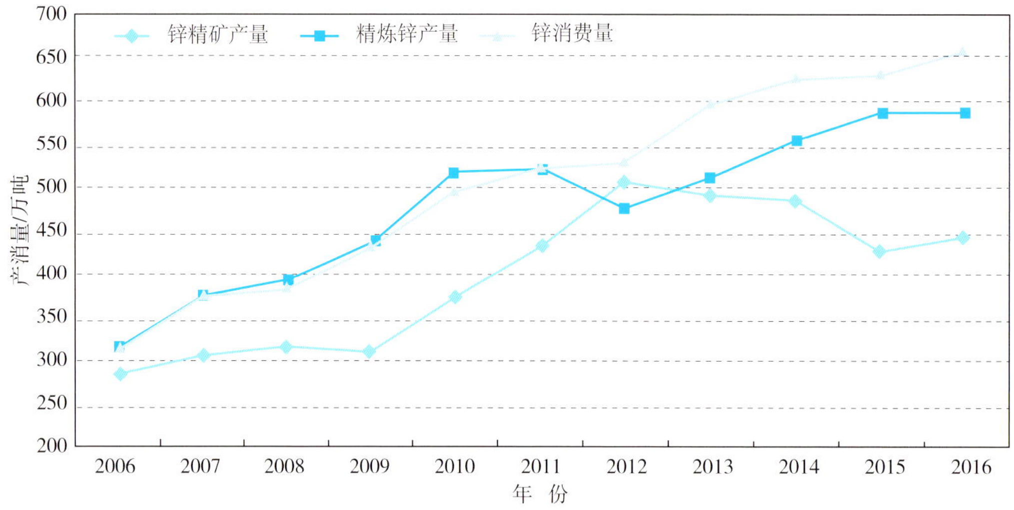

图3 2006—2016年我国锌精矿和精炼锌产消量变化趋势

表4 2014—2016年我国锌矿生产分布情况

省 份	产量/万吨（金属）			2016年比2015年同比增幅/%
	2014年	2015年	2016年	
内蒙古	106.0	115.0	120.0	4.3
云 南	70.6	71.1	72.1	1.4
湖 南	47.0	39.7	34.1	−14.1
甘 肃	40.8	39.4	33.8	−14.2
广 西	47.5	29.0	26.0	−10.3
陕 西	46.8	28.5	33.2	16.5
四 川	32.6	18.9	24.0	27.0
新 疆	10.6	14.6	17.6	20.5
广 东	13.9	14.3	15.1	5.6
其 他	67.7	54.5	64.1	17.6
总 计	**483.5**	**425.0**	**440.0**	**3.5**

资料来源：《中国铅锌》，2017年第1期。

2016年，我国精炼锌产量585.0万吨，比2015年减少0.2%。主要的精炼锌生产省（自治区）包括湖南、云南、陕西、内蒙古、广西、甘肃、河南、辽宁、四川、广东，这些省（自治区）产量合计占全国精炼锌产量的95.9%（表5）。

表5　2011—2016年我国精炼锌生产分布情况

省　份	产量/万吨						2016年比2015年同比增幅/%
	2011年	2012年	2013年	2014年	2015年	2016年	
湖　南	119.7	104.0	102.7	108.0	114.3	104.5	-8.6
云　南	87.1	85.7	95.6	111.1	114.2	120.9	5.9
陕　西	65.6	69.0	71.6	75.0	80.5	86.0	6.8
内蒙古	39.8	35.2	44.9	53.6	56.1	58.6	4.5
广　西	47.0	32.0	42.0	47.5	50.0	46.3	-7.4
甘　肃	24.4	32.1	28.6	27.4	40.9	40.3	-1.5
河　南	29.8	28.7	30.8	28.2	32.7	32.4	-0.9
辽　宁	33.5	26.5	25.4	26.2	26.9	27.6	2.6
四　川	27.9	17.2	15.8	20.2	22.2	23.5	5.9
广　东	13.2	12.3	19.7	21.1	22.8	21.2	-7.0
其　他	34.2	34.5	32.9	33.7	25.4	23.7	-6.7
全国总计	**522.2**	**477.2**	**510.0**	**552.0**	**586.0**	**585.0**	**-0.2**

资料来源：《中国铅锌》，2017年第1期。

三、国内外消费状况

（一）世界消费状况

2016年，世界锌锭消费扭转2014年以来的下降态势，开始小幅回升，全年消费量为1390.7万吨，比2015年增长0.7%。主要的锌锭消费国有中国、美国、印度、韩国、德国、日本、比利时、西班牙、意大利、土耳其，这些国家的消费量合计占世界总量的78.0%（表6）。

表6　2011—2016年世界锌锭消费分布情况

国　家	消费量/万吨						2016年比2015年同比增幅/%
	2011年	2012年	2013年	2014年	2015年	2016年	
中　国	546.0	539.6	596.2	642.1	648.4	669.3	3.2
美　国	93.9	89.2	93.5	96.2	93.1	78.9	-15.3
印　度	55.6	56.1	64.0	63.8	61.2	67.2	9.8
韩　国	54.4	55.3	57.8	64.4	60.0	60.0	0.0
德　国	51.5	47.4	48.0	47.7	47.9	48.3	0.8
日　本	50.1	47.9	49.8	50.4	47.9	47.0	-1.9
比利时	25.6	23.9	22.2	38.8	45.0	35.3	-21.6
西班牙	17.7	18.3	18.5	22.2	22.0	28.6	30.0
意大利	33.8	24.7	24.5	27.0	25.8	26.7	3.5
土耳其	20.0	22.3	23.4	23.7	23.0	23.4	1.7
其　他	308.5	286.4	399.4	305.1	306.3	306.0	-0.1
世界总计	**1257.1**	**1211.1**	**1397.3**	**1381.4**	**1380.6**	**1390.7**	**0.7**

资料来源：*World Metal Statistics Yearbook*，2017。

锌是重要的有色金属原材料，具有良好的压延性、耐磨性、抗腐性和导热、导电等性能，易于加工，在有色金属消费中仅次于铜和铝。据国际铅锌研究小组统计，2016年世界精炼锌消费总量中，有50%用于生产镀锌板，用于生产锌合金、黄铜和青铜的精炼锌比例各占17%，用于生产锌材及制品、化工制品的锌比例均为6%，另有4%用于其他行业。与2015年相比，消费结构没有发生变化（图4）。

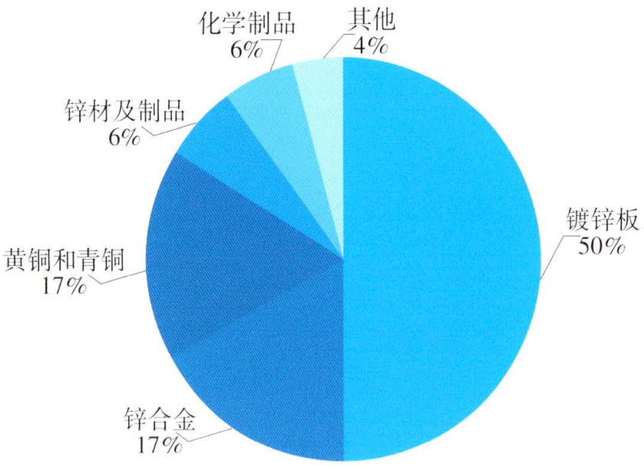

图4　2016年世界精炼锌终端消费结构情况

（二）我国消费状况

1990年至今，我国锌消费量持续增长，并从2000年开始成为世界第一消费大国。2016年，我国锌消费量657.1万吨，同比增长4.6%。消费量增长的主要原因在于房地产、汽车和基建行业等锌终端消费领域的高幅度增长，带动锌消费量增长。

四、国内外贸易状况

（一）世界贸易状况

2016年，世界锌锭出口量405.9万吨，比2015年减少3.1%；进口量398.4万吨，比2015年增长0.2%。锌锭出口量排名前十位的国家包括加拿大、韩国、澳大利亚、荷兰、秘鲁、哈萨克斯坦、芬兰、西班牙、比利时、印度，这些国家出口量合计占世界总出口量的75.2%。主要出口国中，哈萨克斯坦、芬兰、西班牙、印度出口量有不同程度的缩减，其中印度出口量大幅缩水，下降幅度为43.7%（表7）。

表7　2011—2016年世界主要国家锌锭出口情况

国　家	出口量/万吨						2016年比2015年同比增幅/%
	2011年	2012年	2013年	2014年	2015年	2016年	
加拿大	48.3	49.5	52.4	47.0	51.3	53.6	4.5
韩　国	37.6	41.0	39.4	33.4	41.4	45.1	8.9
澳大利亚	31.0	39.3	42.8	41.4	39.8	39.8	0.0
荷　兰	29.8	38.1	48.5	23.1	25.6	29.7	16.0
秘　鲁	23.7	27.3	30.9	27.6	25.7	27.1	5.4
哈萨克斯坦	34.4	55.4	24.3	26.3	26.7	26.2	–1.9

续表

国　家	出口量/万吨						2016年比2015年同比增幅/%
	2011年	2012年	2013年	2014年	2015年	2016年	
芬　兰	26.4	26.7	26.9	26.1	25.9	23.6	–8.9
西班牙	35.1	36.0	30.4	29.1	29.4	22.7	–22.8
比利时	29.5	27.9	24.5	25.1	16.1	20.0	24.2
印　度	32.2	20.8	19.5	17.4	31.1	17.5	–43.7
其　他	102.8	100.5	82.6	119.5	105.8	100.6	–4.9
世界总计	**430.8**	**462.5**	**422.2**	**416.0**	**418.8**	**405.9**	**–3.1**

资料来源：*World Metal Statistics Yearbook*，2017。

2016年，世界锌锭进口量排名前十位的国家或地区包括美国、中国大陆、德国、比利时、荷兰、土耳其、印度、中国台湾、意大利、法国，这些国家或地区进口量合计占世界总进口量的74.5%。主要锌锭进口国家或地区中，除中国大陆、中国台湾、比利时进口量有不同程度下降外，其他主要进口国家或地区进口量均有不同程度增长，其中，印度锌锭进口量涨势迅猛，涨幅高达124.8%（表8）。

表8　2011—2016年世界主要国家和地区锌锭进口情况

国家/地区		进口量/万吨						2016年比2015年同比增幅/%
		2011年	2012年	2013年	2014年	2015年	2016年	
美　国		67.3	65.1	66.4	63.9	65.9	69.1	4.9
中　国	大　陆	34.8	51.5	62.4	57.0	54.3	42.4	–21.9
	台　湾	22.5	19.5	20.5	22.4	23.2	19.7	–15.1
德　国		40.1	36.6	37.1	37.5	35.9	37.2	3.6
比利时		26.9	26.8	21.4	37.7	35.0	31.7	–9.4
荷　兰		27.3	30.2	22.9	17.7	18.2	23.7	30.2
土耳其		20.1	22.5	23.5	23.8	23.2	23.6	1.7
印　度		5.6	7.8	6.2	11.2	10.5	23.6	124.8
意大利		24.5	16.5	14.3	14.3	12.8	14.0	9.4
法　国		15.1	12.7	11.9	12.0	11.1	11.7	5.4
其　他		110.4	114.1	96.9	103.7	107.6	101.7	–5.5
世界总计		**394.6**	**403.3**	**383.5**	**401.2**	**397.7**	**398.4**	**0.2**

资料来源：*World Metal Statistics Yearbook*，2017。

（二）我国贸易状况

一直以来，我国都是世界精炼锌生产大国。随着国内产能的不断扩张及国内需求量的不断增长，国内锌冶炼原料供应日益紧张，自2003年以来我国成为锌矿砂及其精矿的净进口国。2016年，进口锌矿砂及其精矿199.8万吨，比2015年减少38.3%。进口量减少的主要原因是国产矿产量的上升和精炼锌产量的下降，双重因素造成国内对锌冶炼原料的需求降低。其他锌产品方面，未锻轧锌、锌废碎料为净进口，氧化锌及过氧化锌，锌材、锌粉及制品为净出口（表9）。

表9 2013—2016年我国锌产品进出口情况

方向	产品	2013年		2014年		2015年		2016年	
		数量/吨	金额/万美元	数量/吨	金额/万美元	数量/吨	金额/万美元	数量/吨	金额/万美元
出口	锌矿砂及其精矿	13264	1428	17418	1439	8754	636	4290	46
	氧化锌及过氧化锌	9617	1725	12444	2238	13454	2547	15731	2911
	未锻轧锌	5395	1228	132719	29320	96683	21443	1240	292
	锌废碎料	85	11	0	0	0	0	0	0
	锌材、锌粉及制品	33901	22074	39939	27961	39072	31031	32505	22449
进口	锌矿砂及其精矿	1991612	136034	2196986	152512	3237265	199876	1998437	128041
	氧化锌及过氧化锌	11538	2831	10490	2742	8214	2220	9607	2244
	未锻轧锌	752013	152368	680788	147785	652366	133795	100842	23344
	锌废碎料	38111	6583	1066	175	21712	3560	9876	1427
	锌材、锌粉及制品	18434	8166	17227	8377	14473	7003	15094	7310

资料来源：海关信息网。

我国锌矿砂及其精矿进口来源集中。2016年，我国82.7%的锌矿砂及其精矿进口来源于澳大利亚、秘鲁、朝鲜、蒙古国、俄罗斯、摩洛哥、玻利维亚、伊朗、智利、厄立特里亚。其中，从澳大利亚、秘鲁、朝鲜、蒙古国的进口量超过10万吨（表10）。

表10 2013—2016年我国锌矿砂及其精矿进口来源分布情况

国家	2013年		2014年		2015年		2016年	
	进口量/万吨	金额/万美元	进口量/万吨	金额/万美元	进口量/万吨	金额/万美元	进口量/万吨	金额/万美元
澳大利亚	80.6	57482	85.2	65804	127.2	82289.0	64.4	45407.6
秘　鲁	36.9	26240	59.4	38335	92.8	57308.0	40.1	25765.0
朝　鲜	*	*	*	*	5.6	2046.0	12.8	5102.7
蒙古国	11.6	8176	9.4	7738	7.6	5880.0	11.0	8471.9
俄罗斯	*	*	*	*	11.5	5207.0	8.7	4101.7
摩洛哥	*	*	*	*	6.3	3636.0	6.7	4152.2
玻利维亚	*	*	4.2	3401	8.5	6019.0	6.4	4508.8
伊　朗	*	*	*	*	*	*	5.7	4043.4
智　利	*	*	*	*	6.9	4398.0	5.0	3625.3
厄立特里亚	*	*	*	*	*	*	4.6	3507.2
其　他	—	—	—	—	—	—	34.6	19355.0
合　计	**199.2**	**136034**	**219.7**	**152512**	**323.7**	**199876.0**	**199.8**	**128041.0**

注：*表示该年该国进口量未排名前十位。
资料来源：海关信息网。

五、价格走势

受大宗商品反弹带动，2016年国际锌价止跌回升，LME全年现货均价和三月期货均价分别为2090美元/吨和2098元/吨，分别同比上涨8.2%和8.0%。从各月份价格走势来看，2016年国际锌价逐月稳定上涨，LME现货和三月期货价格分别从1月的1520美元/吨和1528美元/吨的全年最低水平逐月增长至12月的2665美元/吨和2682美元/吨的全年最高水平（图5，图6）。

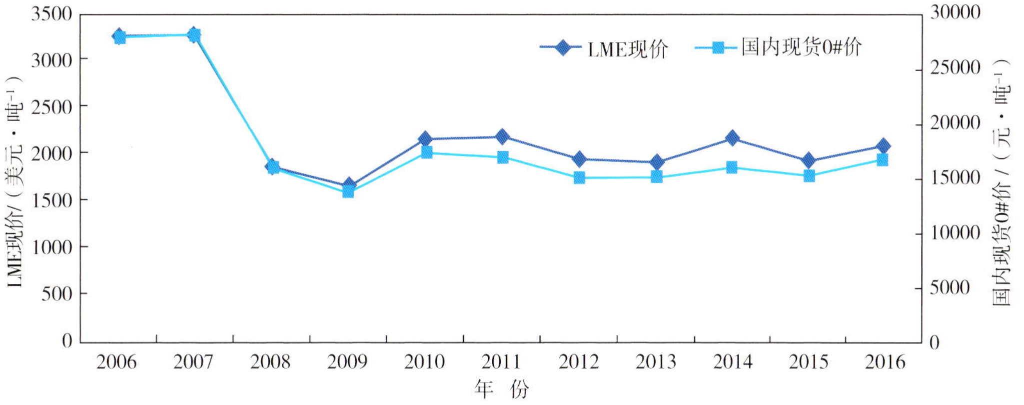

图5　2006—2016年LME和国内锌平均价格走势

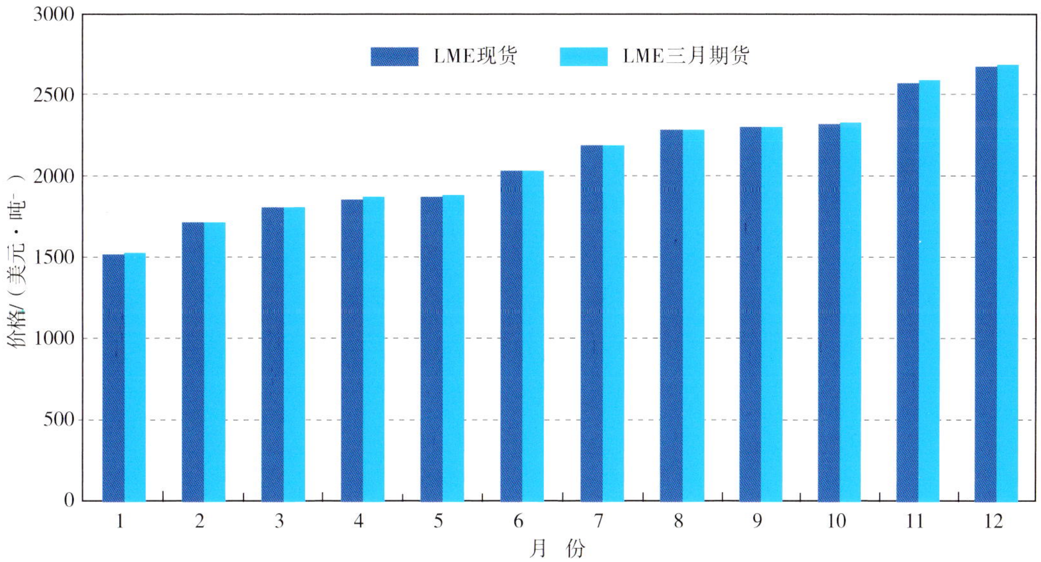

图6　2016年国外锌月度价格走势

2016年，国内锌价走势与国际市场锌价走势基本一致，全年现货0#均价和沪锌主力合约均价分别为16654元/吨和16679元/吨，分别同比上升9.3%和10.0%。从2016年各月份价格走势来看，国内锌价逐月持续上扬，国内现货0#均价和沪锌主力合约价分别从1月的12803元/吨和12827元/吨逐月上涨至12月的21949元/吨和21877元/吨（图7）。

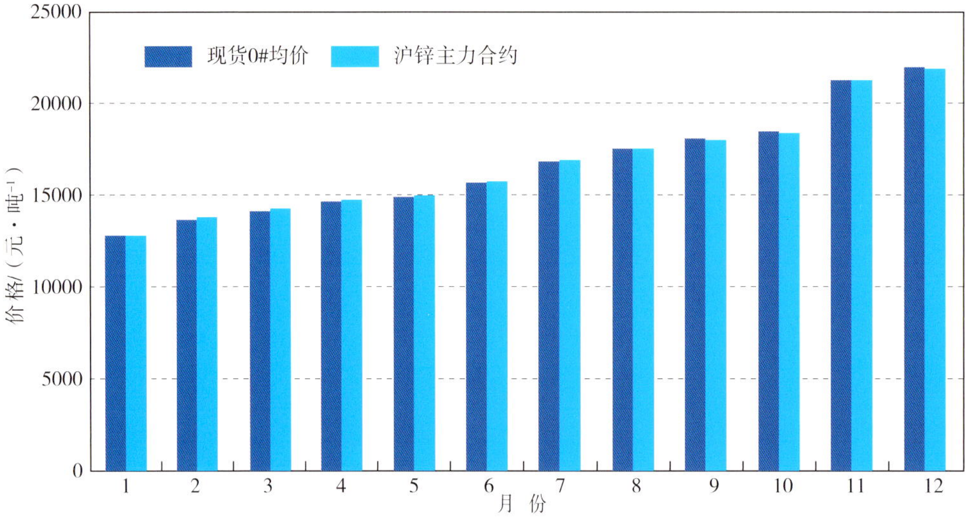

图7　2016年国内锌月度价格走势

六、结论

国际方面，2016年世界锌精矿产量继续小幅下降。精炼锌产量下降，但消费量增长，供略小于求。世界锌锭出口贸易量同比减少3.1%，但进口贸易量同比增长0.2%。大宗商品市场回暖，国际锌价止跌回升，全年LME现货平均价和三月期货平均价分别比2015年上涨8.2%和8.0%。

国内方面，2016年国内供矿能力增强，全年锌矿产量同比增长3.5%。精炼锌产量略有下降，消费量则同比增长4.6%，存在72.1万吨的供需缺口。在国产矿产量上升和精炼锌产量下降的双重影响下，2016年锌矿砂及其精矿进口量同比减少38.3%。国内锌价走势与国际市场锌价走势基本一致，全年现货0#均价和沪锌主力合约均价分别同比上升9.3%和10.0%。

（执笔：马茁卉）

钨资源供需形势分析

钨具有熔点高、硬度大、超耐热性、卓越的高温机械性能，在所有金属中具有最低的膨胀系数、良好的导电性和导热性、散热系数低等特点，被广泛应用于电力、电子、石油化工、军事工业、金属和木材加工、建筑、采矿、抗磨损等领域，常用于制作切削工具、高速工具钢、灯丝、电极、触点材料、磁控管、碳化钨、催化剂等产品。钨正被越来越多地应用到新技术中，其所具有的高硬度、高稳定性与对极端高温的耐受能力，使其成为触摸屏中使用的电极和组件的理想材料。随着智能手机和平板设备中触摸屏技术的爆炸性应用，世界钨需求进一步增长。

一、国内外资源状况

（一）世界资源状况

根据美国地质调查局统计，2016年世界钨资源储量310万吨，比2015年下降了6.1%，越南的储量比2015年减少了5000吨，葡萄牙钨储量减少了1300吨（表1）。

表1　2016年世界钨资源储量分布情况　　单位：万吨（金属）

国　家	储　量	储量基础	国　家	储　量	储量基础*
中　国	190.0	420.0	俄罗斯	8.3	42.0
奥地利	1.0	1.5	英　国	5.1	20.0
澳大利亚	16.0	—	越　南	9.5	—
玻利维亚	5.3	10.0	西班牙	3.2	—
加拿大	29.0	49.0	其他国家	42.33	75.0
葡萄牙	0.27	6.2	**世界总计**	**310**	**623.7**

注：储量基础是2008年统计的数据。
资料来源：*Mineral Commodity Summaries*，2017。

世界钨资源在地理上广泛分布，主要集中在中国、加拿大、澳大利亚、越南和俄罗斯。2016年，这五个国家的钨储量占世界钨总储量的81.5%（图1）。根据目前的地质工作情况，中国钨矿储量和资源量居世界首位，并且有世界上最大的矿床。

按照储量基础估计，世界钨资源约有67.3%分布在中国，7.9%在加拿大，6.7%在俄罗斯，3.2%在美国。除这四个国家外，具有巨大资源潜力的国家有澳大利亚、奥地利、玻利维亚、巴西、哈萨克斯坦、乌兹别克斯坦、朝鲜、韩国、葡萄牙、缅甸和泰国等。

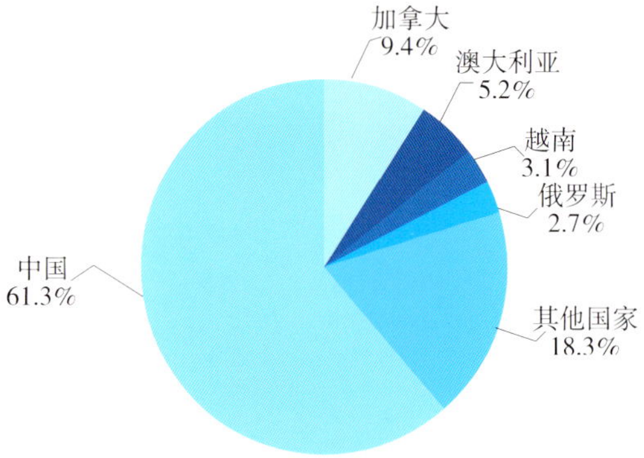

图1　2016年世界主要国家钨资源储量占比情况

（二）我国资源状况

截至2016年底，全国钨查明资源储量（WO_3）1015.95万吨，比2015年增加57.16万吨，增长6.0%。我国钨查明资源储量在23个省（自治区、直辖市）均有分布，但集中分布于江西、湖南、安徽、甘肃、内蒙古、云南和广西七省（自治区），七省（自治区）查明资源储量合计约占全国总量的85.1%（图2）。

我国钨矿储量中富矿少、贫矿多、品位低。钨品位（WO_3）大于0.5%的仅占20%（主要是石英脉型黑钨矿），而在钨矿的可采储量中，品位大于0.5%的仅占2%左右，绝大部分是贫矿。在钨矿查明资源储量中，黑钨矿约占25.3%，白钨矿约占66.3%，混合钨矿约占8.4%。

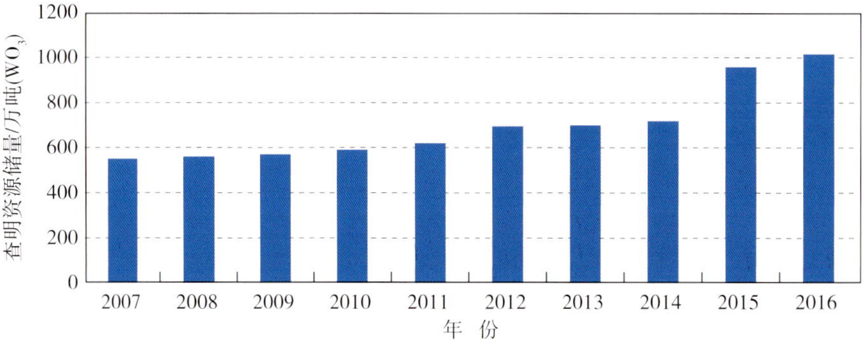

图2　2007—2016年我国钨查明资源储量变化情况

二、国内外生产状况

（一）世界生产状况

据美国地质调查局统计资料，2016年世界钨精矿产量估计为86400吨（含钨量），比2015年下降了3.4%，这主要是除葡萄牙、英国和越南产量增加外，其余各主要钨矿生产国产量都不同程度减少，其中中国的产量减少了2.7%。世界钨矿主要生产国包括中国、俄罗斯、加拿大、奥地利、玻利维亚、葡萄牙等国。特别是中国，近五年产量占世界总产量的比例都在80%以上。2016年，中国钨矿产量占世界比例达到82.2%（表2）。

表2　2012—2016年世界钨矿山产量分布情况　　　单位：吨（金属）

国　家	2012年	2013年	2014年	2015年	2016年*
中　国	64000	68000	71000	73000	71000
奥地利	800	850	870	861	860
葡萄牙	763	692	671	470	570
俄罗斯	3000	3600	2800	2600	2600
西班牙	—	—	800	830	800
英　国	—	—	—	150	700
玻利维亚	1270	1250	1250	1460	1400
加拿大	2199	2130	2340	1680	—
越　南	—	—	4000	5600	6000
其　他	3677	4878	3069	2749	2470
世界总计	**75709**	**81400**	**86800**	**89400**	**86400**

注：2016年为估计数。
资料来源：美国地质调查局，*Mineral Commodity Summaries*，2013—2017。

据不完全统计，2015年全球有27个钨矿山在生产，生产能力为11.8万吨/年，其中中国生产能力达8万吨/年，占总生产能力的67.8%。

（二）我国生产状况

据中国有色金属工业协会统计，2016年，国内钨精矿产量13.96万吨，比2015年下降了1.4%。产量增加的省份分别是广西、江西、内蒙古和云南，四省份产量分别增加了14.2%、12.3%、4.8%和2.6%，其余各钨矿主产区的产量却大幅下降，其中湖南下降幅度最大，为14.7%，其次是河南，下降11.2%；再是广东，下降9.8%；产量增加的省份分别是广西、江西、内蒙古和云南，这四个省份产量分别增加了14.2%、12.3%、4.8%和2.6%（表3；图3）。

表3　2012—2016年我国钨精矿产量（折合量，WO_3 65%）分布情况

省　份	产量/万吨					2016年比2015年同比增幅/%
	2012年	2013年	2014年	2015年	2016年	
全国总计	**124706**	**138043**	**137929**	**141584**	**139622**	**-1.4**
内蒙古	3238	1801	765	479	502	4.8
江　西	46495	56784	50964	49506	55605	12.3
河　南	15477	18148	18917	24498	21763	-11.2
湖　南	41606	44439	45953	47070	40171	-14.7
广　东	3846	2896	2944	2558	2308	-9.8
广　西	6481	5308	3679	2943	3362	14.2
云　南	3884	4040	5515	7810	8013	2.6
其　他	3679	4627	9192	6720	7898	17.5

资料来源：《钨钼钒周报》，2017年第2期。

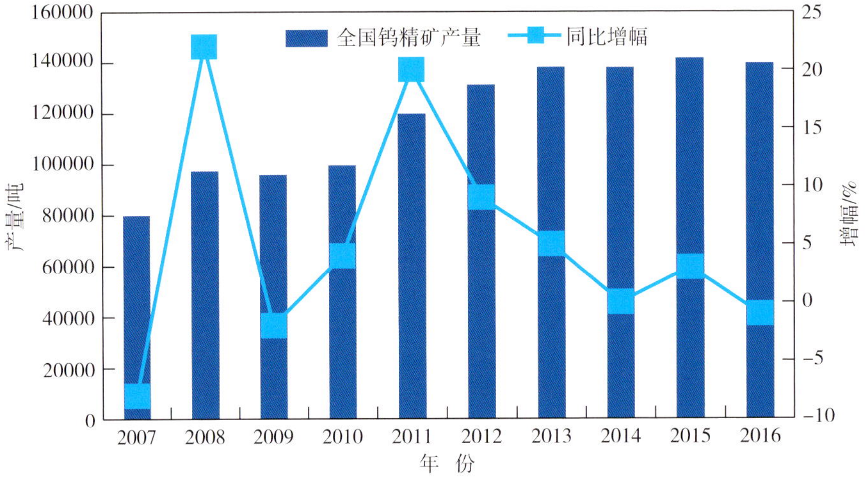

图3　2007—2016年我国钨精矿产量变化情况

因2015年国内钨精矿市场低迷，国内多数矿山生产速度放缓。在第二季度钨精矿价格有所回升，但大部分矿山仍然难以恢复正常生产，江西赣州地区矿山整体开工率不足三分之一。在5月中旬价格又逐渐走低之后，正常开工的矿山也控制产量，总体产能释放率明显下降。

国土资源部颁布的2016年钨精矿的开采总量指标为73200吨，与2015年基本持平。江西钨业集团有限公司是国内最大的钨矿生产企业，公司严格按照国土资源部采矿配额生产，产量基本平稳；其他较大的钨矿企业，基本按照配额生产，没有大的扩产计划。

三、国内外消费状况

（一）世界消费状况

从2012年起，由于欧债危机影响，全球经济低迷，钨消费量显著下降。Roskill公司研究预测称，未来2013—2018年，世界钨消费以每年2.6%的速度减少，这种减缓的趋势主要源于灯泡用钨丝销量的下降，但硬质合金及其他合金对钨的需求前景较好。Roskill公司预计，今后新的增长来自于汽车行业，特别是在美国、中国和欧洲。预测到2018年硬质合金产品的需求将以每年3.6%的速度增长，这将增加其钨需求总体市场份额。中国、美国、欧洲和日本是世界主要的钨消费区域。Roskill预计，中国是亚洲地区的主要增长者，钨需求将从2013年占全球比例的48%增加到2018年的52%。

世界钨的终端消费结构见表4。

表4　2012—2016年世界钨资源终端消费结构情况　　单位：%

<table>
<tr><th>项　目</th><th>全　球</th><th>欧　洲</th><th>日　本</th><th>美　国</th><th>中　国</th><th>独联体</th></tr>
<tr><td>硬质合金</td><td>54</td><td>72</td><td>66</td><td>61</td><td>50</td><td>55</td></tr>
<tr><td>钢材/特种合金</td><td rowspan="2">28</td><td rowspan="2">17</td><td rowspan="2">27</td><td>15</td><td>25</td><td>30</td></tr>
<tr><td>钻　头</td><td>20</td><td rowspan="2">25</td><td>10</td></tr>
<tr><td>其　他</td><td>18</td><td>11</td><td>7</td><td>4</td><td>5</td></tr>
</table>

资料来源：根据国际钨协第21、第22届年会市场报告；2012中国国际钨钼钒发展高层论坛论文集估算。

（二）我国消费状况

2016年，我国经济增速平缓，相关数据显示，2016年我国的GDP增速为6.7%。但生产和市场需求进一步回升，消费者制造业扩张加速；全年生产者和消费者指数增长势头强劲；高技术制造业和装备制造业增长平稳。与此同时，去产能、调结构使得实体经济的盈利空间减少，房地产等基建行业持续低迷，原材料成本增加使企业生产经营存在一些困难。根据中国钨业协会的资料，2016年我国硬质合金领域钨的消费量为20200吨，与2015年基本持平；特钢领域消费11802吨，钨材消费7200吨，化工消费2500吨，合计消费钨41702吨，扣除废钨消费，原钨消费33580吨，同比增加1.2%。

我国钨的消费领域与发达国家相比有所不同，表现在硬质合金领域的钨消费比例低于美国、欧洲和日本等发达国家和地区，而用于钢材和特种合金等钨消费比例远高于上述地区。

四、国内外贸易状况

（一）世界贸易状况

美国、日本、西欧是世界主要的钨消费国家和地区，合计占世界总消费量的60%~65%，但这些国家钨精矿产量只能满足需求量的12%～15%，大多靠进口满足需要，因而也是最重要的钨进口国。

中国是世界最大的钨供应国，解决了约80%的国际市场钨产品需求，其次是俄罗斯、加拿大、奥地利、玻利维亚等国家。因此，在中短期内，国际市场钨产品的供应形势取决于中国政府对钨业的宏观调控政策。

（二）我国贸易状况

2016年，国际钨市场需求复苏，中国钨品出口量比2015年有较大增长，增幅为18.5%；出口金额小幅增长，增幅为2.4%，进口量和金额均下降。出口钨品结构有所改善，进口钨品仍以钨精矿为主。

根据我国海关数据统计，2016年，我国出口钨产品23951.75吨（实物量，下同），出口额5.85亿美元，比2015年提升2.4%。进口钨产品5132.63吨，比2015年下降16.7%，进口额0.77亿美元，比2015年下降17.2%；其中进口钨精矿4079.00吨，比2015年大幅下降了15.6%（表5；图4）。

表5　2013—2016年我国钨产品进出口情况

方向	产品	2013年		2014年		2015年		2016年	
		数量/吨	金额/万美元	数量/吨	金额/万美元	数量/吨	金额/万美元	数量/吨	金额/万美元
进口	钨矿砂及精矿	10043.00	13369.00	6656.00	9378.00	4832.00	3595.00	4079.00	2293.72
	三氧化钨	21.07	65.92	34.00	108.22	36.00	85.00	8.90	43.93
	未列名的氧化钨	0.27	2.31	4.00	22.77	2.00	21.00	0.003	1.15
	钨　铁	56.04	78.45	65.00	79.00	20.00	27.00	1.37	3.24
	仲钨酸铵（APT）	6.05	14.92	0.00	0.01	99.00	21.00	55.06	87.26
	钨酸盐[①]	331.43	27.83	1354.00	2788.78	866.00	1228.00	735.31	641.09
	钨粉及碳化钨	107.72	775.45	96.00	687.08	68.00	463.00	171.75	807.96
	钨材及其制品[②]	137.15	1013.59	219.00	6172.56	236.00	3884.00	81.24	3802.77
	总　计	**10702.73**	**15347.47**	**8428.00**	**19236.42**	**6159.00**	**9324.00**	**5132.63**	**7681.12**

续表

方向	产品	2013年		2014年		2015年		2016年	
		数量/吨	金额/万美元	数量/吨	金额/万美元	数量/吨	金额/万美元	数量/吨	金额/万美元
出口	钨矿砂及精矿	373.80	315.14	192.00	301.62	307.00	321.00	138.88	98.75
	钨 酸	71.00	247.61	175.00	563.89	55.00	569.00	222.50	439.68
	三氧化钨	3859.51	14046.17	4562.00	16053.77	4555.00	10225.00	4821.40	9122.04
	未列名的氧化钨	3918.59	14443.96	4644.00	16395.39	3488.00	7318.00	4084.85	7474.46
	钨 铁	81.00	344.02	346.00	1873.10	1661.00	3887.00	1784.78	4368.03
	仲钨酸铵	2797.88	9081.94	3023.00	9509.48	1672.00	3425.00	3544.69	5925.30
	钨酸盐①	1953.65	7146.18	2016.00	6603.98	1689.00	2598.00	1195.29	2136.92
	钨粉及碳化钨	2533.87	13187.92	3223.00	15870.40	4542.00	16054.00	5793.62	15668.75
	钨材及其制品②	1856.73	14700.93	2432.00	17764.40	2246.00	12741.00	2365.74	13293.38
	总 计	**17446.00**	**73513.87**	**20613.00**	**84936.03**	**20215.00**	**57138.00**	**23951.75**	**58527.31**

注：① 为钨酸钠、钨酸钙、偏钨酸铵和其他钨酸盐的合计数。②为锻轧钨条、杆型材、异型材、板片带箔和未锻轧钨（包括简单烧结成的条、杆）、钨废碎料、钨丝和钨制品的合计数。

资料来源：安泰科—金属信息网。

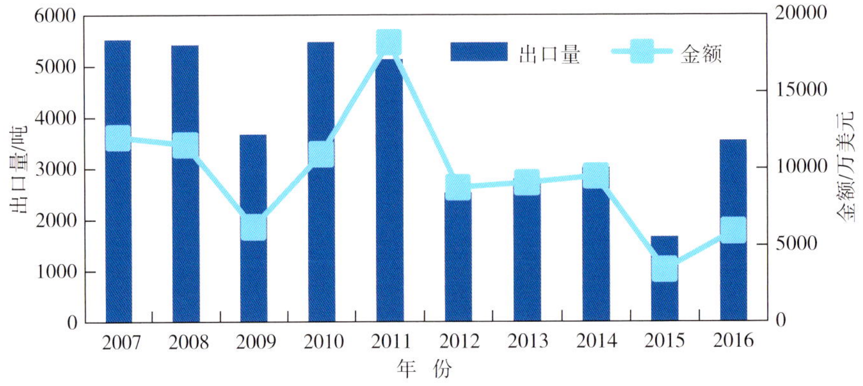

图4 2007—2016年我国仲钨酸铵出口量情况

从钨品进出口结构来看，2015年，出口钨中间产品占出口总量的57.8%，同比减少了15个百分点。总体看，出口钨加工产品占总量的33.5%，并逐年增加，但出口以钨中间产品为主的格局没有根本性改变。

进口钨品仍然以钨精矿为主，占进口总量的78.5%，同比增加了5.4个百分点。

从钨品进出口地区看，欧洲、美国、日本和韩国是中国钨品出口的主要目的地。2016年，出口到这四个地区和国家的钨品量同比分别增长40.30%、0.90%、0.35%和6.10%；出口欧洲总量增长明显，主要因为需求逐步好转，企业原料库存开始补充。出口到这四个地区和国家的钨品量占钨品出口总量的比例分别为33.0%、12.7%、23.0%和20.7%，四个地区和国家合计占总量比例为89.4%，比2015年增长2.3个百分点。2016年中国钨精矿进口主要来自蒙古国、俄罗斯、卢旺达、缅甸和巴西等国，从这五个国家进口的钨精矿量占钨精矿进口总量的86.5%左右。

五、价格走势

自2013年起，国际市场以仲钨酸铵价格作为国际钨市场的风向标（图5）。

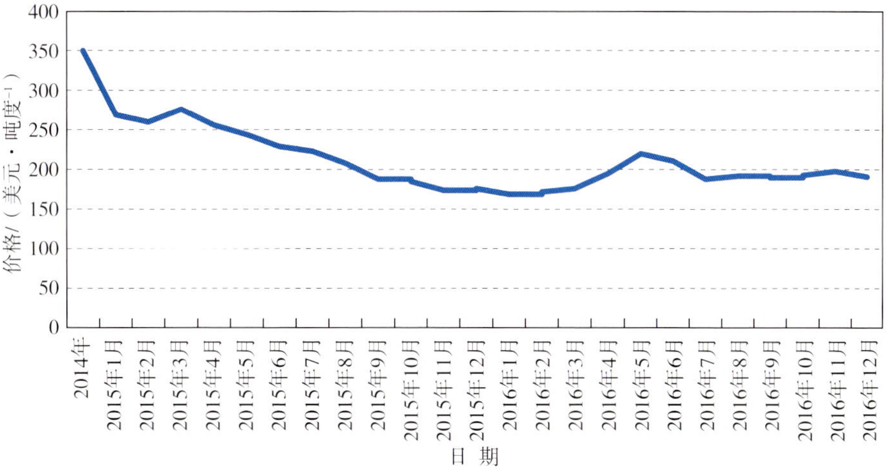

图5　2014—2016年欧洲市场仲钨酸铵月度价格变化趋势

2016年，欧洲市场仲钨酸铵价格继续下降，全年平均价格为197美元/吨，比2015年下跌13.2%。主要因为市场需求没有恢复。

据中国钨业协会和安泰科公司的资料显示，2016年国内钨市场延续了2015年底的下跌趋势，涨跌频繁。国内钨精矿价格6.7万元/吨，同比下跌4.8%，最高价7.8万元/吨，最低价5.8万元/吨。APT平均价格为10.57万元/吨，同比下跌4.9万元/吨。钨市场在5月之前价格维持2015年底的涨势，平稳上升。主要是国储局钨精矿收储招标对市场有一定的提振作用，价格上调，上涨幅度在10%左右。但由于市场整体需求不振，我国终端硬质合金和钨制品等总体销量难以提升，其他钨产品销售受阻，供应宽松，因此，从6月起，钨市场价格一路下跌，到7月中旬，比最高价时下跌了20%以上，为年度最低点6.2万元/吨。8月一直到年底，因价格跌进成本线以内，钨矿山开工和销售明显减少，加上环保压力下的关停政策，导致下游冶炼厂生产所需原料库存不足，市场钨精矿价格反弹；加上国储局落实收储钨精矿6000吨左右，黑钨精矿价格接近7.85万元/吨,这两方面的刺激,使原料端趋紧推动新一轮价格回升,钨精矿、APT价格相继上涨，第四季度钨精矿价格平均在7.2万元/吨（图6）。

从长期趋势看，钨矿是世界稀缺资源，在一些发达国家被作为战略资源而受到严格保护。我国是钨资源大国，也一直在加强包括钨矿在内的稀缺资源的保护工作。总体上看，钨矿供应的增长是有限的，而钨由于其特性得到越来越广泛的应用，需求量不断上升。因此，从趋势看，钨精矿价格应是上升的。就我国目前情况看，钨冶炼能力过快扩张也是拉动需求快速增长的重要因素。估计今后采选生产能力会有比较大的提高，但冶炼加工能力过度扩张与钨矿开采能力有限会导致价格上涨。

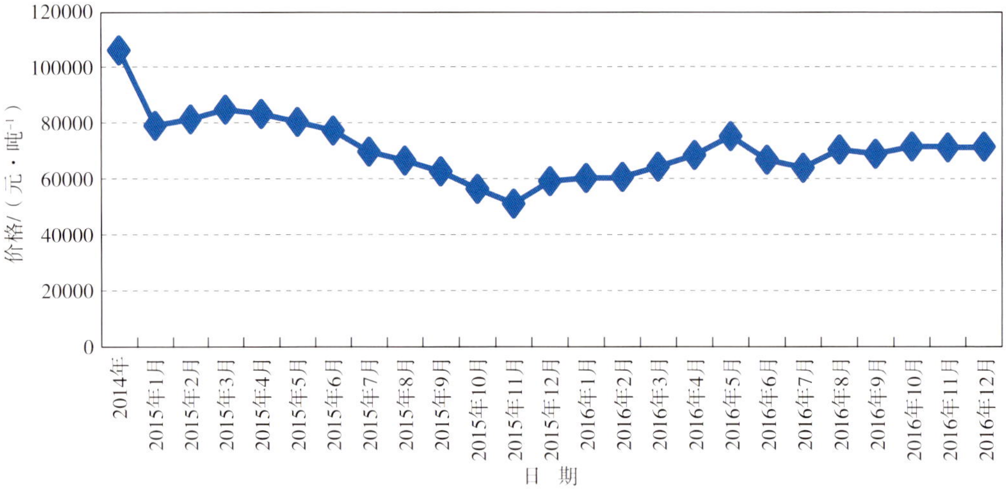

图6　2015—2016年国内市场钨精矿月度价格走势

六、结论

（一）世界供需形势

世界钨精矿产量整体表现为增长趋势。如前所述，2016年全球钨精矿产量8.64万吨。中国依然是世界最大的钨精矿生产国，产量约占全球总量的82.2%。2016年中国钨精矿产量略有下降。据不完全统计，全球在产钨矿山有27家，其中澳大利亚4家、玻利维亚7家。全球钨精矿产能11.3万吨/年，其中中国8万吨/年。

国外在产的钨精矿主要包括加拿大的Cantung钨矿，产量约3000吨；韩国Sangdong钨矿投产，新增钨产量1000吨；尽管储量统计中没有澳大利亚，但是近几年澳大利亚钨矿产量在逐步增长。

近几年，国际经济复苏缓慢，欧盟和日本钨需求下降，美国需求稍有反弹。钨需求在2013年跌至低点后，2014年虽然稍有反弹，但2016年全球钨消费需求恢复仍然缓慢，过剩依然存在。从长期看，由于全球钨资源的稀缺，我国钨资源占有优势战略地位，世界经济一旦恢复增长，必将拉动钨需求的快速增长，钨市场价格逐步恢复和走高是必然的趋势，这也符合环境资源社会交换价值不断提高的总趋势。

（二）我国供需趋势

2016年，受世界经济恢复缓慢及国内去产能、去库存等的影响，钨行业的出口受阻，国内市场需求不振；我国钨精矿产量为71000吨（金属量，下同），同期我国钨进口量为3058吨，出口量为22089吨，由此计算2016年我国钨表观消费量为51969吨；钨实际消费量33580吨钨。通过以上数据计算，2016年我国钨库存量已经超过1.84万吨，比2015年减少21%（表6）。

表6 2013—2016年我国钨供需平衡情况

项　目	2013年	2014年	2015年	2016年
中国钨产量/吨	64433	71097	72916	71000
中国钨进口量/吨	5733	4500	3400	3058
中国钨出口量/吨	17476	21000	20000	22089
中国统计的钨消费量/吨	33180	34000	33172	33580
供需差额/吨	19510	20597	23144	18389
国内钨精矿年均价/（元·吨$^{-1}$）	130367	105900	71000	67000

资料来源：根据北京安泰科信息开发有限公司数据计算。

钨的价格无疑由两只手控制，一是政策这只有形的手，二是市场这只无形的手。在市场经济条件下，供求关系将是决定价格的最重要因素。2016年全球经济复苏缓慢，钨消费不振，钨供应过剩虽有改观，但下游消费结构没有突出变化，国际钨市场需求不振的趋势短期内难以改变；另外，中国取消钨出口配额和关税的影响，国际钨市场不确定因素的增加，对国内钨出口带来一定压力，市场仍处在过剩状态，在很大程度上抑制了钨的价格上涨。目前钨精矿市场价格难以继续下调，APT价格仍旧低落。在矿山开工不断减少，市场现货增速缓慢，下游产品价格仍在下行区间的情况下，预计2017年钨精矿价格将处在低位，波动范围有限。

(执笔：殷俐娟)

锡资源供需形势分析

一、国内外资源状况

（一）世界资源状况

根据美国地质调查局的统计，2016年世界锡矿储量470万吨，比2015年减少了2.1%。主要是中国报告的储量减少了40万吨。世界锡矿储量分布不平衡，主要集中在东南亚、南美中部、澳大利亚塔斯马尼亚岛和俄罗斯远东地区，其次是非洲和欧洲西部濒临大西洋地区。

世界锡储量最多的国家是中国，为110万吨，占世界储量的23.4%。其他锡储量较多的国家有澳大利亚、马来西亚、印度尼西亚、秘鲁、巴西、玻利维亚和俄罗斯等（表1；图1）。

表1　2016年世界锡矿资源储量分布情况　　单位：万吨（金属）

国　家	储　量	储量基础*	国　家	储　量	储量基础*
马来西亚	25	60	秘　鲁	10	100
澳大利亚	37	30	俄罗斯	35	35
玻利维亚	40	90	泰　国	17	20
巴　西	70	250	其他国家	46	75
中　国	110	350			
印度尼西亚	80	90	**世界总计**	**470**	**1100**

注：储量基础为2008年数据。

资料来源：*Mineral Commodity Summaries*，2017。

东南亚地区锡储量最多的国家依次是印度尼西亚、马来西亚和泰国，三国储量合计122万吨，占世界总储量的26.0%。

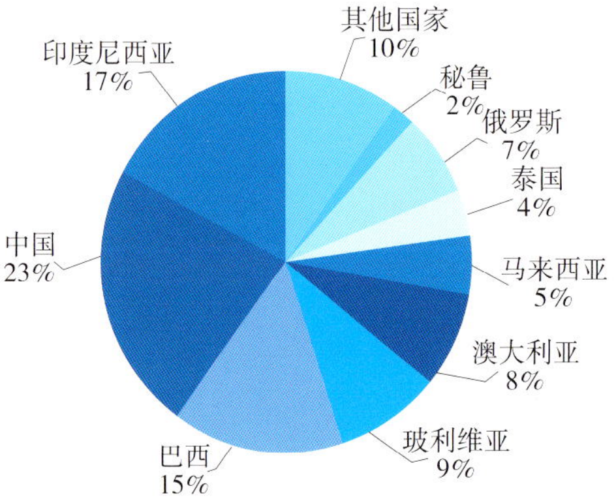

图1　2016年世界主要国家锡矿储量占比情况

（二）我国资源状况

截至2016年底，我国锡查明资源储量445.32万吨（锡含量，下同），比2015年增加了27.29万吨，同比增加了6.5%。我国锡矿资源分布于16个省（自治区），但查明资源储量主要集中在云南、广西、湖南、内蒙古、广东、江西，以上六个省（自治区）锡查明资源储量合计约占全国总量的93%（图2）。

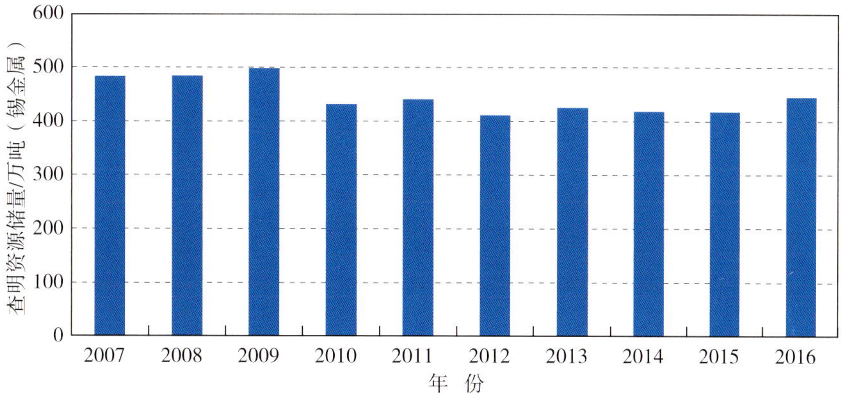

图2 2007—2016年我国锡矿查明资源储量变化情况

二、国内外生产状况

（一）世界生产状况

据世界金属统计局统计，2016年，世界锡精矿产量35.18万吨，比2015年增加了4.3%，增加的产量主要源于中国、缅甸和非洲的尼日利亚。其他国家和地区的锡精矿产量变化不大。

近五年，缅甸锡精矿产量增加明显，2016年产量比2015年增加了65.7%，主要是缅甸处理矿石产能和废弃低品位矿石的能力增加，并消耗前几年库存；但是，缅甸的锡资源品位也开始下降，锡矿品位由3%下降到目前的1.5%~2%；近几年，缅甸持续从中国进口锡矿，未来如果没有新的发现，维持现有的产量也是不可能的。

2016年，秘鲁锡精矿产量为1.88万吨，比2015年下降了3.6%。近年来，秘鲁锡精矿产量呈递减趋势，主要原因是秘鲁唯一锡矿山圣拉斐尔矿增产能力有限。据报道，该矿山曾是全球为数不多的高品位矿山之一，然而现在其品位下降、资源缩水。加上从2011年起，受尾矿堆放能力限制，锡精矿大幅减产。之后是否能够继续生产将取决于其周边及深部地区找矿情况，目前尚属未知。

印度尼西亚的锡矿产量持续下降，2016年比2015年减少了0.84万吨，下降了12.3%，降幅较大。主要是因为印度尼西亚政府对锡精矿出口实施的禁令在2014年1月正式生效，该国原矿必须在本国冶炼后才能出口，使矿山企业的生产成本增加，冶炼企业热情下降；2016年印度尼西亚最大的私人企业停产并关闭了旗下的冶炼厂，对原料的需求相应减少。从长远来看，近年来印度尼西亚陆上易开采资源品位呈下降趋势，已经限制了印度尼西亚锡精矿的生产（表2）。

表2　2012—2016年世界主要国家和地区锡精矿生产情况

国家/地区	产量/万吨（金属量）					2016年比2015年同比增幅/%
	2012年	2013年	2014年	2015年	2016年	
中　国	11.57	14.90	17.73	14.66	15.3	4.4
印度尼西亚	9.00	8.40	6.96	6.84	6.00	–12.3
马来西亚	0.37	0.37	0.38	0.41	0.41	0.0
缅　甸	0.21	0.90	1.75	2.86	4.74	65.7
泰　国	0.02	0.01	0.01	0.00	0.01	—
越　南	0.54	0.54	0.54	0.54	0.55	1.9
玻利维亚	1.97	1.93	1.98	2.01	1.75	–12.9
巴　西	1.37	1.68	2.55	2.55	2.55	0.0
秘　鲁	2.61	2.37	2.31	1.95	1.88	–3.6
澳大利亚	0.32	0.65	0.72	0.72	0.66	–8.3
尼日利亚	0.24	0.26	0.25	0.24	0.38	58.3
俄罗斯	0.02	0.03	0.03	0.03	0.04	33.3
非　洲	0.84	1.14	1.10	1.04	1.06	1.9
世界总计	**29.20**	**32.98**	**35.84**	**33.72**	**35.18**	**4.3**

注：非洲生产钨国家较少，且每年产量变化不大，数据不连续，因此，将其列为一个地区显示。

资料来源：*World Metal Statistics YearBook*，2017。

据世界金属统计局统计，2016年，全球精锡产量为34.62万吨，同比下降了1.6%。主要的精锡生产国的产量明显下降，其中下降幅度最大的是印度尼西亚，下降了22.4%，其次是巴西和马来西亚两国，分别下降17.1 %和12.5%。中国仍然是最大的精锡生产国，产量增加了9.5%。玻利维亚精锡产量增加了8.4%,泰国增加了5.7%,其余各国合计增加了2.2%（表3）。

表3　2012—2016年世界主要国家精炼锡产量情况

国　家	产量/万吨					2016年比2015年同比增幅/%
	2012年	2013年	2014年	2015年	2016年	
中　国	14.79	15.96	18.71	16.69	18.27	9.5
印度尼西亚	7.98	6.30	6.48	6.74	5.23	–22.4
马来西亚	3.78	3.27	3.67	3.03	2.65	–12.5
泰　国	2.28	2.30	1.63	1.05	1.11	5.7
玻利维亚	1.43	1.49	1.54	1.55	1.68	8.4
巴　西	1.20	1.47	2.23	2.22	1.84	–17.1
秘　鲁	2.48	2.42	2.45	2.04	1.94	–4.9
其　他	2.37	2.43	2.42	1.86	1.90	2.2
世界总计	**36.31**	**35.64**	**39.13**	**35.18**	**34.62**	**–1.6**

资料来源：*World Metal Statistics Yearbook*，2017。

印度尼西亚的精炼锡产量下降主要与政府对锡矿出口的禁令有关，这使得矿山企业成本增加，国内矿山企业关闭冶炼厂，减少精锡产量。

受印度尼西亚原料出口政策影响，马来西亚的精锡产量比2015年下降了12.5 %，主要因为国内锡资源枯竭，锡冶炼原料来自印度尼西亚。

2016年，秘鲁的精锡产量约为1.94万吨，同比减少了4.9%。近几年秘鲁精锡产量不稳，主要因为除受需求疲弱影响外，还与该国圣拉斐尔矿资源萎缩影响冶炼有很大关系。该国的明苏公司旗下Pisco冶炼厂所采用的锡精矿全部源自该矿山，但其2014年试生产时从巴西进口锡精矿。

（二）我国生产状况

据中国有色金属协会统计，2016年我国锡精矿产量9.72万吨，比2015年减少了11.8%。锡矿减产的主要原因是国内供给侧结构改革及《锡行业规范条件》的颁布实施，国内有色金属行业投资减少，金属矿山的生产收缩。近几年，国内还很少发现非常有价值的大矿区，因此主要生产地区仍为云南、广西、湖南、江西四省（自治区）。随着近年来的不断消耗和品位的降低，未来如果没有大矿发现，我国的锡精矿产量将逐渐减少。内蒙古自治区新发现锡资源，从而带动精矿产量的增加（表4）。

表4　2012—2016年全国锡精矿产量情况

省　份	产量/万吨（金属量）					2016年比2015年同比增幅/%
	2012年	2013年	2014年	2015年	2016年	
全　国	**9.10**	**12.94**	**10.44**	**11.02**	**9.72**	**-11.8**
内蒙古	0.55	0.81	0.73	0.75	0.80	6.7
江　西	0.72	1.06	0.56	0.55	0.52	-5.5
湖　南	2.44	3.58	3.00	2.71	1.67	-38.4
广　东	0.08	0.12	0.03	0.02	0.014	-30.0
广　西	1.76	2.59	2.13	1.62	1.91	17.9
云　南	3.25	4.78	3.99	5.27	4.79	-9.1

资料来源：中国有色金属协会锡业分会。

2016年全国精炼锡产量为18.27万吨，比2015年增长9.46%。主要精锡生产省份中，内蒙古自治区的精锡产量增加显著，为82.12%。主要是因为内蒙古自治区新增产能投产运营（表5；图3）。

表5　2012—2016年全国精炼锡产量情况

省　份	产量/吨					2016年比2015年同比增幅/%
	2012年	2013年	2014年	2015年	2016年	
全　国	**148107**	**158503**	**186900**	**166900**	**182681**	**9.46**
内蒙古	—	—	1366	6790	12366	82.12
浙　江	—	—	2007	1444	1855	28.46
江　西	14394	15181	21657	21273	22239	4.54
湖　南	30546	38257	49732	40646	37403	-7.98
广　东	—	—	287	182	227	24.73
广　西	15903	12846	14103	11664	11028	-5.45
云　南	86848	91260	97747	84644	97563	15.26

资料来源：《有色金属工业统计资料汇编》，2012—2016。

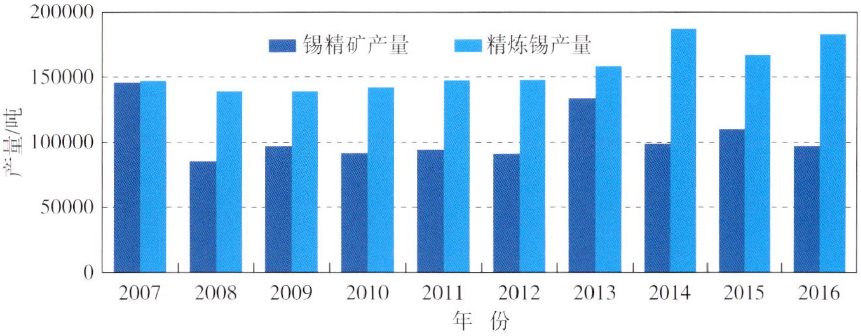

图3　2007—2016年我国锡精矿与精炼锡生产情况

三、国内外消费状况

（一）世界消费状况

据《世界金属统计年报》统计，2016年，全球精炼锡消费量为38.14万吨，同比增长了3.5%。全球消费主要集中在中国、美国、日本及欧洲，这些国家和地区锡消费合计占全球锡消费的79.5%，这些国家经济的景气与否直接影响锡市场的兴衰。2012—2015 年，全球经济增速全面放缓制约锡消费增长， 经过2013年、2014 年缓慢增加，2015年锡用途行业受市场大环境影响，锡消费减少，2016年随锡化工行业用量增长，全球锡消费增加（表6；图4）。

表6 2012—2016年世界精炼锡消费量情况

国家/地区		消费量/万吨					2016年比2015年同比增幅/%
		2012年	2013年	2014年	2015年	2016年	
欧洲		5.01	5.54	5.98	5.49	5.64	2.9
法国		0.43	0.44	0.52	0.44	0.47	6.8
德国		1.76	1.80	1.88	1.79	1.82	1.7
英国		0.13	0.11	0.11	0.11	0.11	0.0
意大利		0.31	0.30	0.38	0.3	0.35	16.7
荷兰		0.45	0.74	0.72	0.6	0.60	0.0
波兰		0.21	0.24	0.24	0.27	0.37	37.0
西班牙		0.29	0.47	0.64	0.57	0.65	14.0
俄罗斯		0.26	0.20	0.18	0.11	0.10	−9.1
非洲		0.24	0.24	0.23	0.23	0.22	−4.3
亚洲		25.91	25.22	27.64	25.55	27.24	6.6
中国	大陆	17.62	16.93	19.39	17.58	19.14	8.9
	台湾	0.71	0.62	0.46	0.47	0.41	−12.8
印度		1.00	1.04	1.19	0.87	0.91	4.6
日本		2.77	2.83	2.71	2.68	2.61	−2.6
韩国		1.62	1.45	1.38	1.31	1.42	8.4
泰国		0.35	0.45	0.40	0.31	0.31	0.0
美洲		4.53	4.63	5.24	5.54	5.02	−9.4
美国		3.07	2.92	2.88	3.14	2.95	−6.1
巴西		0.59	0.88	1.49	1.48	1.13	−23.6
加拿大		0.26	0.24	0.27	0.32	0.29	−9.4
墨西哥		0.35	0.34	0.36	0.36	0.42	16.7
大洋洲		0.06	0.05	0.04	0.05	0.02	−60.0
世界合计		**35.75**	**35.68**	**39.13**	**36.86**	**38.14**	**3.5**

资料来源：*World Metal Statistics Yearbook*，2017。

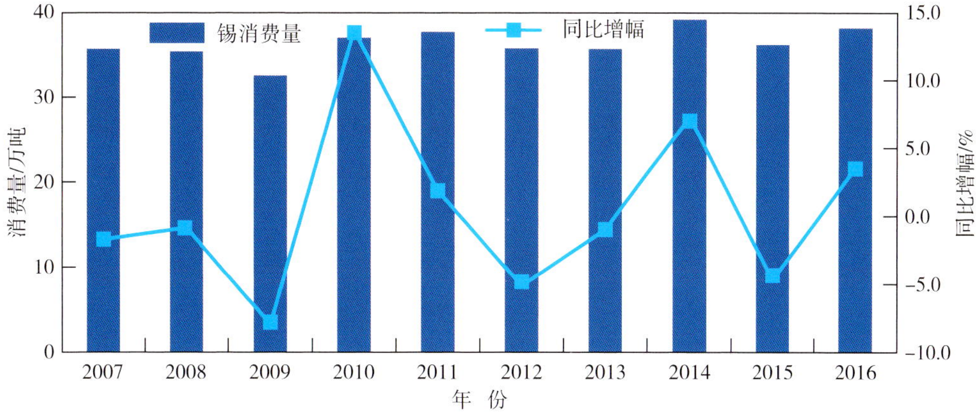

图4 2007—2016年世界锡消费量及同比增幅情况

目前，世界锡消费集中在焊料、生产镀锡板（即马口铁）、锡化工，这三个领域的锡消费量合计占总消费量的80%。近几年，电子行业发展减缓，全球电子设备产量小幅下降，且电子产品趋向小型化，直接影响对锡的需求。

近年来，镀锡板行业受其他包装行业的竞争影响，镀锡工艺的改进，镀锡层变薄，其消耗锡的比例下降，但是发展中国家经济的兴起，在一定程度上增加了镀锡板的用量，从而延缓了锡在镀锡板领域中用量减缓的速度。

随着科技的发展，锡化工产品的品类增多，拓宽了锡的应用范围。特别是有机锡，是锡深加工产品，是有重要意义的金属有机化合物。有机锡是锡消费领域中增长最快的。

含锡合金方面的锡消费占总消费量的5%左右，近几年变化不大（图5）。

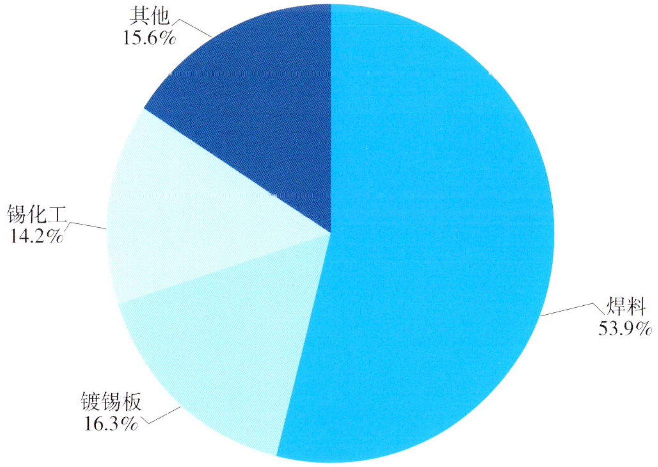

图5 2015年全球锡消费结构情况

资料来源：国际锡研究协会ITRI，2016

（二）我国消费状况

根据《世界金属统计年报》统计，2016年，我国锡消费量为19.14万吨，比2015年增加了8.9%。占全球总消费量的50.2%。

我国的锡消费主要集中在焊料、镀锡板（马口铁）、锡化工、铅蓄电池、玻璃行业及锡合金（黄铜及青铜）等领域。根据中国锡业协会估计，2016年锡焊料消费约9.8万吨，占全部消费的51.2%；锡化工行业和铅酸蓄电池行业的用锡量相对稳定，大约为4.2万吨，占比为22.0%；镀锡板行业的用锡量保持平稳，全年估计在 1.5 万吨，占比为7.8%；其余行业锡消费占总量的19.0%（图6）。

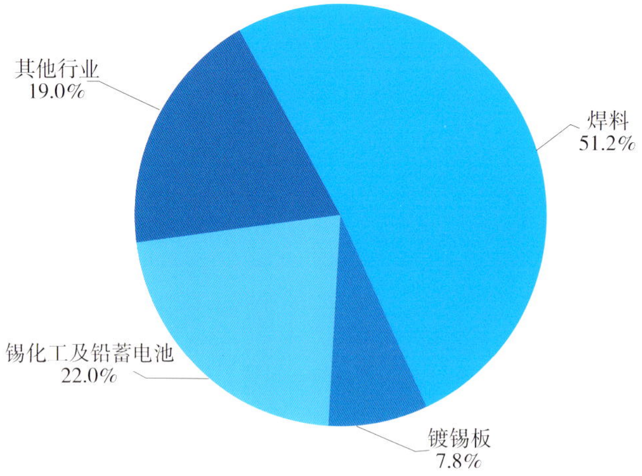

图6　2016年我国锡消费结构

四、国内外贸易状况

（一）世界贸易状况

2016年，世界精炼锡出口总量22.22万吨，比2015年下降了9.3%。几个主要的精炼锡出口国中，除了中国和玻利维亚两国出口分别增加了16.7%和7.7%外，其余全部下降。其中，马来西亚出口下降幅度最大，为28.2%；其次是印度尼西亚，下降了11.3%；其次是新加坡，出口减少10.8%。其他几个主要的精炼锡出口大国的出口量都有不同幅度的下降，秘鲁下降了9.5%（表7）。

表7　2012—2016年世界锡出口情况

国　家	出口量/万吨					2016年比2015年同比增幅/%
	2012年	2013年	2014年	2015年	2016年	
中　国	0.17	0.35	0.09	0.06	0.07	16.7
印度尼西亚	10.12	8.84	7.02	6.98	6.19	-11.3
马来西亚	3.72	3.64	3.42	3.83	2.75	-28.2
新加坡	2.84	2.67	3.23	3.51	3.13	-10.8
泰　国	1.85	1.83	1.29	0.60	0.59	-1.7
玻利维亚	1.40	1.50	1.57	1.55	1.67	7.7
巴　西	0.63	0.60	0.75	0.74	0.71	-4.1
秘　鲁	2.76	2.41	2.21	2.10	1.90	-9.5
其　他	5.7	6.41	5.03	5.13	5.21	1.6
世界总计	**29.19**	**28.25**	**24.61**	**24.50**	**22.22**	**-9.3**

资料来源：*World Metal Statistics Yearbook*，2017。

2016年，世界精炼锡进口总量为22.13万吨，比2015年下降了6.1%。其中除德国增长了3.1%，欧洲主要锡进口国的锡进口量全面下降，荷兰和英国分别下降12.9%和10.9%；亚洲各主要进口国的锡进口量全面下降，其中，新加坡降幅最大，为36.9%，只有韩国进口增加了6.5%；美国锡进口继续下降，降幅为3.6%（表8）。

表8　2012—2016年世界锡主要进口（入境）国家和地区情况

国家/地区		进口量/万吨					2016年比2015年同比增幅/%
		2012年	2013年	2014年	2015年	2016年	
德　国		1.89	1.92	2.05	1.92	1.98	3.1
荷　兰		2.75	2.88	2.55	2.56	2.23	-12.9
英　国		0.39	0.35	0.43	0.46	0.41	-10.9
中　国	大陆	3.00	1.31	0.78	0.95	0.95	0.0
	台湾	0.97	0.88	0.84	0.92	0.88	-4.3
日　本		2.71	2.72	2.55	2.55	2.49	-2.4
新加坡		2.59	2.86	3.53	3.82	2.41	-36.9
韩　国		1.66	1.51	1.44	1.38	1.47	6.5
美　国		3.69	3.47	3.51	3.35	3.23	-3.6
其　他		8.12	8.11	6.47	5.67	6.08	7.2
世界总计		**27.77**	**26.01**	**24.15**	**23.58**	**22.13**	**-6.1**

资料来源：*World Metal Statistics Yearbook*，2017。

（二）我国贸易状况

据我国海关总署统计，2016年我国锡精矿进口量大幅增加，全年进口47.46万吨（实物量），同比增长62.9%。从进口国别来看，2013年之前，国内锡精矿进口来源主要是玻利维亚，其次是缅甸、刚果（金）和坦桑尼亚。但是由于玻利维亚矿石价格居高不下，且运距长，我国减少了从该国的进口，转而从距离更近的缅甸进口，而且随着近几年缅甸锡资源的大力开发，我国从缅甸进口精矿的数量增加明显。2016年，缅甸依旧是我国主要锡精矿供应国。不过，该国矿品位较低，估计主要为原矿矿砂的形式。进口量排在第二、第三位的分别是老挝和马来西亚。

2016年，我国精锡进口量略有下降，进口量9633吨，同比下降1.2%，整体水平仍处在近五年来的低水平。我国进口精锡主要来自印度尼西亚（2044吨，占21%）、玻利维亚（4080吨，占42%）、马来西亚（981吨，占10.2%）；其他进口来源的国家和地区分别为泰国、新加坡、印度、中国香港和中国台湾，但进口量很小。

2016年精锡出口增加，达735.4吨，增幅为31.1%。主要的影响因素，一方面，仍是2016年内大部分时候LME锡价走势趋于上涨，而国内需求依然疲弱，因此，国内厂家的进口热情并不高。另一方面，国内供应充足，前几年积累的库存较多，而市场需求一般，因此，进口精锡的市场容量也进一步缩减（表9）。

表9　2013—2016年我国锡矿产品进出口一览

方向	产品	2013年		2014年		2015年		2016年	
		数量/吨	金额/万美元	数量/吨	金额/万美元	数量/吨	金额/万美元	数量/吨	金额/万美元
进口	锡矿砂及其精矿	96568.00	29120.74	177949.00	38821.64	291384.00	37361.90	474582.00	81464.70
	未锻轧非合金锡①	13558.00	30116.34	8076.00	18163.35	9747.00	16851.10	9633.00	17229.55
	焊锡	1088.00	2655.43	670.72	1622.46	561.00	1200.49	455.00	980.73
	锡材②	7387.00	21103.29	7505.00	21111.89	5101.00	12772.90	4731.00	10713.83
	锡制品③	554.00	2220.25	491.00	1974.72	462.00	1703.81	459.00	1729.46
	进口合计	**119155.00**	**85216.05**	**194691.72**	**81694.06**	**307255.00**	**69890.20**	**489860.00**	**112118.27**
出口	锡矿砂及其精矿	24.00	51.14	0.00	0.00	0.00	0.00	64.64	45.43
	未锻轧非合金锡①	3451.00	7136.00	938.00	2140.92	561.00	916.13	735.42	1153.99
	焊锡	0.30	0.87	2.67	7.21	0.84	1.78	0.24	0.41
	锡材②	4223.00	5677.21	3313.00	3720.92	1600.00	1777.72	856.03	1505.45
	锡制品③	1587.00	4380.89	4013.00	8257.29	3100.00	3334.03	1307.79	1042.24
	出口合计	**9285.30**	**17246.11**	**8266.67**	**14126.34**	**5261.84**	**6029.66**	**2964.11**	**3747.51**

注：①包括未锻轧的非合金锡、未锻轧的巴氏合金与其他锡合金；②包括锡条、杆、型材及异型材或丝、板、带、箔、片、锡粉及管子和管子附件；③包括锡工业及非工业制品。

资料来源：有色金属统计，2012—2016；安泰科金属信息网数据统计。

五、价格走势

（一）国际市场

2016 年，全球经济缓慢增长，世界经济仍然处在深度调整期。LME 锡价在此期间亦表现强劲，价格一路攀升。年内 LME 三个月锡期货价格高点出现在11 月 14 日，为 22000 美元/吨，低点出现在1 月 14 日，为 13085 美元/吨（图7）。

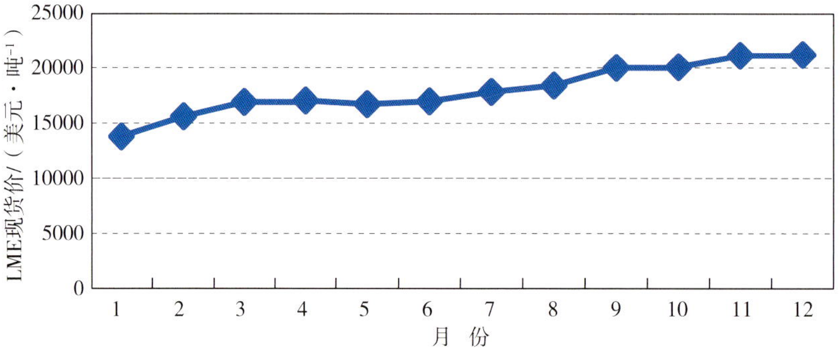

图7　2016年国际市场锡价格月度走势

（二）国内市场

2016 年，受全球经济缓慢复苏推动，国内供给侧结构性改革和相关产业政策影响，焊锡和马口铁等下游行业需求逐渐回暖，企业联合减产、环保检查等带来的供应面的改善，市场环境好转，企业信心增强，国内市场锡价走高。在经历了2015年锡价的低迷后，2016年1月中旬，国内九大锡生产企业宣布在2016年联合减产约1.7万吨，此减产声明随即推升锡价走势，加之国内春节假期后下游产业陆续返市，市场需求开始集中释放，种种利好因素提振锡价维持高位。第二季度，由于价格的反弹，大多数冶炼厂保持较高的产量水平，供应过剩使得锡价承压，然而因为国内最大的锡冶炼厂云锡集团停产检修提振，锡价整体出现平稳走势。进入7月以后，全国锡行业进行环保检查，云南、广西等地大部分冶炼厂处于减产甚至停产状态，国内锡供应一度出现紧缺，锡价涨势明显。第四季度，尽管国内锡产量逐步回升，但随着需求继续转暖，以及在人民币大幅贬值的背景下，锡价依然受到支撑。国内现货锡均价为11.89万元/吨，同比上涨9.7%，年末报价14.8万元/吨，2015年末报价9.4万元/吨，年涨幅57.0%，最高价15.0万元/吨，最低价9.4万元/吨。

六、结论

（一）世界供需形势

近五年来,全球锡精矿产量增长放缓，并在2015年减少4.0%，虽然在2016年随着锡价的回升，全球锡精矿和精锡的产量均小幅增加。但这仍然是抑制全球精炼锡产能扩张的速度的重要因素。主要生产国中，印度尼西亚、玻利维亚、澳大利亚等，都有不同程度的减产。其中减产幅度最大的是玻利维亚，其次是印度尼西亚。由于中国已经成为锡精矿的进口国，加上印度尼西亚实施的锡矿出口新政，缅甸、玻利维亚是目前全球最重要的精矿出口国家。

全球锡资源储量呈逐年下降趋势，主要资源国中国和印度尼西亚加强战略资源控制力度；印度尼西亚锡砂矿采矿成本上升将导致很多小型锡矿及非法锡矿被迫关闭；澳大利亚等国新增矿产能大部分被中国和印度尼西亚减少的产量所抵消，难以扭转锡矿供给增长缓慢局面。国际锡研究协会（ITRI）预计未来1～2年内，全球锡精矿产量增长仍然相当缓慢。

全球锡消费主要集中在亚洲、欧洲和北美， 世界金属统计局资料显示，2016年亚洲精锡消费占全球消费总量的71.4%，其中中国已经占43%。亚洲其他国家（主要包括日本、韩国和印度）的锡消费增长也比较快。

未来3～5年，电子焊锡及镀锡板领域，微型化、新集成技术及较低的涂层重量和竞争性的包装材料可能使得锡用量减少。但移动智能终端的崛起、无铅化、绿色锡化工及锡在新能源等新领域的应用不仅能够完全抵消这一减少趋势，还能为锡需求的增长贡献较大增量。

长期来看，全球精锡供给将维持缺口。未来全球锡供给增长缓慢格局难有根本转变，全球智能化、绿色化及锡在新能源领域的应用将继续拉动锡需求增长，全球精锡供给将维持缺口。

（二）我国供需趋势

2016年，我国锡精矿产量下降。从长期来看，我国锡矿资源减少，锡矿开采难度不断加大，锡生产成本大幅度上升。20世纪80年代，我国锡矿品位达1.5%~2%，90年代品位下降为1.5%，近年下降为0.5%左右。目前，锡资源品位下降、成本上涨、建设条件更趋恶劣等因素使得“供给约束”将长期存在，并且有可能更加突出。但短期内，随着2016年1月国家工信部发布《锡行业规范条件》； 2016年7月国家对八个主要省份进行了环境监管；2016年12月，取消锡废碎料、非合金锡的出口关税等方案的实施，国内的供应量相对紧缩，支撑了市场价格上涨的趋势。

我国作为全球第一大精锡消费国，精锡消费量依然处于增长的态势。2016年，全球锡下游消费稳定。锡下游应用主要是焊料与马口铁镀锡板领域，其中电子行业为焊料主要应用行业，消费占比为54%。全球锡近年来处于供不应求的状态，缺口率在3%上下浮动，随着全球锡供应收缩，未来锡缺口将进一步扩大。

（执笔：殷俐娟）

锑资源供需形势分析

锑是不可再生的战略性矿种，也是我国的优势矿种，被广泛应用于生产阻燃剂，制造电池中的合金材料、滑动轴承和焊接剂等领域。目前，我国是世界上锑矿生产与消费的第一大国，对世界锑市场的供需贸易、生存与发展发挥着重要影响。但经过多年的资源过度开发，我国锑资源的供需潜力及未来市场形势发展面临着新的挑战。

一、国内外资源状况

（一）世界资源状况

世界锑矿资源紧缺。2007年以来，世界锑矿储量变化分两个阶段，2007—2009年，世界锑矿储量维持在210万吨；2010—2014年，世界锑矿的储量维持在180万吨，比上一阶段下降14.3%，到2016年世界锑矿的储量150万吨，储量呈阶梯趋势下降明显。根据美国地质调查局的统计，截至2016年底，世界锑矿储量最多的国家是中国，为53万吨，比2015年储量出现明显下降（表1）；世界已知的锑矿床多集中分布在环太平洋构造成矿带、地中海构造成矿带、中亚天山构造成矿带。特别是环太平洋构造成矿带集中了世界77%的锑储量，经济意义最大。

表1　2016年世界锑矿资源储量分布情况　　单位：吨

国　家	储　量	国　家	储　量
美　国	60000	塔吉克斯坦	50000
玻利维亚	310000	澳大利亚	160000
中　国	530000	其　他	40000
俄罗斯	350000	**世界总计**	**1500000**

资料来源：*Mineral Commodity Summaries*，2017。

世界锑矿资源主要分布在中国、俄罗斯和玻利维亚，三国储量占世界锑矿储量的79.3%。我国是世界上最大的锑矿资源国，锑矿储量占世界总量的35.3%（图1）。

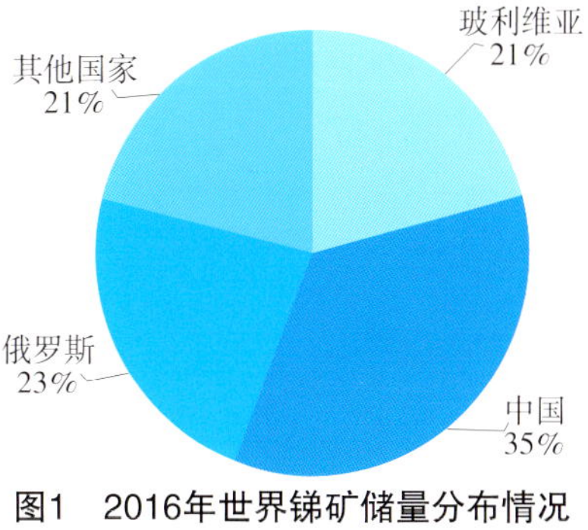

图1　2016年世界锑矿储量分布情况

（二）我国资源状况

锑矿资源是我国的优势资源，在全球占有重要地位。我国锑矿查明资源储量在2006—2009年期间处于增长态势，之后又呈现下降趋势，但在2013年又基本恢复到了2009年的水平。之后我国锑查明资源储量出现逐步增长的趋势，截至2016年我国锑矿查明资源储量307.24万吨，比2005年增长了37.18%（图2）。

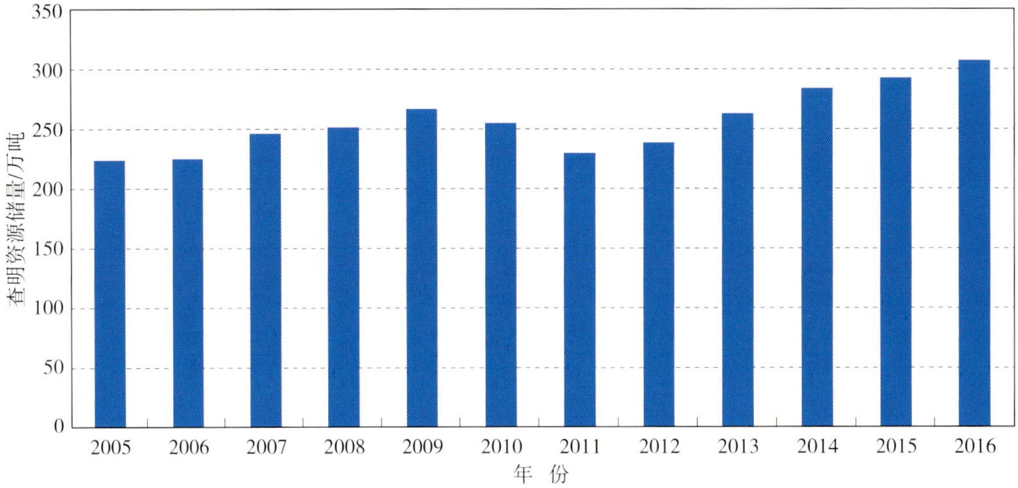

图2　2005—2016年我国锑矿查明资源储量情况

从区域分布上看，我国锑矿查明资源储量主要分布于湖南、广西、西藏、贵州、云南、甘肃、内蒙古和青海，八省（自治区）储量合计占总储量的87.1%。我国锑矿储量丰富，矿床多、规模大、矿石质量好，其中，大型、超大型锑矿床的储量占全国总储量的80%以上，开发利用程度高。我国著名的锑矿产地湖南锡矿山的锑矿储量已消耗80%以上，随着超大型锑矿山资源多年的消耗，我国锑矿质优、量大的优势也正在逐步减弱。

二、国内外生产状况

（一）世界生产状况

近年来，世界锑矿生产量基本在20万吨之内浮动。2016年，世界矿锑（金属量）产量13万吨，比2015年降低8.45%。从生产的国家分布上看，世界锑矿产量基本来自中国，2016年中国的产量达到10万吨，占世界产量第一，比2015年降低9.09%；中国在世界锑矿供应市场上仍扮演着最主要角色，与世界锑矿供应市场关联紧密。其他锑矿生产国家中，占世界总产量较大的国家为俄罗斯、塔吉克斯坦等国家，占比分别为6.92%、6.15%等，远远低于我国锑矿的生产能力（表2）。

表2　2012—2016年世界锑矿产量变化情况

国　家	产量/吨					2016年比2015年同比增幅/%
	2012年	2013年	2014年	2015年	2016年	
中　国	135600	152100	123193	110000	100000	-9.09
俄罗斯	6400	6400	6520	9000	9000	0.00
玻利维亚	5081	5052	4186	4200	4000	-4.76
塔吉克斯坦	5544	7308	8000	8000	8000	0.00
澳大利亚	1950	3277	3639	3700	3500	-5.41
土耳其	7119	4512	4512	2500	2500	0.00
其　他	14362	17492	14354	4600	3000	-34.78
世界总计	**176056**	**196141**	**164404**	**142000**	**130000**	**-8.45**

资料来源：*Mineral Commodity Summaries*，2017。

（二）我国生产状况

锑矿是中国的优势矿产资源，储量丰富，矿床多、规模大。中国是世界上锑矿资源最丰富的国家之一，储量、产量均居世界首位。2016年，我国锑精矿（锑含量）产量累计达11万吨，同比下降0.9%，占世界锑精矿产量的76.9%。产量主要集中在湖南、广西和云南三省（自治区），占比超过90%（图3）。

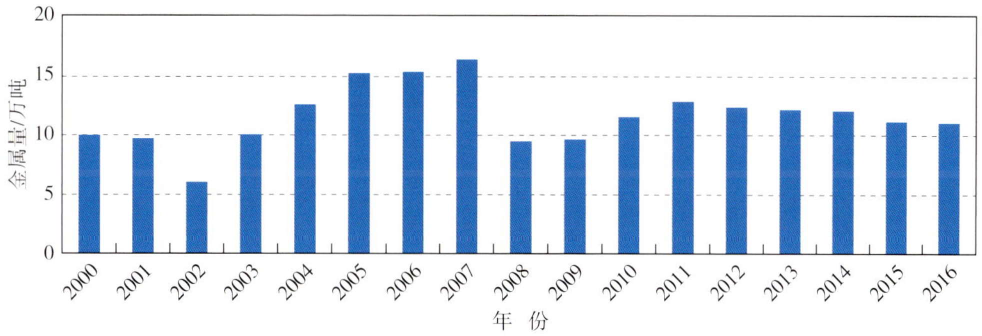

图3　2000—2016年我国锑产品产量变化情况

三、国内外消费状况

（一）世界消费状况

近年来，世界锑产品的消费量变化不大，每年为10万~12万吨。从目前消费结构来看，阻燃剂仍然是锑的主要应用领域，约占世界锑总消费量的70%和三氧化二锑消费量的90%。

美国、日本和欧共体国家是世界重要的锑消费国，其消费量约占西方世界总需求的70%。根据美国地质调查局统计资料，美国锑的表观消费量不超过3万吨，其中87%依赖于进口（净进口）。在美国的锑消费结构中，阻燃剂占35%，运输（包括汽车用蓄电池）占29%，化学制品占16%，陶瓷和玻璃占12%，其他占8%，这基本代表了西方发达国家的消费结构（图4）。预计未来1~2年，受全球经济增速放缓的影响，西方发达国家对锑的消费将呈低速增长态势。

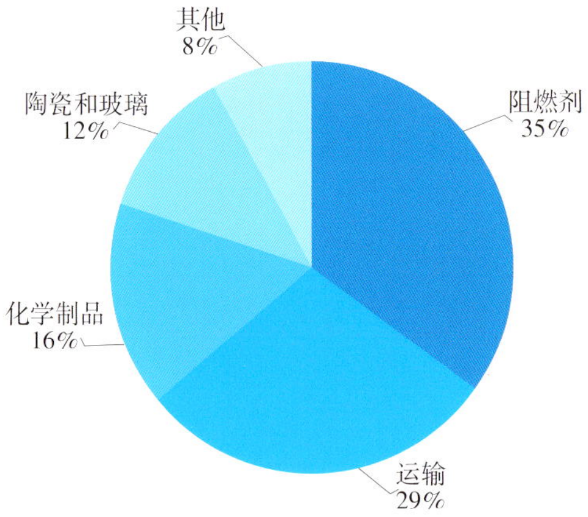

图4　美国锑消费结构

（二）我国消费状况

2016年，我国锑的消费量约为6万吨，与2015年基本持平。近几年，随着我国工业的发展，锑的消费结构发生了巨大变化。阻燃剂消费量急剧上升，在总消费量中所占比例从2002年前的5%~6%猛增至50%左右（图5）。目前，我国锑的消费结构为阻燃剂占50%，蓄电池合金占17%，塑料稳定剂占15%，催化剂占10%，玻璃澄清剂占5%，高科技领域占3%。今后，我国锑消费的增长点主要体现在阻燃剂消费领域，其次为蓄电池用铅锑合金、日用搪瓷制品和化纤行业催化剂及显像管澄清剂和脱色剂等使用的锑酸钠等消费领域。

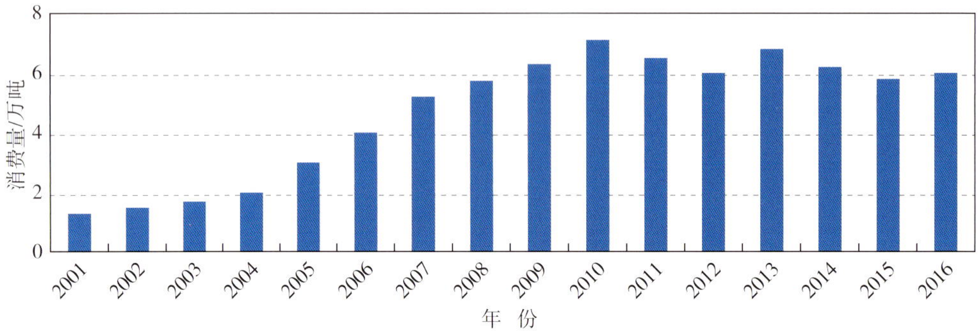

图5　2001—2016年我国锑品（锑含量）消费变化情况

四、国内外贸易状况

（一）世界贸易状况

在国际锑市场贸易中，中国、玻利维亚、南非、独联体国家、泰国是主要的锑矿产品出口国；美国、英国、日本、欧盟成员国是最主要的锑矿产品进口国。2016年，国际市场锑价走势与国内锑价基本类似，在国内锑价上涨的带动下，国际锑价走势比较强劲，中国锑供应收缩，国外用户入市采购，锑锭价格大幅上涨。

（二）我国贸易状况

2016年，我国共进口了锑矿、硫化锑等锑产品55217吨，较2015年上升了25.2%，这与我国经济转型发展，实施供给侧结构性改革密切相关。从出口的产品来看，我国共出口了39964吨氧化锑，比2015年上升了27.5%（表3）。

表3　2012—2016年我国锑产品进出口情况　　单位：吨

方向	产品	2012年	2013年	2014年	2015年	2016年
进口	生锑、锑矿砂及精矿	68957	66412	61047	42738	54041
	锑的氧化物	1891	1535	1154	1143	927
	硫化锑	171	171	193	205	249
	总　计	**71019**	**68118**	**62394**	**44086**	**55217**
出口	锑的氧化物	40598	31565	34357	31344	39964
	硫化锑	247	375	389	525	424
	总　计	**40845**	**31940**	**34746**	**31869**	**40388**

资料来源：中国海关网。

2016年，从出口流向上看，美国是我国氧化锑的最主要出口国家，占我国氧化锑出口总量的45.7%；其他氧化锑出口（出境）国家和地区数量较大的有日本和我国香港地区，分别占10.6%和3.6%（表4）。

表4　2012—2016年我国大陆地区氧化锑主要出口（出境）流向情况　　单位：吨

国家/地区	2012年	2013年	2014年	2015年	2016年
美　国	13703.3	11477	12896	11173	18274
中国香港	7804.0	4174	3897	2384	1441
日　本	4580.1	3895	4732	4968	4230
荷　兰	1490.9	506	228	322	775
印　度	1044.5	1142	1602	2127	2761
韩　国	988.0	943	1094	1434	2516
加拿大	480.0	216	420	300	227

资料来源：中国海关网。

五、价格走势

2016年，国际锑市场价格总体呈逐步上升的趋势，从3月最低价0.52万美元/吨上涨至9月的最高价0.78万美元/吨，上涨幅度达到50%。2016年《金属导报》锑报价的最高价格在9月，均价达到7508～7833美元/吨（图6）。

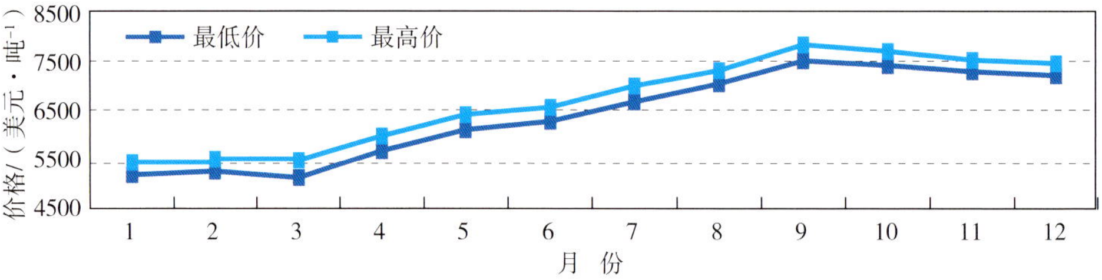

图6 2016年英国《金属导报》MMTA标准Ⅱ级锑月度平均价走势

国内市场与国际市场锑价走势相关性较强，但最高价格出现在12月，价格区间46977～48722元/吨，3月之后基本上出现逐月上升的走势，提升幅度较大。2016年，国内锑价的最低价格出现在3月，为31722～33167元/吨。市场的总体特征是震荡上行，但市场压力较大（图7）。

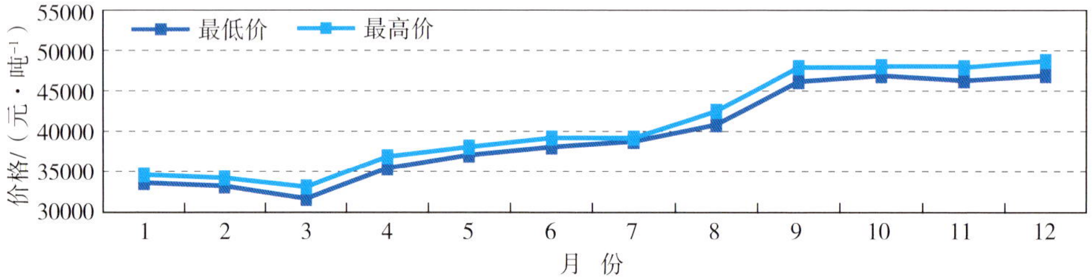

图7 2016年国内（安泰科锑99.65%月均价）锑报价走势

六、结论

（一）世界供需形势

世界锑矿（金属量）产量近两年基本保持在15万～20万吨之间，总体较为稳定。主要原因应当是锑矿生产的头号国家中国采取了产量控制措施，致使产量较为稳定，对全球锑矿供应形成相对稳定的格局起到了主要作用。数据表明，中国的锑矿产量一直占世界总产量的80%左右。从未来发展趋势上看，中国将依然是世界主要锑矿生产国，而且世界锑矿供应量变化将会呈现较为平稳的态势。

从应用领域上看，阻燃剂仍然是锑消费主要领域，据美国市场咨询机构Freedonia预测，全球阻燃剂需求将保持4.8%的增速。此外，有冶金添加剂及非阻燃剂类的锑化学品消耗，冶金添加剂的主要用锑领域是蓄电池行业。美国、西欧及日本是阻燃剂的三大主要市场。近几年，欧美市场对锑品的需求保持相对稳定，每年消费量维持在5.5万吨左右。其中，阻燃剂用锑量约占35%，铅酸蓄电池约占30%，其余消费来自化工和玻璃、陶瓷等行业。

（二）我国供需趋势

2016年，从供需市场看，锑价总体呈现震荡回升走势，受国内锑原料紧缺、环保治理整顿、供应端收缩等因素影响，锑锭和氧化锑价格逐渐上涨。从产量看，矿产产量方面，受国家总量控制，锑精矿产量比2015年有小幅下降；需求上，受下游产业转型影响，2016年的市场需求与2015年基本持平；参与的国际贸易方面，进出口量与2015年相比出现大幅上升。总体观察，受我国供给侧结构性改革的影响，2016年锑品价格出现稳步回升的趋势。

未来锑市场会受到供给侧结构性改革、环保力度加强、锑行业集中度、资源收储、供应多元化、下游产业链延伸等多方面的因素影响。因此，预计今后几年我国出口持续趋稳的可能性大，而国内消费大幅度增长的趋势不会出现。

（执笔：唐　宇）

钼资源供需形势分析

钼是发展高新技术，实现国家现代化、建设现代国防的重要基础材料，并且随着技术的进步，其还被广泛应用于钢铁、航空航天等领域，亦有“战争金属”的称号。作为21世纪重要的战略物资，钼在冶金、化工甚至农业肥料等方面，将发挥越来越重要的作用，并成为发展现代高科技不可缺少的原材料之一。

一、国内外资源状况

（一）世界资源状况

全球钼资源丰富。随着找矿要素的投入增加，全球新的钼资源不断被发现，不仅使得世界钼资源储量及时得到补充，而且跨上了一个新的相对稳定的平台（图1）。据美国地质调查局统计，2017年世界钼储量为1492万吨，比2016年增加393万吨，主要来自于中国的储量增加，静态保障能力约为40年，高于世界优势矿产判定的25年的标准。世界范围内，钼是一个优势矿产；况且，随着技术的突破，还有大量的低品位钼资源潜力会得到释放而回归到资源储量序列。因此，世界可利用的钼资源总体上是很丰富的，可供未来长期开发使用。

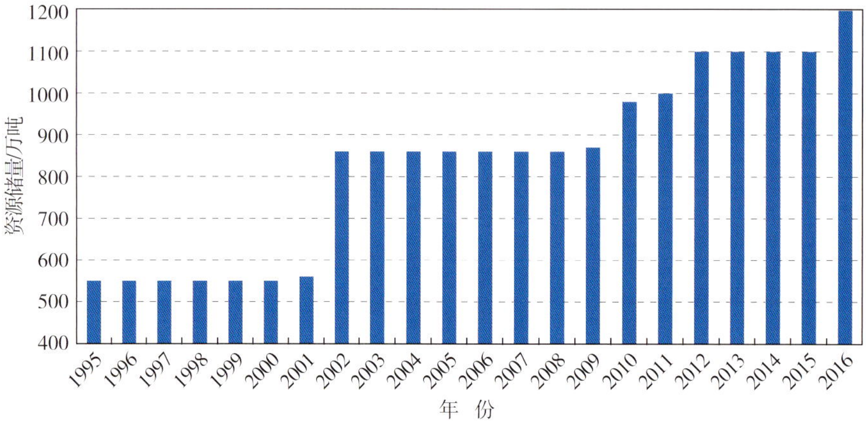

图1 1995—2016年全球钼矿资源储量变化趋势

资料来源：*Mineral Commodity Summaries*，1996—2017

从空间分布上看，各个国家情况差别很大。目前，全球钼资源主要分布在中国、美国和智利。中国的储量最大，达到840万吨，美国、智利分别为270万吨、180万吨，这三个国家储量合计占世界总量的86.4%（表1）。其他已查明钼资源较多的国家还有秘鲁、加拿大、澳大利亚、蒙古国、亚美尼亚等。

表1　2016年世界钼矿资源储量分布情况　　单位：万吨（钼）

国　家	储　量	国　家	储　量	国　家	储　量
中　国	840.0	澳大利亚	19.0	土耳其	10.0
美　国	270.0	蒙古国	16.0	乌兹别克斯坦	6.0
智　利	180.0	亚美尼亚	15.0	伊　朗	4.3
秘　鲁	45.0	哈萨克斯坦	13.0		
加拿大	26.0	墨西哥	13.0	**世界总计**	**1492.3**
俄罗斯	25.0	吉尔吉斯斯坦	10.0		

资料来源：*Mineral Commodity Summaries*，2017。

需要注意的是，国外60%以上的钼来自铜的副产品，资源成本较低；我国钼资源储量虽然世界第一，但是以原生钼矿为主，并且原矿中钼品位比较低，再加上生产规模和采选自动化较低等原因，使得国内钼精矿生产成本较高，进而影响了我国钼产品的国际竞争力。

（二）我国资源状况

钼是我国传统的优势矿产，资源总量丰富。得益于近十年来我国经济快速发展对资源需求的扩张，特别是国内钢铁行业的快速发展，带动了钼需求扩张，进而激励上游找矿勘查投入大幅提升。加大了勘查投入和钻探工作，先后发现了一批大型钼矿床。新矿床的发现，导致自2000年以来钼查明资源储量呈增长态势。截至2016年底，国内钼查明资源储量2882.41万吨，比2015年减少35.16，下降1.2%（图2），其中勘查新增22.56万吨。

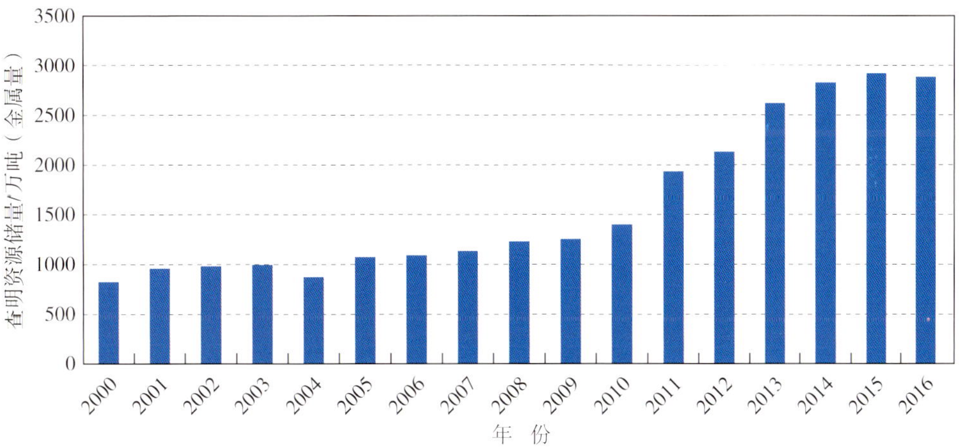

图2　2000—2016年我国钼查明资源储量变化情况

空间上，我国钼资源分布具有很高的聚敛效应。目前，我国钼资源（查明资源储量大于100万吨）的省（自治区）主要有河南、安徽、吉林、内蒙古、黑龙江及西藏，这六省（自治区）合计查明资源储量约占全国总量的75%。

我国钼资源的主要特点是：第一，矿石以硫化矿为主，约占全国钼矿资源的78%；矿石伴生很多有益组分，与铜、钨、锡伴生的钼储量占总储量的22%。第二，矿石品位较美国、智利低，95%的储量品位在0.1%以下。第三，矿床类型多样，其中，斑岩型和矽卡岩型矿床占总保有储量的95%；矿床规模大，90%以上属于大、中型矿床，且多适合露采。

二、国内外生产状况

（一）世界生产状况

21世纪以来，在开发方面，虽然在特定的时段，个别国家因资源政策调整而将矿山封存起来或者是受宏观调控等因素影响而使得产量受到波动。但是，世界钼矿开发上升，产量总体扩张的趋势并不因此而受到影响。核心原因就是，中国在世界钼供应体系中起到“定海神针”的作用，并对冲了其他国家封存部分矿山造成产量变动的影响。2015年，世界矿山金属钼产量已经达到28.4万吨，与2015年基本持平（图3）。

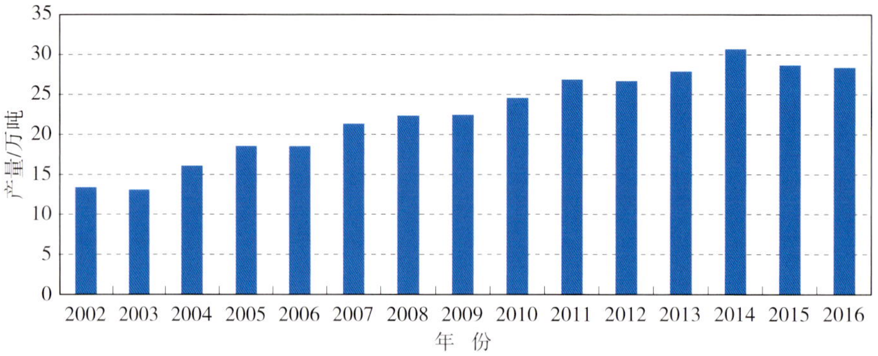

图3　2002—2016年全球矿山钼产量变化趋势

资料来源：*World Metal Statistics Yearbook*，2017

资源开发一般存在一个规律：资源大国一般是生产供应大国。与资源地位相对应，世界钼资源开发主要集中在中国、美国和智利。2016年，这三个国家的矿山金属钼产量将近占到世界总量的77.6%。其中，中国是世界钼生产的核心，2015年，矿山金属钼产量达到12.9万吨，同比增加1.6%；智利矿山钼产量为5.6万吨，同比增加5.7%；美国矿山金属钼产量为3.6万吨，同比减少29.4%。在世界钼矿开发的三驾马车中，中国的龙头地位相当明显（表2）。

表2　2010—2016年世界矿山钼生产情况　　单位：万吨（钼）

国　家	2010年	2011年	2012年	2013年	2014年	2015年	2016年
中　国	9.7	10.3	12.1	12.2	13.2	12.7	12.9
智　利	3.7	4.1	3.5	3.9	4.9	5.3	5.6
美　国	6.0	6.8	5.6	6.1	6.8	5.1	3.6
秘　鲁	1.7	1.9	1.7	1.8	1.7	2.0	2.6
墨西哥	1.1	1.1	1.1	1.3	1.4	1.2	1.1
俄罗斯	0.5	0.5	0.5	0.5	0.5	0.8	1.0
亚美尼亚	0.4	0.5	0.5	0.6	0.6	0.5	0.5
伊　朗	0.3	0.4	0.3	0.3	0.3	0.4	0.3
加拿大	0.9	0.9	0.9	0.8	0.9	0.2	0.3
其　他	0.3	0.4	0.5	0.4	0.4	0.5	0.5
世界总计	**24.6**	**26.9**	**26.7**	**27.9**	**30.7**	**28.7**	**28.4**

资料来源：*World Metal Statistics Yearbook*，2017。

国外矿山钼主要来自于斑岩型钼矿和斑岩型铜矿中共伴生的钼，少量产自于其他类型矿床中的共伴生钼。由于共伴生关系，国外钼生产的一个最大特点是其产量受主矿种的生产活动影响，美国、智利、秘鲁、加拿大等钼矿生产大国尤其如此。

（二）我国生产状况

据统计，除个别年份外，21世纪以来，中国钼精矿产量整体呈增长态势。2014年以来，受价格等因素的影响，河南、陕西、内蒙古等地区中小型矿山均停产，导致近年来钼精矿产量逐年下降。到2016年，我国矿山钼产量8.4万吨（金属量），较2015年下降2.0%（图4）。在产能严重过剩的背景下，2016年我国钼产品生产能力没有重大变化。钼选矿生产能力维持在35万吨/日（矿石处理能力）。

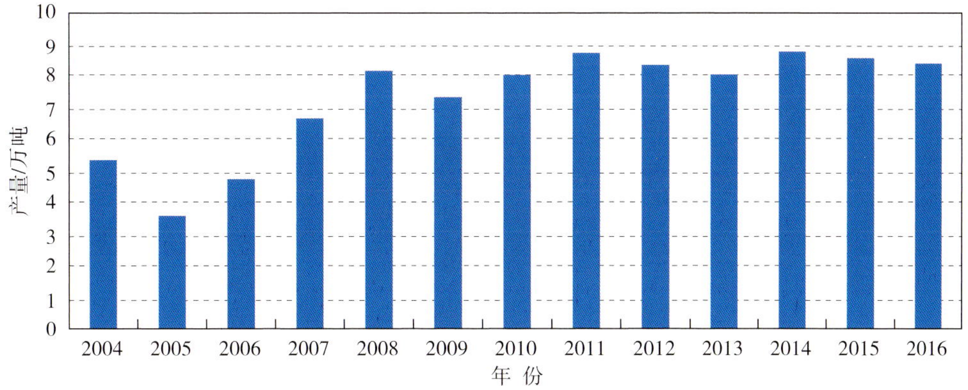

图4　2004—2016年我国矿山钼产量变化趋势

资料来源：《有色金属统计》，2004—2016

我国钼矿资源虽然分布广泛，但是开发主要集中在少数几个省（自治区），且以辉钼矿为主，易采易选，副产钼数量有限。目前，我国钼资源开发主要集中在河南、陕西、内蒙古、河北、黑龙江、辽宁、福建、江西等省（自治区）。2015年，以上省（自治区）钼精矿产量占全国总产量的92.9%，其中，河南、陕西两省产量占全国总产量的56.3%（图5）。另外，其他金属矿山副产品钼产量有1.65万吨，占全国总产量的8.4%，主要包括内蒙古自治区中国黄金乌山的铜副产品钼，江西省铜业德兴铜矿的铜副产品钼，湖南省的钨副产品钼。

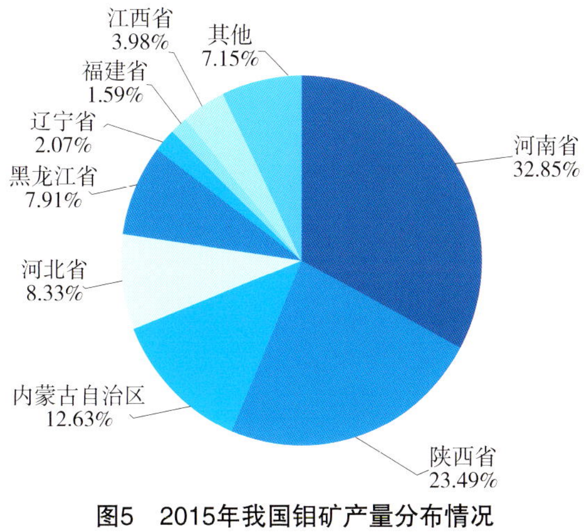

图5　2015年我国钼矿产量分布情况

三、国内外消费状况

（一）世界消费状况

全球钼消费在地域上形成了以中国为龙头，西欧、美国和日本等发达国家和地区共存的“四分天下”格局。目前，80%的钼主要用于生产含钼的合金钢，而钢消费与国家工业化进程密切相关。当前，西欧、美国和日本等发达国家和地区已完成了工业化进程，消费水平相对稳定；随着工业化进程的深入，中国对钢的消费基本进入“峰值区”，但是作为新材料矿产，对钼的消费还会继续增长。2016年，中国钼消费量为8.4万吨钼，同比增加4.7%；美国钼消费量为2.4万吨，同比下降3.2%；西欧钼消费量为6.0万吨，同比下降2.7%（图6）。

钼是一种难熔金属，其特性是导电性好、膨胀系数小和耐腐蚀，是一种极其重要的铁合金添加剂，是生产高强度、耐腐蚀合金钢的重要添加原料。在石油及天然气工业方面，可用含钼的高强度低合金钢生产特种耐腐蚀的大直径油气管道，该合金钢是现代工业的重要战略矿物原料。由于钼具有优异的物化性能，其在工业上获得了广泛的应用。在冶金工业中，钼主要用作生产特种钢和铁合金时的合金化剂，该领域约占世界钼消费量的70%。其余用于催化剂、润滑剂和颜料、化学（防烟剂）、超合金（用于航空）、农业等其他部门，近年来，钼在高科技领域中的应用不断扩大（图7）。

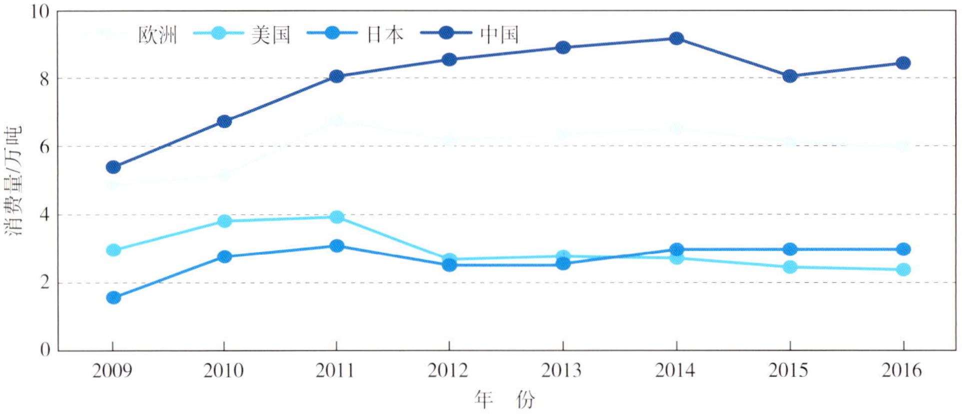

图6　2009—2016年世界钼消费变化趋势

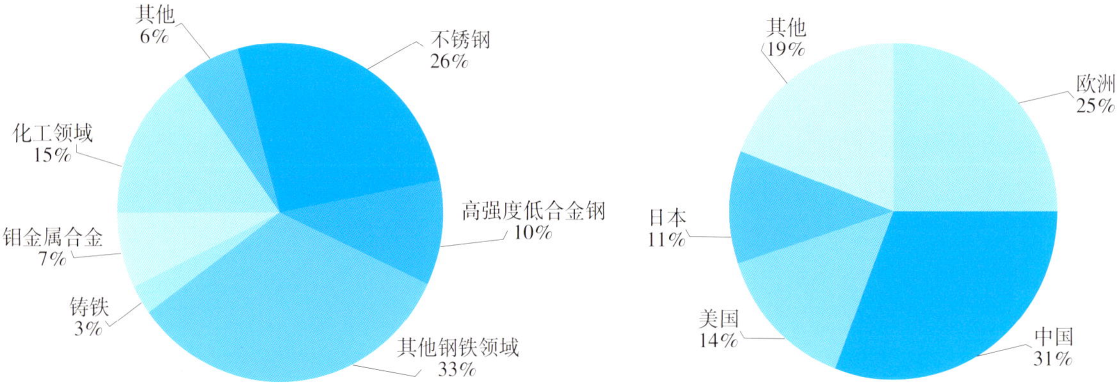

图7　2015年全球钼终端消费（左）和区域消费（右）结构

（二）我国消费状况

我国钼工业起步较晚，1980年钼精矿产量不到1万吨，而且深加工系统没有形成，但是我国钼工业发展很快。21世纪以来，我国钼消费得到了快速增长，但是始终不能摆脱供应过剩的局面。2016年，我国钼金属实际消费量7.3万吨，当年过剩量约1.1万吨（图8）。

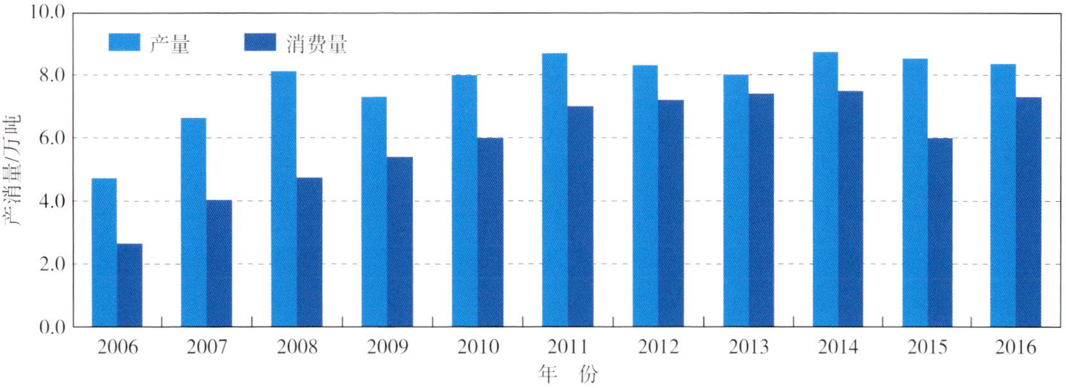

图8 2006—2016年我国钼金属供需情况

资料来源：中国海关，北京安泰科信息开发有限公司

从结构上看，虽然我国70%以上的钼消费主要用于钢铁行业领域，但是与美国等发达国家相比，我国的特钢水平还很低，发展还有很大的空间，对钼资源的需求还有一定的增长空间（图9）。随着未来我国粗钢需求，特别是不锈钢、建筑用钢、机械行业用合金钢及大规模基础设施，例如管道建设和核电建设等领域的高速发展，必然带动钼需求继续增长。

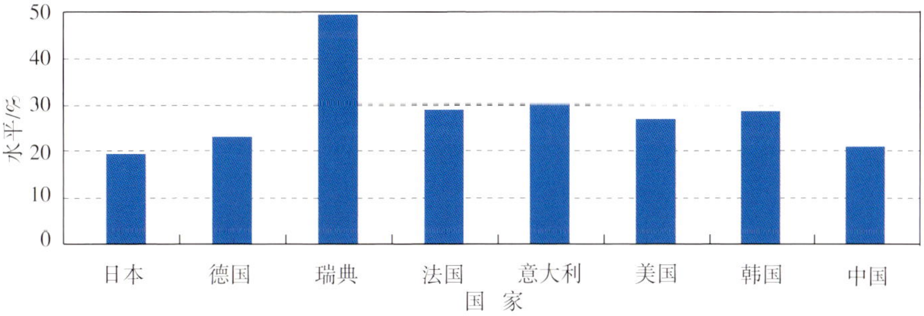

图9 2015年全球主要国家特钢水平对比

四、国内外贸易状况

（一）世界贸易状况

钼进出口以钼精矿、钼铁为主，其次是工业氧化钼及钼酸盐。目前，全球钼资源形成了“三足鼎立”的供应局面与“四分天下”的消费格局。资源供应地域与消费空间的分离，促进了钼资源产品的空间流动，并形成了复杂的空间流向网络体系。其中，钼资源丰富的国家，例如美国、中国、智利、秘鲁等都是重要的钼出口国；西方发达国家，例如德国、英国、日本、韩国等是钼资源消耗大户，是主要钼产品的进口国。中国的资源，除了自用外，主要出口欧洲及韩国。

（二）我国贸易状况

我国虽然资源开采能力很大，但是产品结构以氧化钼及钼铁等中间产品为主。从数据上看，目前我国氧化钼及钼铁的产品占比超过了80%，而且近几年还有回升的趋势；相反，钼化工及钼制品的占比基本趋于稳定，间接地揭示我国钼产业整体素质还有待进一步提升（图10）。

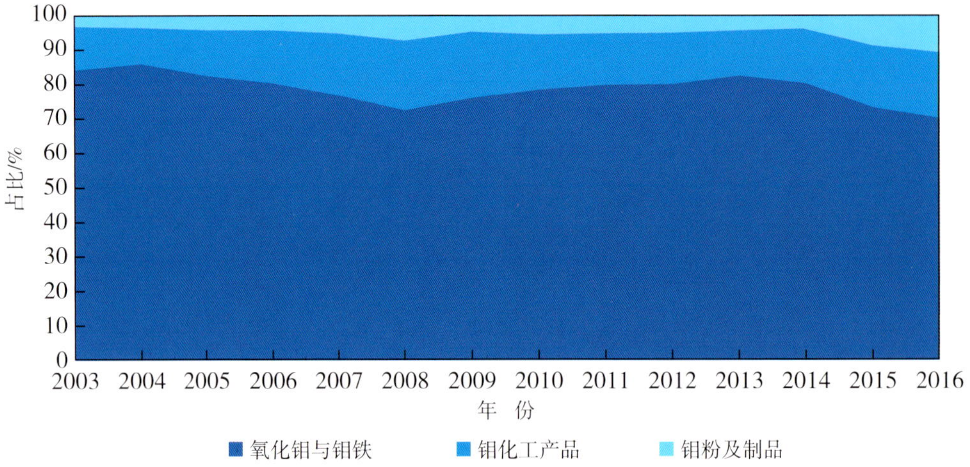

图10　2003—2016年我国钼产品结构变化情况

2016年，我国钼产品进出口总额为44184万美元，同比增加8.9%。进出口对冲，2016年我国钼产品实现贸易顺差7882万美元，同比减少11.7%。出口方面，2016年我国钼出口量大幅增加，其中钼氧化物及氢氧化物出口量为4070吨，同比增长118.0%；钼酸铵及其他钼酸盐出口量为3739吨，同比增加57.0%；钼及钼制品出口量为4573吨，同比减少1.9%。我国钼产品出口量增加的主要原因是全球经济回暖带动需求量增加，国际钼价格上涨也增加了出口的动力。进口方面，2016年我国钼矿砂及其精矿的进口量达到21797万吨，同比增长54.5%（表3）。随着预测价格的持续回升，国内钼精矿市场仍趋紧缺，引起一些生产者控制供应。特别是鉴于国内市场供应的不足，一些氧化钼生产厂家持续寻求从美国和智利大量进口钼精矿。

表3　2013—2016年我国钼产品进出口情况

方向	产品	2013年		2014年		2015年		2016年	
		数量/吨	金额/万美元	数量/吨	金额/万美元	数量/吨	金额/万美元	数量/吨	金额/万美元
出口	钼矿砂及其精矿	6549	8832	11144	15245	4190	3660	4016	3544
	钼铁	41	52	1558	2969	214	328	762	668
	钼氧化物及氢氧化物	955	1628	1875	3542	1867	2535	4070	5650
	钼酸铵及其他钼酸盐	2336	3569	63792	53970	2382	2859	3739	4046
	钼及其制品	4419	17114	5827	22121	4662	15359	4573	12125
	创汇总计		**31195**		**97847**		**24741**		**26033**
进口	钼矿砂及其精矿	14951	17780	14838	15384	14109	9044	21797	12927
	钼铁	91	146	481	743	214	328	45	18
	钼氧化物及氢氧化物	23	54	742	1563	34	56	21	27
	钼酸铵及其他钼酸盐	133	232	315	476	27	68	136	203
	钼及其制品	331	4898	439	5109	681	6320	632	4976
	用汇总计		**23110**		**23275**		**15816**		**18151**
	贸易差额		**8085**		**74572**		**8925**		**7882**

注：钼及其制品主要包括钼粉+钼条、杆、型材及钼板、片、带+未锻轧钼包括简单烧结成条、杆+钼废碎料+钼丝及其他钼制品。
资料来源：《中国海关统计年鉴》，2013—2016。

五、价格走势

与2015年的持续下滑不同，2016年全球钼市场在经历了前4个月的低位波动后，5月走出一波明显的上涨行情，之后有所回落，但筑底回升的态势已确立。具体来看，2016年欧洲氧化钼价格波动范围在5.05～8.75美元/磅钼之间；年均价为6.51美元/磅钼，年底价格为6.75美元/磅钼，较年初上涨31%。另外，同期欧洲钼铁价格范围在12.55～19.90美元/千克；年均价16.28美元/千克，年底价格为14.0～14.2美元/千克，较年初上涨24%（图11）。

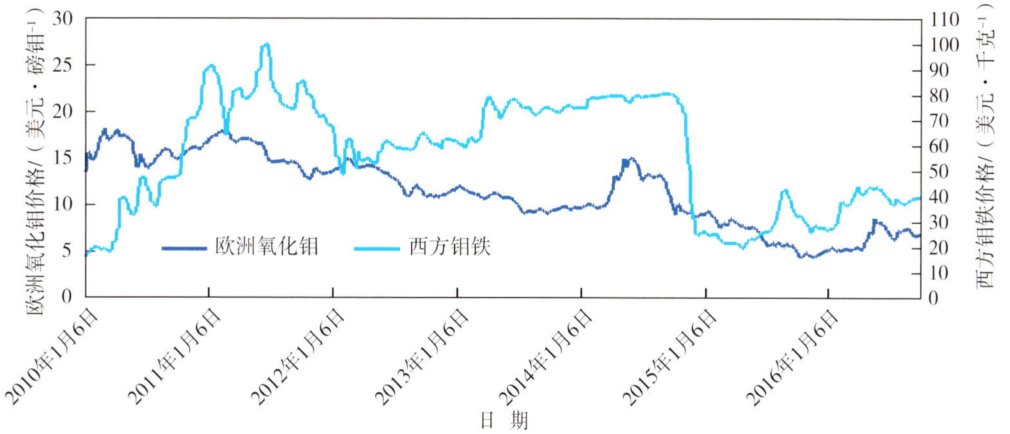

图11　2010—2016年国际钼价走势情况

数据来源：Wind资讯

国内钼市场价格走势与国际市场基本相似。国内钼精矿(45%Mo)价格波动范围为740～1060元/吨度，均价约899元/吨度，同比下滑4.1%；钼铁价格范围为5.6万～7.7万元/吨度，均价6.7万元/吨度，同比上涨1.1%（图12）。2015年11月底伊春鹿鸣停产检修，加之其他矿山企业库存水平较低，市场钼原料供应紧张，直接导致2016年初价格上涨。上半年下游钢铁市场回暖，主要钼矿山企业频频上调精矿价格，引领钼价大幅回升。国内市场的另一波上涨行情出现在11月。随着国内煤焦价格大涨，黑色系产品价格开始上涨，下游钢厂钼铁采购价回升，11月国内钼精矿价格整体再次站上1000元/吨度的关口，回升至2015年年中的水平。

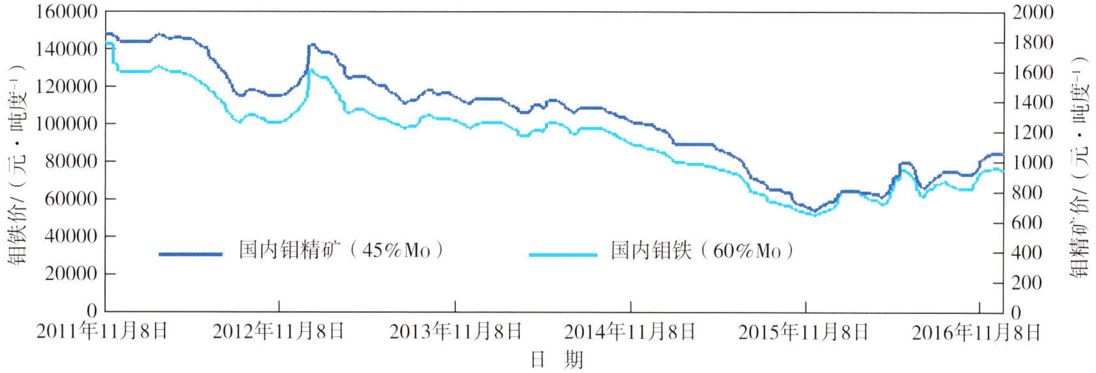

图12　2011—2016年国内钼价趋势

数据来源：Wind资讯

六、结论

（一）世界供需形势

从国际整体经济形势来看，2017年全球经济增速可能出现小幅回升，但整体上仍然处于低速增长状态。受宏观经济不景气的影响，钼行业的下游产业钢铁产业未出现大幅扩张的情况，很难带动钼产品的需求。但受全球经济小幅增长的影响，大宗商品价格整体具有上升空间，但美国大选后美元走势存在较大的不确定性及全球负利率环境引发的市场系统性风险增大，将导致大宗商品价格震荡上行。预计2017年钼价格可能会缓慢上涨。

（二）我国供需趋势

2016年钼市场整体以稳步上行为主，钼精矿价格基本维持1000元/吨度以上。市场价格上涨，厂商高价库存也在逐步消耗，供需矛盾有所改观，原料市场持续供应相对紧张的局面，部分缺口依靠进口补充。2016年在去产能的背景之下钢材市场价格持续大幅上涨。而2017年国家去产能的计划仍将继续深入，环保力度加大，钢材去产能方面特钢和不锈钢影响较小，预期钼市场需求维持2016年水平。预计2017年市场整体价格仍相对乐观，年初或在小幅回调后价格仍将回归高位。

（执笔：朱欣然）

镍资源供需形势分析

镍是一种银白色金属，由于它具有良好的机械强度和延展性、难熔耐高温、具有很高的化学稳定性、在空气中不氧化等特征，是一种十分重要的有色金属原料，被用来制造不锈钢、高镍合金钢和合金结构钢，广泛用于飞机、雷达、导弹、坦克、舰艇、宇宙飞船、原子反应堆等各种军工制造业。在民用工业中，镍常制成结构钢、耐酸钢、耐热钢等大量用于各种机械制造业。镍还可作陶瓷颜料和防腐镀层，镍钴合金是一种永磁材料，广泛用于电子遥控、原子能工业和超声工艺等领域。在化学工业中，镍常用作氢化催化剂。近年来，在彩色电视机、磁带录音机和其他通信器材等方面镍的用量也正在迅速增加。总之，由于镍具有优良性能，已成为发展现代航空工业、国防工业和建立人类高水平物质文化生活的现代化体系不可缺少的金属。

一、国内外资源状况

（一）世界资源状况

世界镍矿储量丰富，可供中长期开发使用。据美国地质调查局统计，2001—2011年，世界镍矿储量整体呈现增长的态势，之后呈现波动调整态势。截至2016年底，世界镍矿储量7800万吨（金属），比2015年减少1.27%（图1），连续两年出现负增长。以原生镍产量计算，其静态保障年限超过34年，因而从世界范围来讲，镍是一个优势矿产。

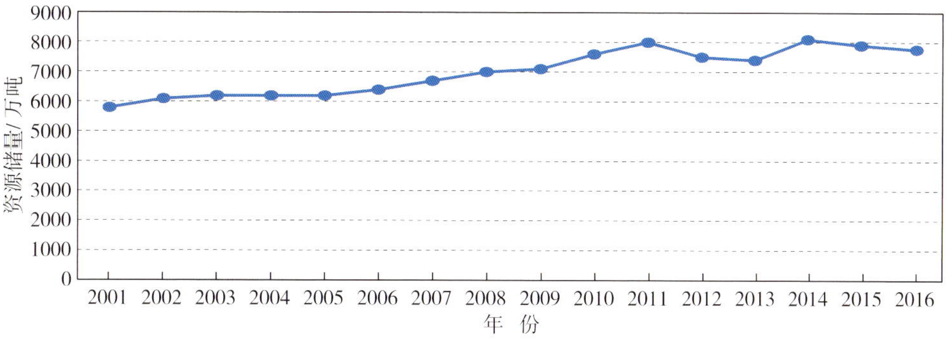

图1 2001—2016年全球镍资源储量变化情况

资料来源：*Mineral Commodity Summaries*, 2002—2017

随着新的镍矿床的发现，世界镍矿资源分布格局也发生了相应的改变。2016年，世界镍矿资源主要分布在澳大利亚、巴西、俄罗斯和新喀里多尼亚，以上四国和地区镍矿储量合计占世界镍矿储量的55.5%。其中，澳大利亚镍矿储量1900万吨，居世界首位；巴西镍矿储量1000万吨，跃居世界第二位；俄罗斯镍矿储量760万吨，居世界第三位。其他镍矿资源较多的国家还有古巴、菲律宾、印度尼西亚、南非和加拿大等（表1）。

表1　2016年世界镍矿资源储量分布情况

国家/地区	储量/万吨	占世界比例/%	国家/地区	储量/万吨	占世界比例/%
澳大利亚	1900	24.36	加拿大	290	3.72
巴　西	1000	12.82	中　国	250	3.21
俄罗斯	760	9.74	危地马拉	180	2.31
新喀里多尼亚	670	8.59	马达加斯加	160	2.05
古　巴	550	7.05	哥伦比亚	110	1.41
菲律宾	480	6.15	美　国	16	0.21
印度尼西亚	450	5.77	其　他	614	7.87
南　非	370	4.74	**世界总计**	**7800**	**100.00**

资料来源：*Mineral Commodity Summaries*，2017。

世界镍矿资源主要有红土型矿和硫化物型矿两种，其中以红土型矿为主，约占总量的60%，主要分布在赤道附近的古巴、新喀里多尼亚、印度尼西亚、菲律宾、巴西、哥伦比亚和多米尼加等国家和地区；硫化物型矿占40%，主要分布在加拿大、俄罗斯、澳大利亚、中国、南非等国家。此外，在深海特别是在太平洋深海的锰结核中蕴藏着丰富的镍。

（二）我国资源状况

我国镍矿资源相对贫乏，仅占世界总量的4%。自2003年以来，我国镍查明资源储量（金属）基本维持在800万～1000万吨（图2）。截至2016年底，我国镍矿查明资源储量1118.37万吨，与2015年基本持平。

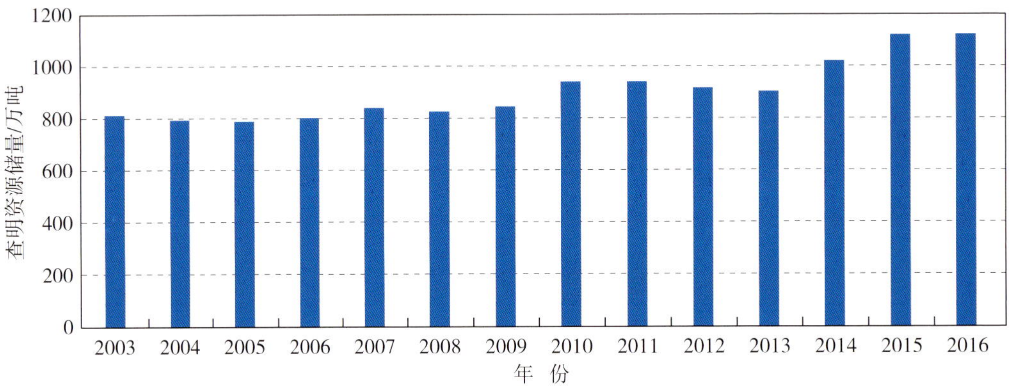

图2　2003—2016年我国镍查明资源储量变化情况

我国镍矿资源分布高度集中，查明资源储量主要分布在甘肃、新疆、青海和内蒙古四省（自治区），以上地区的查明资源储量合计776.87万吨，约占全国总量的69.5%。我国镍矿类型主要分为硫化铜镍矿和红土镍矿两大类，但是以硫化铜镍矿床为主，约占全国总量的90%，并且共伴生矿产多、综合利用价值高；红土镍矿约占总量的10%。

二、国内外生产状况

（一）世界生产状况

1.矿山镍

2009—2016年，世界矿山镍产量总体呈倒“V”形变化（图3）。紧随2008年金融危机，对不锈钢行业的冲击影响较大，导致镍需求下降，2009年世界矿山镍产量只有134万吨。之后逐渐摆脱金融危机影响，世界矿山镍产量开始攀升，尤其是2012年以后，上升较为明显，2013年产量达到顶峰的250万吨。随后全球矿业步入寒冬，矿山镍产量也进入下行通道，2016年全球矿山镍产量198万吨，较2015年下降6.78%。

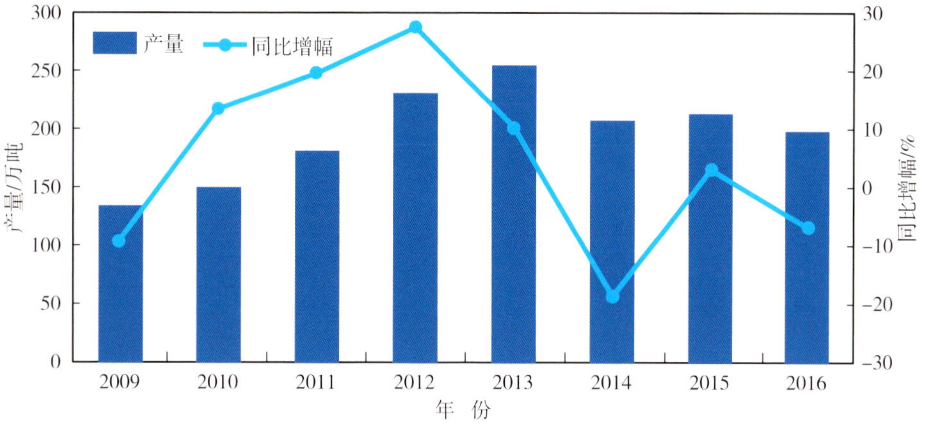

图3 2009—2016年世界矿山镍产量变化情况

资料来源：*World Metal Statistics Yearbook*，2017

2016年，世界矿山镍生产主要集中在菲律宾、俄罗斯、加拿大、新喀里多尼亚、澳大利亚等国家和地区（表2）。其中，菲律宾已是连续三年为世界头号矿山镍生产国，2016年其矿山镍产量31.1万吨，占全球的比例为15.7%；俄罗斯、加拿大、新喀里多尼亚和澳大利亚的产量分别为26.1万吨、23.6万吨、20.9万吨和20.5万吨。以上五国的矿山镍产量占全球总量的61.7%。另外，印度尼西亚有17.1万吨的矿山镍产量。从产量变化趋势上看，2016年，菲律宾和澳大利亚等国矿山镍产量下降幅度明显，也是导致世界矿山镍总产量下滑的主要因素。

表2 2010—2016年世界矿山镍生产情况

国家/地区	产量/万吨							2016年比2015年同比增幅/%
	2010年	2011年	2012年	2013年	2014年	2015年	2016年	
菲律宾	18.4	31.9	31.8	31.6	41.1	46.4	31.1	-33.0
俄罗斯	27.4	27.0	26.9	26.4	26.4	26.1	26.1	0.0
加拿大	16.0	21.9	21.2	22.3	23.5	23.5	23.6	0.4
新喀里多尼亚	13.0	13.1	13.2	15.0	17.8	18.6	20.9	12.4

续表

国家/地区	产量/万吨							2016年比2015年同比增幅/%
	2010年	2011年	2012年	2013年	2014年	2015年	2016年	
澳大利亚	17.0	21.5	24.4	25.6	26.6	22.5	20.5	-8.9
印度尼西亚	21.7	22.7	62.2	81.2	14.6	12.9	17.1	32.6
中　国	8.0	9.0	9.3	9.3	10.1	10.1	9.0	-10.9
巴　西	5.4	7.5	9.0	7.4	8.6	8.9	7.4	-16.9
古　巴	6.5	6.9	6.5	6.2	5.2	5.4	5.3	-1.9
南　非	4.0	4.3	4.6	5.1	5.5	5.7	4.9	-14.0
其　他	14.5	15.2	17.5	20.3	26.9	34.4	32.2	-6.4
世界总量	**151.9**	**181.0**	**226.6**	**250.4**	**206.3**	**214.5**	**198.1**	**-7.6**

资料来源：*World Metal Statistics Yearbook*，2017。

2.精炼镍

2016年，世界精炼镍产量178.5万吨，基本与2015年持平（图4）。2009—2016年，世界精炼镍产量总体呈缓慢先增后降态势。其中，2009—2013年，世界精炼镍产量从135.5万吨增至200.1万吨。2014—2016年，受世界经济复苏乏力影响，精炼镍市场受压，产量呈微降态势。

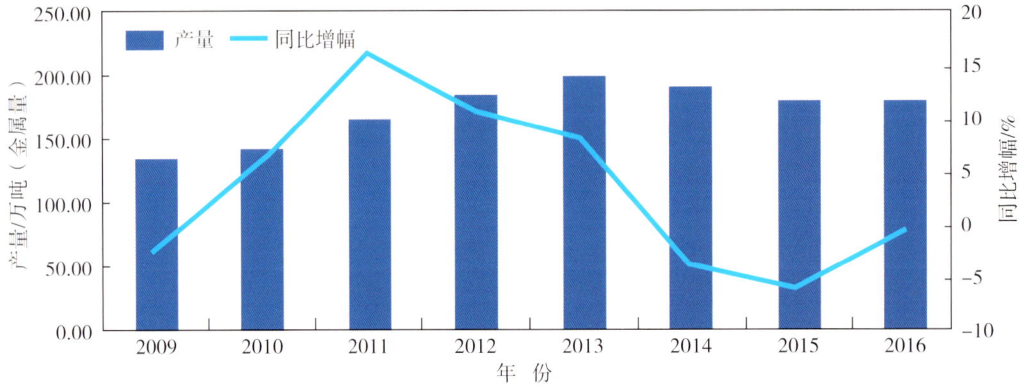

图4　2009—2016年世界精炼镍产量变化情况

资料来源：*World Metal Statistics Yearbook*，2017

2016年，中国仍然是世界最大的精炼镍生产国，产量为41.2万吨，较2015年降低7.6%。其次为俄罗斯，产量为20.7万吨；紧随其后是日本、加拿大、澳大利亚，三个国家产量分别为19.6万吨、15.8万吨和12.1万吨。精炼镍生产集中度较高，世界精炼镍产量前五位的国家的产量占比达到61.3%。另外，年产量增加较明显的国家有印度尼西亚和芬兰，其中，印度尼西亚产量增幅为100.0%，芬兰产量增幅为25.6%（表3）。

表3　2010—2016年世界精炼镍生产情况

国家/地区	产量/万吨							2016年比2015年同比增幅/%
	2010年	2011年	2012年	2013年	2014年	2015年	2016年	
中　国	31.4	47.0	59.1	71.1	64.4	44.6	41.2	−7.6
俄罗斯	26.3	26.6	25.4	24.2	23.9	23.2	20.7	−10.8
日　本	16.6	15.7	17.0	17.8	17.8	19.3	19.6	1.6
加拿大	10.5	14.2	15.2	15.3	15.1	16.3	15.8	−3.1
澳大利亚	10.2	11.0	12.9	14.2	13.8	13.8	12.1	−12.3
挪　威	9.2	9.2	9.2	9.1	9.1	9.1	9.3	2.2
新喀里多尼亚	4.0	4.1	4.5	4.8	6.2	7.8	9.6	23.1
巴　西	2.8	4.3	5.9	5.6	7.3	7.2	7.4	2.8
马达加斯加	—	—	0.6	2.5	3.7	4.7	4.2	−10.6
印度尼西亚	1.9	2.0	1.8	2.3	2.2	4.7	9.4	100.0
芬　兰	4.9	4.9	4.6	4.4	4.3	4.3	5.4	25.6
英　国	3.2	3.7	3.9	4.2	3.9	3.9	4.5	15.4
韩　国	2.3	1.9	2.4	2.8	2.2	4.7	4.8	2.1
哥伦比亚	4.9	3.8	5.2	4.9	4.1	3.7	3.7	0.0
南　非	3.4	3.6	3.3	3.2	3.5	3.5	3.5	0.0
其　他	12.0	14.5	14.7	13.7	10.2	9	7.3	−18.9
世界总计	**143.6**	**166.5**	**185.7**	**200.1**	**191.7**	**179.8**	**178.5**	**−0.7**

资料来源：*World Metal Statistics Yearbook*，2017。

（二）我国生产状况

2016年，我国精炼镍产量22.0万吨，较2015年下降5.25%。从区域上看，我国精炼镍生产比较集中，主要分布在甘肃、陕西、四川、新疆等地，2016年产量分别为14.32万吨、2.87万吨、1.18万吨和0.98万吨。其中，甘肃省产量最大，2016年甘肃省精炼镍产量占全国总量的65.12%。从变化趋势上看，2016年精炼镍产量增长态势明显的地区有广西和四川，分别增长79.30%和53.82%；下降幅度较大的则有江西、重庆和甘肃，分别下降54.50%，14.23%和6.45%（表4）。

表4　2010—2016年我国镍生产情况　　单位：吨

地　区	2010年	2011年	2012年	2013年	2014年	2015年	2016年
全　国	**158637**	**185208**	**229201**	**227005**	**246861**	**232124**	**219944**
甘　肃	120817	127002	127772	143895	148240	153102	143227
陕　西	—	—	5492	6500	24510	28248	28690
四　川	630	2003	3673	9116	13803	7694	11835
新　疆	5936	8128	10150	10307	11167	11618	11813
江　西	15246	23658	36920	36200	37190	21611	9833

续表

地　区	2010年	2011年	2012年	2013年	2014年	2015年	2016年
广　西	12830	21767	40598	10855	5000	5000	8965
河　南	—	—	1389	1447	1673	1619	1535
重　庆	683	1139	1401	1821	2130	977	838
云　南	2275	1511	1806	2050	2456	2255	—

资料来源：《中国有色金属工业年鉴》，2010—2014；《有色金属统计（月刊）》，2016—2017年第一期。

（三）主要企业生产情况

2016年全球前十大镍企业产量为133.7万吨，占总产量比例为67%。与2015年相比，比例有所回升，增量主要来自青山集团、英美资源和淡水河谷等企业。另外，俄镍、住友、金川等企业减产较为明显。2016年，巴西淡水河谷镍产量31.1万吨，同比增长7.0%，是年度第一大镍供应企业；其次，俄罗斯诺里尔斯克年度产镍23.6万吨，同比下降3.0%，位居第二。业内预计，2017年前十大生产企业的产量可能达到136万吨，其中青山集团和嘉能可两大企业增长的可能性较大（图5）。

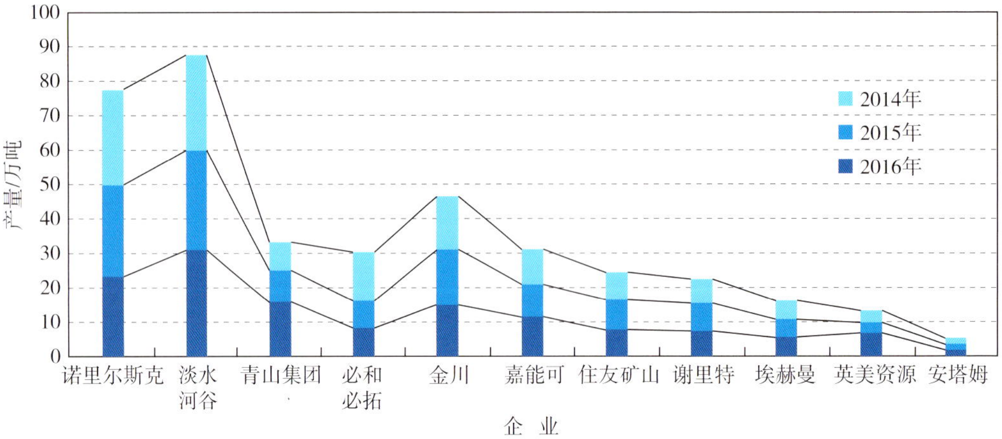

图5　2014—2016年全球主要企业原生镍产量

资料来源：《镍钴钨钼铁合金不锈钢》

三、国内外消费状况

（一）世界消费状况

2016年，世界镍十大主要消费国家和地区有中国大陆、日本、美国、韩国、中国台湾、德国、印度、意大利、南非和比利时，如表5所示。从近年世界精炼镍消费变化情况看，2009—2013年全球精炼镍消费量整体呈上升趋势，尤其是2010年以后上升势头明显，其中中国精炼镍消费量增长非常显著。2014年，世界精炼镍消费量158.7万吨，比2013年降低了11.85%，下降的原因主要是其他国家消费下降。2015—2016年全球镍消费重归上升通道，2016年度镍消费量达到186.7万吨，同比增长7.2%。分析认为，未来一段时间内世界镍消费量仍有增长的空间。

表5　2010—2016年世界精炼镍消费量情况

国家/地区		消费量/万吨							2016年比2015年同比增幅/%
		2010年	2011年	2012年	2013年	2014年	2015年	2016年	
中　国	大　陆	48.9	70.3	80.5	90.9	95.6	83.6	87.3	4.4
	台　湾	7.3	5.3	5.7	5.3	6.6	8.7	6.6	–24.1
日　本		17.7	17.4	15.9	15.9	15.7	16.2	16.2	0.0
美　国		11.9	13.4	12.6	12.3	15.2	15.2	13.6	–10.5
韩　国		10.1	10.0	10.8	10.7	10.0	8.3	10.4	25.3
德　国		10.0	8.8	8.9	6.6	6.2	6.0	5.8	–3.3
印　度		2.7	2.7	3.3	3.7	2.7	3.7	5.7	54.1
意大利		6.2	6.6	6.5	5.9	6.0	6.0	5.6	–6.7
南　非		4.1	3.4	3.2	3.5	3.1	3.4	3.9	14.7
比利时		2.1	3.0	1.9	2.6	2.9	3.5	3.1	–11.4
其　他		21.7	25.2	24.1	22.7	–5.3	19.5	28.5	46.2
世界合计		**142.7**	**166.1**	**173.4**	**180.1**	**158.7**	**174.1**	**186.7**	**7.2**

资料来源：*World Metal Statistics Yearbook*，2017。

（二）我国消费状况

长期以来，我国镍主要用于冶金行业，其次是轻工业等领域，消费量起伏变化不大，基本上与生产处于动态平衡状态，但是随着国民经济和汽车及建筑等行业快速发展，加上国家在政策上大力扶植不锈钢工业发展，使得我国不锈钢消费以每年25%的速度增长，这有力地带动了我国不锈钢行业对镍消费的增长。与此同时，随着全球制造中心逐步向我国转移，与之相配套的镍生产工序也开始向我国转移，这也直接导致了我国相应行业的用镍量大增。受国际矿业危机的影响，2015年我国精炼镍的消费量出现明显下挫，2016年，中国精炼镍消费量为87.3万吨，同比增长4%，进入恢复增长态势（图6）。

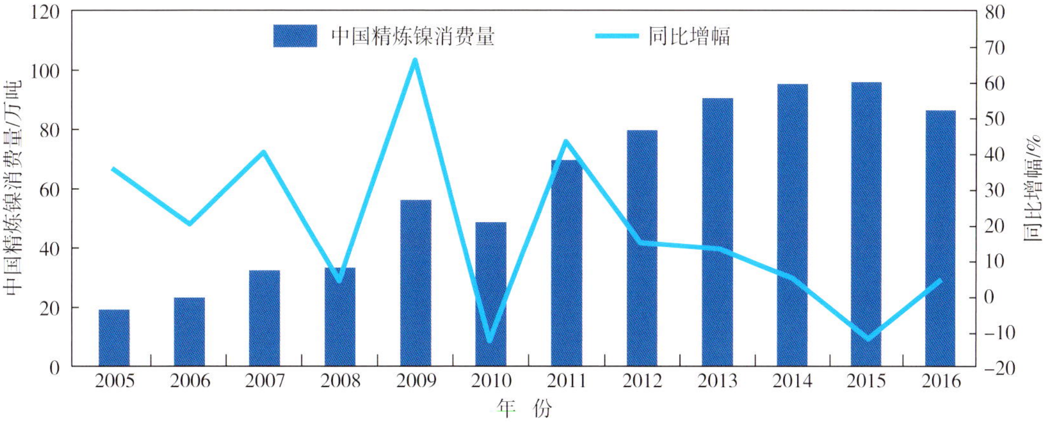

图6　2005—2016年我国精炼镍消费量情况

四、国内外贸易状况

（一）世界贸易状况

2016年，全球主要国家共进口镍金属85.38万吨，同比增长3.5%。由于大矿业公司（俄罗斯的诺罗尔斯克）和大跨国公司（鹰桥和国际镍公司）控制着世界绝大部分镍矿山，镍初级产品镍精矿和中间产品冰镍多为公司所属精炼厂自用，市场贸易量很少，使得镍贸易主要体现在精炼镍上。2016年，中国大陆、美国、德国、印度、中国台湾、意大利等国家和地区是镍金属的主要进口地，如表6所示。中国大陆仍然是全球最大的镍金属进口地，2016年进口量为36.23万吨，比2015年增加23.8%；排在第二位的是美国，进口量为9.92万吨，比2015年减少了8.9%。2016年实际进口量减少最多的是新加坡，进口量为3.28万吨，比2015年的7.78万吨下降了4.50万吨，已从2015年世界第三位下降至第七位。另外，中国台湾是2016年镍金属进口量增长幅度较大的地区之一，同比增长242.3%，位居世界第五。印度、西班牙和美国三个国家的镍金属进口量也有较大幅度的下降，同比分别下降44.4%、44.4%和8.9%。

表6　2010—2016年世界镍金属进口情况

国家/地区		进口量/万吨							2016年比2015年同比增幅/%
		2010年	2011年	2012年	2013年	2014年	2015年	2016年	
中国	大陆	18.13	21.22	15.76	16.82	13.00	29.26	36.23	23.8
	台湾	2.21	1.50	0.90	0.53	1.07	1.04	3.56	242.3
美国		10.98	11.65	11.08	10.37	12.71	10.89	9.92	–8.9
德国		6.93	6.81	7.38	6.46	6.04	5.65	5.82	3.0
印度		2.36	2.44	3.67	4.74	5.85	7.38	4.10	–44.4
意大利		3.96	3.81	3.36	2.90	3.09	3.36	3.51	4.5
新加坡		2.14	1.79	3.72	6.38	10.43	7.78	3.28	–57.8
日本		4.32	4.07	3.56	3.52	3.71	3.12	3.08	–1.3
韩国		2.39	2.39	1.67	1.85	1.87	1.77	2.45	38.4
瑞典		2.34	2.32	1.79	1.74	1.83	1.74	2.11	21.3
法国		1.40	2.17	2.40	1.66	2.02	2.39	2.03	–15.1
西班牙		1.65	1.76	2.02	1.84	2.20	1.85	1.97	6.5
比利时		1.51	2.04	1.90	1.93	2.06	1.81	1.61	–11.0

资料来源：*World Metal Statistics Yearbook*，2017。

出口方面，2016年，俄罗斯、加拿大、挪威、中国台湾、芬兰和新加坡等是镍金属的主要出口国家或地区，如表7所示，俄罗斯仍然是全球最大的镍出口国，出口量为17.47万吨，比2015年下降了19.5%；其次是加拿大，出口量为13.60万吨，同比增长11.2%；其中，年度镍金属出口增长幅度最大的国家或地区是韩国和中国台湾，2016年分别出口镍金属0.85万吨和4.52万吨，同比分别增长2025.0%和1783.3%。另外，芬兰、加拿大和英国也是增长幅度较大的国家，同比分别增长25.3%、11.2%和7.3%。而同比下降幅度最大的三个国家或地区分别是新加坡、巴西和中国，同比分别下降72.3%、67.4%和61.5%。

表7　2010—2016年世界镍金属出口情况

国家/地区		出口量/万吨							2016年比2015年同比增幅/%
		2010年	2011年	2012年	2013年	2014年	2015年	2016年	
俄罗斯		22.22	30.44	20.95	23.03	22.51	21.70	17.47	−19.5
加拿大		8.81	12.79	12.81	13.22	12.24	12.23	13.60	11.2
挪　威		9.18	9.27	9.16	8.94	8.62	9.46	9.48	0.2
芬　兰		3.13	3.95	3.64	3.61	3.46	3.24	4.06	25.3
新加坡		2.84	1.96	1.07	4.16	4.06	11.34	3.14	−72.3
英　国		1.86	2.90	3.03	3.17	2.74	2.74	2.94	7.3
比利时		0.93	0.96	1.14	1.21	1.10	1.17	1.01	−13.7
中　国	大　陆	5.30	3.23	2.99	4.03	10.28	2.18	0.84	−61.5
	香　港	0.78	0.68	0.74	0.69	0.67	1.03	0.74	−28.2
	台　湾	0.20	0.69	0.77	0.55	0.13	0.24	4.52	1783.3
南　非		0.48	0.52	0.43	0.43	0.87	0.88	0.74	−15.9
韩　国		0.05	0.04	0.05	0.05	0.07	0.04	0.85	2025.0
巴　西		1.12	1.28	1.65	1.76	1.49	1.72	0.56	−67.4
德　国		0.38	0.42	0.48	0.39	0.59	0.26	0.28	7.7
法　国		0.94	1.10	1.15	0.95	0.65	0.61	0.24	−60.7

资料来源：*World Metal Statistics Yearbook*，2017。

（二）我国贸易状况

2016年，我国进口镍矿砂及精矿3210.6万吨，在2015年的基础上进一步下降8.98%，受矿业危机的影响，已是连续三个年度减少进口量（表8）。而未锻轧镍的进口量则是进一步增加，2016年达到37.1万吨，同比增长22.44%。进口各类镍材0.5万吨，同比增长25.00%。从区域上看，我国镍矿的来源地主要有菲律宾、新喀里多尼亚、危地马拉、澳大利亚和俄罗斯等国家和地区（表9）。2016年，我国从菲律宾进口镍矿3053.63万吨，占进口总量的95.11%，进口集中度非常高；主要原因是受印度尼西亚矿业政策的影响，2016年从印度尼西亚进口的镍矿只有33.98万吨，致使进口格局发生较大变化。出口方面，目前主要集中在未锻轧镍产品上，2016年共出口1.7万吨，同比下降20.52%；总体上出口产品不多。

表8　2013—2016年我国镍产品进出口情况

方向	产品	2013年		2014年		2015年		2016年	
		数量/万吨	金额/千万美元	数量/万吨	金额/千万美元	数量/万吨	金额/千万美元	数量/万吨	金额/千万美元
进口	镍矿砂及精矿	7124.0	513.7	4774.6	457.8	3527.5	265.2	3210.6	152.8
	镍废碎料	—	—	—	—	—	—	—	—
	未锻轧镍	16.9	266.8	13.1	222.7	30.3	361.1	37.1	352.8
	镍粉	0.4	7.7	0.4	8.0	0.4	6.3	0.5	6.7
	镍材	1.2	59.5	1.3	55.1	0.4	13.2	0.5	14.9
出口	镍矿砂及精矿	—	—	—	—	—	—	0.5	0.6
	镍废碎料	—	—	—	—	0.0	0.2	0.0	0.0
	未锻轧镍	4.7	81.6	11.5	203.4	4.1	61.9	1.7	16.6
	镍粉	0.1	4.0	0.1	2.5	0.1	2.5	0.1	2.6
	镍材	0.4	13.9	0.4	13.4	0.17	4.0	0.2	3.5

资料来源：海关信息网。

表9　2013—2016年我国镍矿进口主要来源情况

国家/地区	2013年		2014年		2015年		2016年	
	进口量/万吨	金额/亿美元	进口量/万吨	金额/亿美元	进口量/万吨	金额/亿美元	进口量/万吨	金额/亿美元
菲律宾	2969.43	15.40	3642.64	29.61	3427.83	17.81	3053.63	10.92
新喀里多尼亚	—	—	—	—	—	—	49.21	0.27
印度尼西亚	4105.15	30.00	1063.86	7.61	17.41	0.03	33.98	0.05
危地马拉	—	—	—	—	—	—	17.15	0.16
澳大利亚	31.21	4.33	21.16	3.03	22.41	2.39	14.95	1.18
俄罗斯联邦	2.81	0.11	0.00	0.00	5.11	0.15	11.66	0.29
津巴布韦	—	—	8.88	0.99	5.73	0.49	6.20	0.42
南　非	—	—	—	—	—	—	5.41	0.45
越　南	—	—	6.73	0.95	9.33	0.93	4.79	0.35
美　国	—	—	0.08	0.01	4.76	0.78	3.87	0.42
其　他	15.38	1.53	31.21	3.58	34.93	3.94	9.76	0.77
世界合计	**7123.98**	**51.37**	**4774.56**	**45.78**	**3527.51**	**26.52**	**3210.61**	**15.28**

资料来源：海关信息网。

五、价格走势

（一）国际镍金属价格

从20世纪60年代至今，世界镍价呈现先上涨后下降的趋势，2007年达到峰值37181.01美元/吨，而后一直没有突破23000.00美元/吨。具体而言，受到金融危机的影响，2008年和2009年价格处于持续走低趋势；2010年和2011年，价格开始逐渐回升到22894.36美元/吨；2012年和2013年，价格又进入持续下降阶段；至2014年年均结算价下降到16867.13美元/吨，2015年下降至11865美元/吨，2016年LME镍价继续呈现下行之势，年均价格为9597.56美元/吨，跌破万美元大关，年内跌幅达19%（图7）。

2016年，世界经济处仍于缓慢恢复进程中，同时，中国在去产能等供给侧结构改革大环境下，对经济结构的调整不断深入，矿产资源的市场波动也得到一定程度上的调整，促使了2016

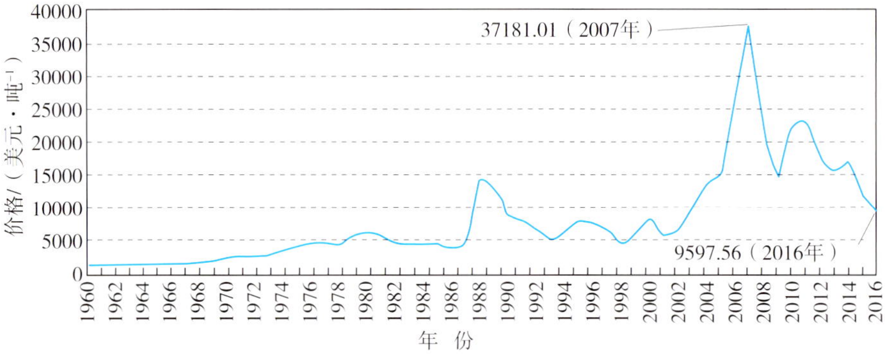

图7　1960—2016年伦敦金属交易所现货镍金属价格变化曲线

资料来源：*World Metal Statistics Yearbook*，2017

年全年国际镍价震荡调整回升态势。2016年1月，LM镍现货价格在8515美元/吨左右，至2016年底，上升至10010美元/吨。随着矿业危机的逐步散去，未来国际镍价格有望重拾信心（图8）。

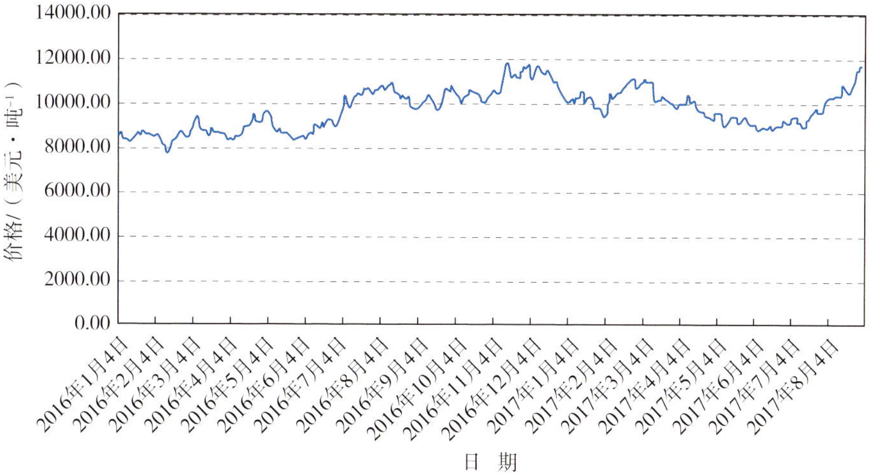

图8 2016—2017年伦敦金属交易所期货镍金属价格变化曲线

资料来源：Wind资讯

（二）国内镍金属价格

2016年，国内镍价格总体呈阶梯下行态势，当中，出现过几次平台期，但总体上难阻下行大势。2016年，镍均价为7.6万元/吨，同比下跌了14.8%，跌幅与2015年相比有收窄态势。从市场上看，目前镍价主要由金川镍和俄罗斯镍为主导，两者在市场上的博弈明显，另外，青山集团是近年异军突起的新秀。从经济大背景上看，国家房地产限购政策的持续推进，房地产增速可能放缓，并拖累相关家电、装饰等行业的镍需求，可能会进一步影响国内镍价格，从2017年上半年的镍价走势来看，国内镍价基本延续低位震荡走势（图9，图10）。

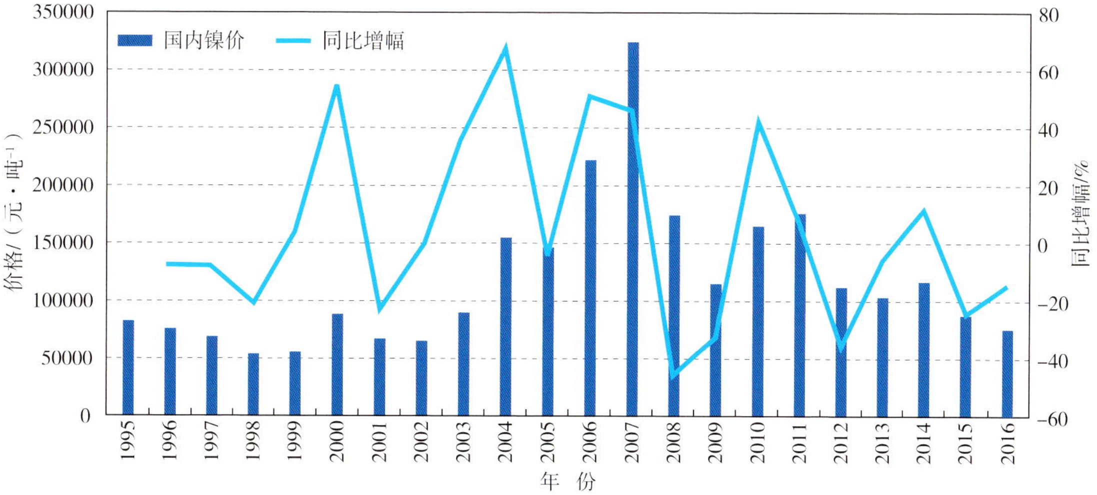

图9 1995—2016年国内镍金属价格变化曲线

资料来源：《有色金属统计年鉴》《镍钴钨钼铁合金不锈钢》

图10　2016—2017年国内镍金属价格变化曲线

资料来源：Wind资讯

六、结论

（一）世界供需形势

世界镍矿储量丰富，可供中长期开发使用，静态保障年限超34年。2016年，全球矿山镍产量198万吨，同比下降6.78%。镍消费则继续呈上升态势，2016年镍消费量达到186.7万吨，同比增长7.2%，未来一段时间内世界镍消费量仍有增长的空间。目前，世界镍贸易仍呈稳定的增长态势，年内共进口85.38万吨，同比增长3.5%。其中，中国大陆仍然是全球最大的镍金属进口地区，2016年进口量为36.23万吨，同比增加了23.8%。俄罗斯、加拿大、挪威则是世界最大的镍金属出口国。在全球经济复苏缓慢及国内经济供给侧改革形势下，促使了2016年国际镍价下行态势。

（二）我国供需趋势

我国镍资源相对贫乏，仅占世界总量的4%。2016年，我国精炼镍产量22.0万吨，同比下降5.25%；我国精炼镍生产比较集中，主要分布在甘肃、陕西、四川、新疆等地。受国际矿业危机的影响，2015年我国精炼镍的消费量明显下挫，2016年重回复苏走势。2016年，我国精炼镍消费量为87.3万吨，同比增长4.00%；进口镍矿砂及精矿3210.6万吨，在2015年的基础上进一步下降8.98%；已是连续三个年度减少进口量。2016年度国内镍价格总体呈阶梯下行态势；当中，出现过几次平台期，但总体上难阻下行大势；后期价格回归仍有待时日。

（执笔：余良晖）

钴资源供需形势分析

钴是一种非常稀缺的资源，素有“工业味精”和“工业牙齿”之称，是重要的战略资源之一。钴的主要用途在生产高温合金、耐热耐腐合金、硬质合金、磁性材料及锂离子电池等领域，在军事工业（制造穿甲弹与防护装甲）、航空工业（发动机）中有不可替代的重要地位。目前，锂离子电池行业已成为钴最大的消费领域，占钴总消费量的比例逐年抬高。

一、国内外资源状况

（一）世界资源状况

2016年世界钴资源储量为700万吨。其中，刚果（金）储量340万吨，居世界第一位；澳大利亚钴储量100万吨，居世界第二位，上述两国钴储量超过世界总储量的62.9%。其他钴储量比较大的国家有：古巴（50万吨）、菲律宾（29万吨）、赞比亚（27万吨）、加拿大（27吨）、俄罗斯（25万吨）。上述七个国家钴储量合计占世界总储量的85.4%（表1；图1）。

表1　2016年世界钴资源储量分布情况

国家/地区	储量/万吨	比例/%	国家/地区	储量/万吨	比例/%
刚果（金）	340	48.57	新喀里多尼亚	6.4	0.91
澳大利亚	100	14.29	马达加斯加	13	1.86
古　巴	50	7.14	中　国	8	1.14
菲律宾	29	4.14	美　国	2.1	0.30
赞比亚	27	3.86	南　非	2.9	0.41
加拿大	27	3.86	其　他	69.6	9.94
俄罗斯	25	3.57	**世界总计**	**700**	**100.00**

资料来源：美国地质调查局，2017。

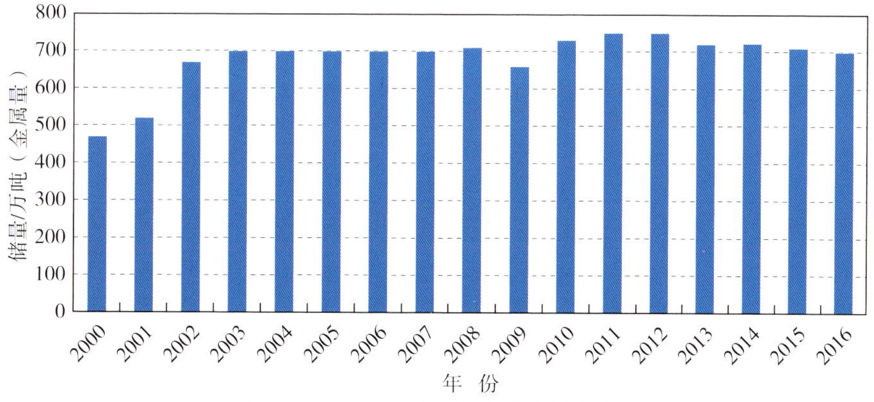

图1　2000—2016年世界钴储量变化情况

数据来源：USGS

世界钴矿储量总体呈上升趋势，从1995年的400万吨增长到2016年的700万吨，增长了75%。

（二）我国资源状况

我国钴矿查明资源储量一直以来保持相对稳定的水平，2005—2016年整体处于60万～70万吨这一区间。截至2016年，我国钴矿查明资源储量67.25万吨，比2015年降低1.2%（图2）。从区域分布上看，我国钴矿查明资源储量主要分布于甘肃、新疆、吉林、青海、云南、四川、内蒙古等省（自治区），查明资源储量合计占总储量的69.19%。其中，甘肃12.77万吨，占全国总量的18.99%，查明资源储量居全国第一位。其他省（自治区）钴矿查明资源储量均低于10万吨。

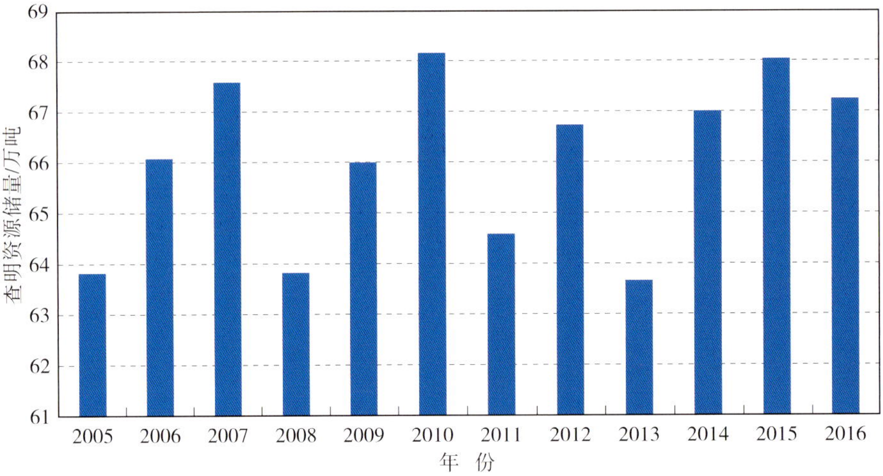

图2 2005—2016年我国钴矿查明资源储量情况

二、国内外生产状况

（一）世界生产状况

2016年，世界钴精矿产量为123000吨。其中，刚果（金）储量66000吨，居世界第一位，占世界总产量的53.67%。其他产量比较大的国家有中国、加拿大、澳大利亚、俄罗斯等（表2）。

表2 2016年世界钴精矿产量分布情况

国家/地区	产量/吨	比例/%	国家/地区	产量/吨	比例/%
刚果（金）	66000	53.67	新喀里多尼亚	3300	2.68
澳大利亚	5100	4.15	马达加斯加	3300	2.68
古 巴	4200	3.41	中 国	7700	6.26
菲律宾	3500	2.85	美 国	690	0.56
赞比亚	4600	3.74	南 非	3000	2.44
加拿大	7300	5.93	其 他	8110	6.59
俄罗斯	6200	5.04	**世界总计**	**123000**	**100**

资料来源：USGS，2017。

世界钴精矿产量总体呈快速上升趋势，1996年产量仅为27000吨，而到2016年钴精矿产量达到123000吨，增长了三倍多（图3）。

图3　1996—2016年全球钴精矿产量情况

（二）我国生产状况

2002—2016年，我国钴矿产量呈现良好的快速增长势态，到2016年，全国钴精矿（金属量）产量7700吨，是2002年的7.7倍。我国已成为世界第二大钴矿生产国（图4）。

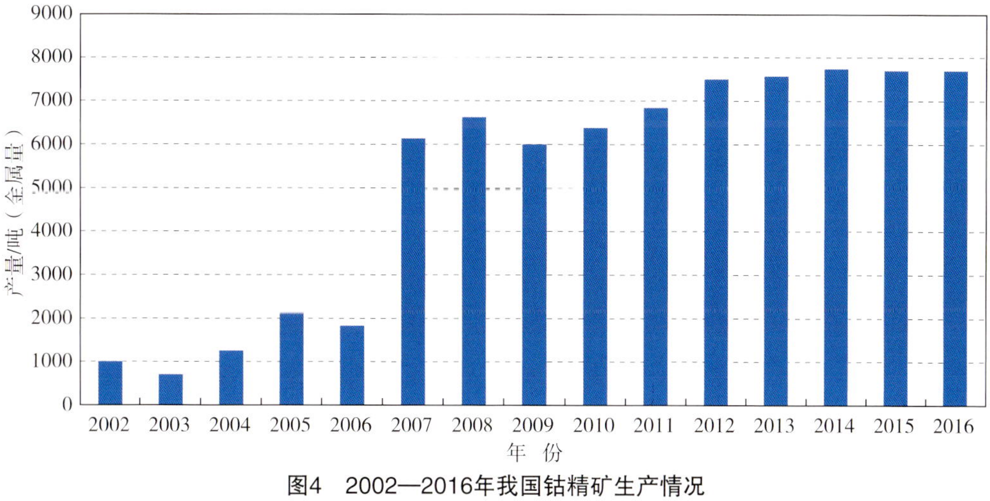

图4　2002—2016年我国钴精矿生产情况

三、国内外消费状况

（一）世界消费状况

世界钴的消费结构相对稳定。电池和合金一直是钴的最大消费领域。在2006—2016年期间，全球钴的消费从5.4万吨增长到9.5吨，增长了75.9%。从消费结构可以看出，2010年之后钴在电池领域消费增长比例较大，这是由于受到近年来新能源汽车产业高速发展的影响。未来随着全球新能源汽车产业的快速发展，新能源电池消费将是驱动钴消费增长的最大驱动力（图5～图7）。

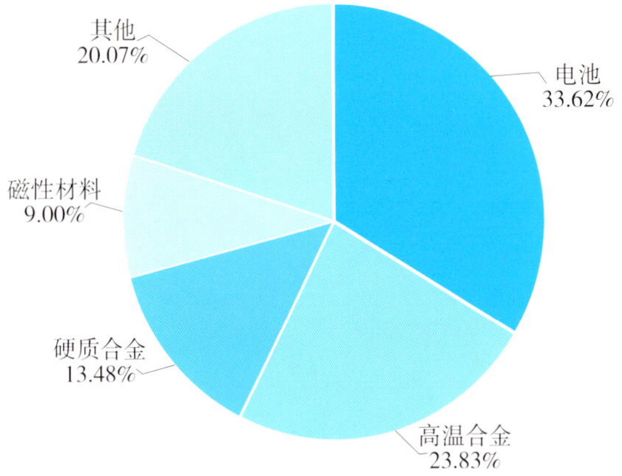

图5　2006年全球钴消费结构情况

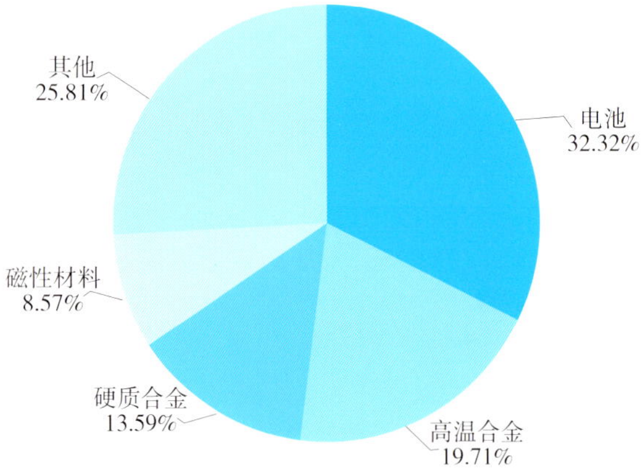

图6　2010年全球钴消费结构情况

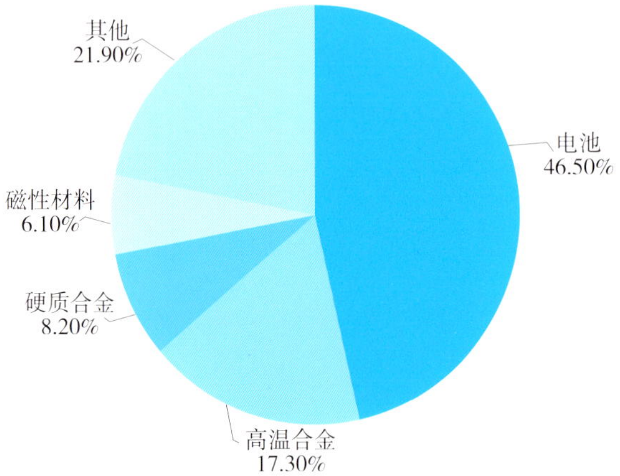

图7　2016年全球钴消费结构情况

（二）我国消费状况

我国钴消费量从2000年的2000吨增加到2016年的45800吨，增长了近22倍。2016年同比增长3.78%。主要是因为新能源汽车及电子产品行业的发展，加大了对电池的需求（图8）。

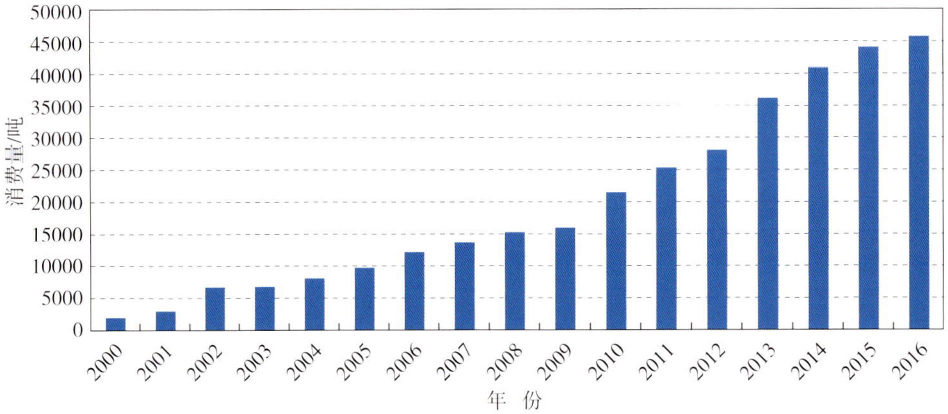

图8　2000—2016年我国钴消费变化情况

四、国内外贸易状况

（一）世界贸易状况

在国际钴市场贸易中，中国、美国、欧盟等是主要的钴矿产品进口国家和地区；刚果（金）、澳大利亚、俄罗斯、加拿大是最主要的钴矿产品出口国。国际市场贸易方面，整体呈现缓慢攀升运行态势，钴价保持基本稳定。

（二）我国贸易状况

我国钴资源匮乏，远远不能满足国内钴工业的加工生产需求，每年需要从国外大量进口钴矿资源。我国进口钴产品种类较多，其中钴矿砂及其精矿进口量最大。2016年钴矿砂及其精矿进口数量达17278吨（金属量）；四氧化三钴进口量为212吨；碳酸钴进口量为13吨（表3）。

表3　2005—2016年我国钴产品进口情况

年　份	钴矿砂及其精矿/吨（金属量）	四氧化三钴/吨	碳酸钴/吨
2005	23099	428	1097
2006	18994	221	825
2007	13703	111	456
2008	29520	114	33
2009	32819	934	18
2010	40543	489	2
2011	40386	243	13
2012	20484	278	3
2013	20887	208	1
2014	22282	228	27
2015	26390	615	111
2016	17278	212	13

我国出口的钴产品主要有碳酸钴、四氧化三钴、草酸钴等。2007年以后，四氧化三钴出口量大幅增加。2007年四氧化二钴出口量为854吨，2016出口量增加到9025吨，增长了10倍之多。草酸钴与碳酸钴的出口量近年来波动区间绝对值较小（表4）。

表4　2005—2016年我国钴产品出口情况　　单位：吨

年　份	草酸钴	四氧化三钴	碳酸钴
2005	2554	177	1727
2006	2599	245	605
2007	2158	854	694
2008	2597	2221	425
2009	684	1464	446
2010	764	3162	1038
2011	670	3272	1832
2012	1639	5646	1292
2013	1538	8787	1408
2014	2261	8954	1428
2015	2184	7162	1518
2016	1498	9025	1418

五、价格走势

2010年钴平均最高价36.99万元/吨，之后直到2016年底此价格再未达到。2010—2013钴价整体呈震荡下滑的走势，并在2012年创新低，于11月跌至三年来最低。之后的三年钴价持续低位震荡运行，价格在20～22万元/吨上下浮动（图9）。

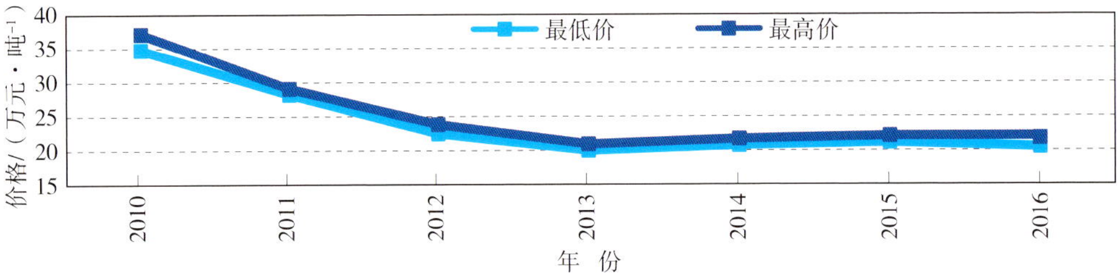

图9　2010—2016年长江现货钴平均价走势

2010—2016年，国际钴价格总体呈逐步下降的趋势，从2010年初最高价的21.33美元/磅下跌至2016年的11.60美元/磅，下跌幅度达到45.6%。国际市场的总体特征是逐步下行，市场压力较大（图10）。

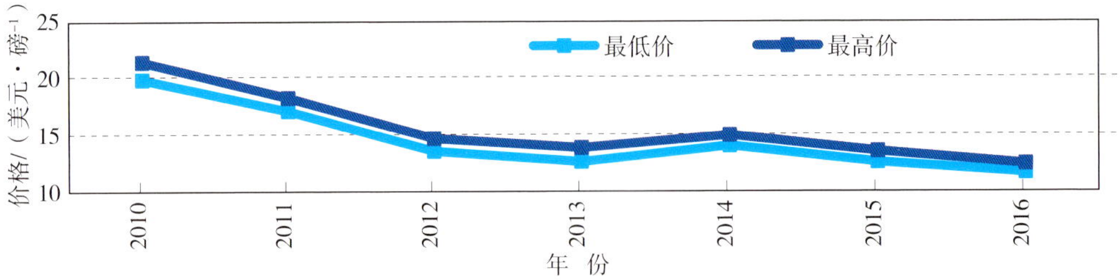

图10　2010—2016年英国金属导报（钴99.8%）价格走势

六、结论

（一）世界供需形势

钴矿供应的稳定主要受制于刚果（金）钴矿供应是否稳定，但长期以来刚果（金）地区动荡不安，对世界钴矿资源供应存在极大隐患。2006—2016年，全球钴的消费从5.4万吨增长到9.5吨，增长了75.9%。在钴的各个消费领域都呈现了逐步上升的趋势，但在电池领域增长幅度最大。未来随着全球对新能源汽车产业发展重视程度的不断提高及电子产品的不断发展，电池产业无疑还将是支持全球钴消费的主要驱动力。同时，钴产品在军事、航空、石油化工等领域有着广泛应用，都会推动全球钴资源消费的稳步增长。

（二）我国供需趋势

我国是钴资源匮乏的国家，每年必须进口大量钴矿资源来满足日益增长的钴消费需求。我国钴的消费主要集中在电池领域，2016年，我国钴消费量45800吨左右，其中锂电池领域消费近

80%，呈现增长态势。因此，未来钴消费与锂电池行业发展强度密切相关。历史上钴在电池领域中的消费主要受小型锂电池的驱动，考虑到电子信息产业大幅扩张的时代已经远去，预计未来小型锂电池的增速将有所放缓。未来十年将是新能源汽车快速发展的时期，因此，动力锂电池将成为拉动锂电池发展的主要动力。2012年，我国新能源汽车产量12552辆，其中插电式混合动力汽车1311辆，纯电动汽车11241辆。《节能与新能源汽车产业发展规划（2012—2020年）》提出：到2015年，纯电动汽车和插电式混合动力汽车累计产销量力争达到50万辆；到2020年，纯电动汽车和插电式混合动力汽车生产能力达200万辆、累计产销量超过500万辆。显然，新能源汽车的发展已是大势所趋，其必将成为钴在电池领域消费的强劲推动力，随着三元材料在正极材料市场中地位的提升，未来钴在电池领域的需求年均增速将与锂资源需求同步增长，但增速将慢于锂资源需求增速，约为10%～15%。

（执笔：唐　宇）

锂资源供需形势分析

锂（Lithium）是最轻的金属，密度0.534克/厘米^3，熔点180.54摄氏度，沸点1317摄氏度。化学性质十分活泼，可与大量无机试剂和有机试剂发生反应，与水的反应非常剧烈。在500摄氏度左右容易与氢发生反应，是唯一能生成稳定得足以熔融而不分解的氢化物的碱金属。电离能5.392电子伏特，与氧、氮、硫等均能化合，是唯一的与氮在室温下反应生成氮化锂（Li_3N）的碱金属。锂是“稀有金属”，被广泛应用于玻璃和陶瓷、电池、润滑脂、空气处理和铝冶炼等行业。

一、国内外资源状况

（一）世界资源状况

2016年，世界锂矿总储量1400万吨。主要集中在智利、中国、阿根廷和澳大利亚，其中，智利锂矿资源储量750万吨，中国储量320万吨，阿根廷储量200万吨，澳大利亚储量160万吨，分别占世界锂矿总储量的53.6%、22.9%、14.3%、11.4%。其次为葡萄牙、美国、巴西和津巴布韦，合计占世界锂矿总储量2%（表1；图1）。

表1　2016年世界主要国家锂矿储量

国　家	储量/万吨（折氧化锂）	占世界比例/%
智　利	750	53.6
中　国	320	22.9
阿根廷	200	14.3
澳大利亚	160	11.4
葡萄牙	6	0.4
美　国	3.8	0.3
巴　西	4.8	0.3
津巴布韦	2.3	0.2
世界总计	1400	100.0

资料来源：*Mineral Commodity Summaries*，2017。

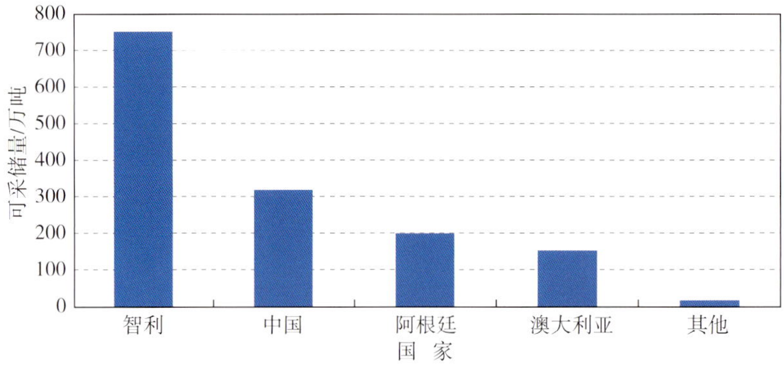

图1　2016年世界锂矿探明可采储量分布情况

（二）我国资源状况

截至2016年底，我国查明锂矿资源储量961.46万吨（折锂氧化物），同比减少1.0%。其中，查明锂矿（锂氧化物）主要分布在四川、江西和湖南，三省查明锂矿（锂氧化物）储量合计占全国总储量的86.1%（图2）；查明锂矿（氯化锂）主要在青海和湖北，两省查明锂矿（氯化锂）储量合计占全国总储量99.8%（图2，图3 ）。

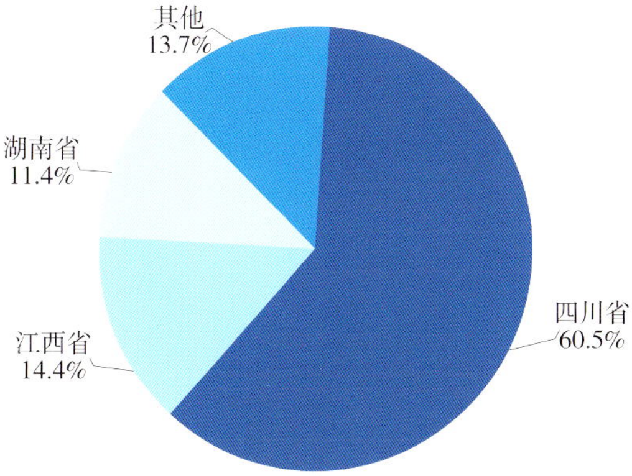

图2 2016年我国锂氧化物储量分布情况

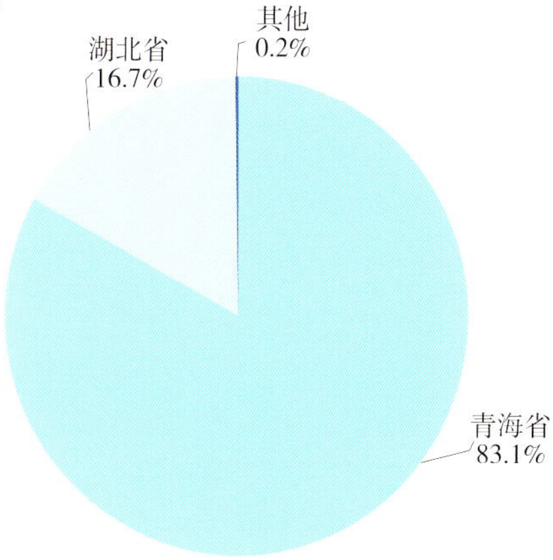

图3 2016年我国氯化锂储量分布情况

二、国内外生产状况

（一）世界生产状况

2016年，世界锂矿总产量35000吨，较2015年增长7.7%。分国别看，澳大利亚是最大锂矿生产国，产量14300吨，占世界锂矿总产量的40.9%，比2015年增长1.4%。其次是智利、阿根廷、中国和津巴布韦，产量分别为12000吨、5700吨、2000吨和900吨，占世界锂矿总产量的34.3%、16.3%、5.7%和2.6%（表2）。其中，阿根廷产量增幅较大，同比增长58.3%，因为有新的矿山开始投产。

表2 2016年世界主要国家锂矿产量

国 家	产量/吨（折氧化锂）					2016年比2015年同比增幅%	占世界比例/%
	2012年	2013年	2014年	2015年	2016年（预估）		
澳大利亚	12800	12700	13300	14100	14300	1.4	40.9
智 利	13200	11200	11500	10500	12000	14.3	34.3
阿根廷	2700	2500	3200	3600	5700	58.3	16.3
中 国	4500	4700	2300	2000	2000	0.0	5.7
津巴布韦	1060	1000	900	900	900	0.0	2.6
葡萄牙	560	570	300	200	200	0.0	0.6
巴 西	150	400	160	200	200	0.0	0.6
世界总计	**35000**	**34000**	**31700**	**32500**	**35000**	**7.7**	**100.0**

资料来源：*Mineral Commodity Summaries*, 2013—2017。

自然界中，锂主要以固体矿物资源（例如花岗伟晶岩型）和液体矿床资源（例如盐湖卤水锂矿床）形式存在。20世纪90年代开始，液态锂资源（例如盐湖卤水锂矿）是全球锂氧化物主要生产来源，因为其开采成本相比矿山固体矿更低。近年来，我国锂矿需求大幅增长，固体锂开采开始回升，2016年锂开采中固体矿物资源和液态矿床资源各占一半。

从单个矿山产量看，智利盐湖卤水锂和澳大利亚锂辉石矿山是世界主要锂矿生产来源。从分类产量看，阿根廷主要生产锂氧化物和锂氯化物。从生产区域看，盐湖卤水锂矿开采主要在阿根廷、玻利维亚、智利和美国，锂辉石矿山开采主要在澳大利亚、加拿大、中国和芬兰。2016年，智利的Salar de Atacama（萨拉尔阿塔卡马）已经宣布获得政府批准扩大产能。智利和阿根廷的主要锂生产商均宣布计划进一步扩大产能，以满足电动汽车的日益增长的需求。

（二）我国生产状况

我国主要生产锂氧化物、氯化锂、锂辉石。进入21世纪，汽车行业和电池行业对锂矿需求增加，锂矿产量增长，2013年达4700吨高位。2014年开始产量有所下降，2016年锂矿产量2000吨，与2015年持平，相对过去十年，产量走势有明显放缓迹象（图4）。

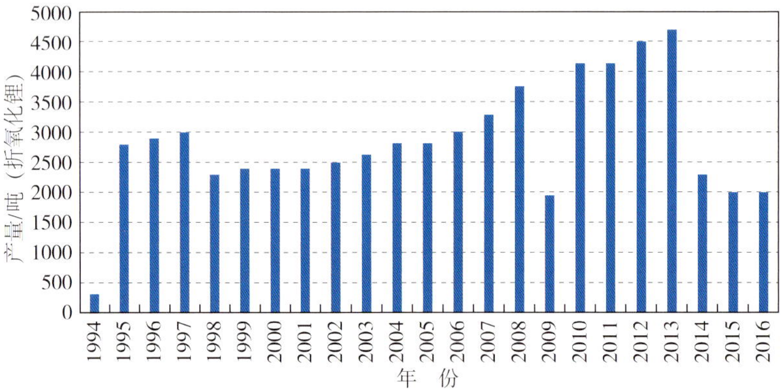

图4 1994—2016年我国锂矿（折氧化锂）产量变化情况

数据来源：*Mineral Commodity Summaries*,1995—2017

上述数据来自USGS，此处对国内三家上市公司数据进行分析，折合当量不尽一致。我国主要锂资源上市公司有天齐锂业、赣锋锂业和西藏矿业，2015年，天齐锂业产量49.3万吨，同比增长12.6%；赣锋锂业2.92万吨（折碳酸锂当量），同比增长48.2%；西藏矿业5079.1吨（锂精矿），同比增加49.4%。

三、国内外消费状况

（一）世界消费状况

半个多世纪来，锂在传统领域，例如玻璃和陶瓷工业、有色冶金行业及空气处理、医药、有机合成等方面获得广泛应用，被誉为“工业味精”。近年来，随着信息技术和新能源汽车的快速发展，以锂为主要原料的锂离子电池成为发展最为迅猛的领域之一。同时，锂是21世纪能源和轻质合金理想材料，被誉为“能源金属”。

据USGS（2017）统计，2016年全球锂资源消费总量37800吨，比2015年增长13.5%。其中，增长动力主要来自新能源汽车产销的放量，该领域需求呈现高增长趋势（图5）。

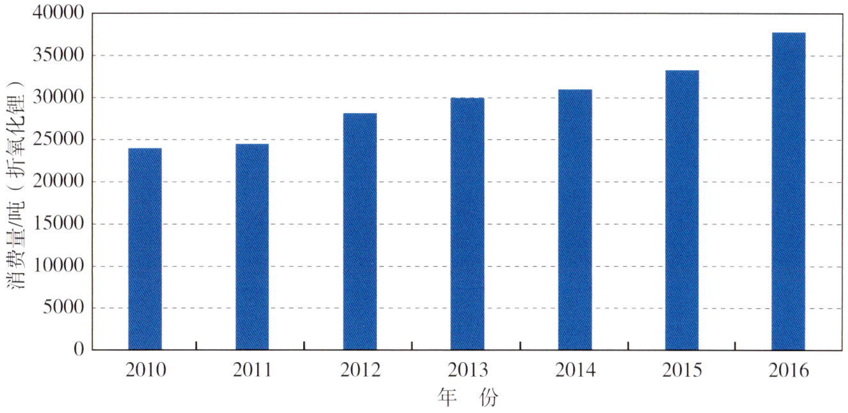

图5 2010—2016年世界锂资源消费变化情况

资料来源：*Mineral Commodity Summaries*, 2011—2017

从锂消费国家和地区分布看，Roskill公司[①]（2013）认为，中国是锂资源消费主力，占全球消费总量的35%。其次是欧盟，占消费总量的24%。日本、韩国和北美分别占消费总量的12%、10%和9%。

（二）我国消费状况

陶瓷和玻璃行业、电池行业是两个最大的锂资源消费部门。特别需要注意全球新能源汽车对锂资源的消费，经预测，2017年全球新能源汽车锂资源消费（折合碳酸锂LCE）预计约为4.5万吨，同比增长约44%，无论是国内还是海外，均呈现高速增长趋势，国内需求约2.5万吨，同比增长约46%；海外需求约2万吨，同比增长约41%。

锂在陶瓷和玻璃行业被用作添加剂，可增强玻璃抗腐蚀能力，提高玻璃熔点，增强陶瓷胚体硬度和涂料黏度，提升釉料色泽。在厨房用具，例如电磁炉面板、微波炉内托盘中加入锂，可提高热膨胀系数。2016年全国平板玻璃产量77403万重量箱，较2015年增长4.8%（图6）。总体来看，陶瓷和玻璃行业锂资源消费增长率开始下降，未来增速将会持续放缓。

图6 2006—2016年我国平板玻璃产量变化情况

资料来源：中华人民共和国国家统计局

①Roskill Information Services 2013. Lithium: Market outlook to 2017.12th ed. London: Roskill Information Services Ltd.

我国电池行业稳步增长。2016年生产锂电池79.4亿只，较2015年增长40.1%（图7）。锂电池应用领域包括便携设备电池和汽车动力锂电池两大类，前者主要用于手机、笔记本电脑等便携设备；后者主要用于电动汽车，包括混合动力电动汽车、插电式电动汽车和纯电动汽车。从当前技术看，铅酸电池在汽车领域优势显著，锂电池暂不具备替代优势，但在储能领域和电动自行车领域则具有明显优势。

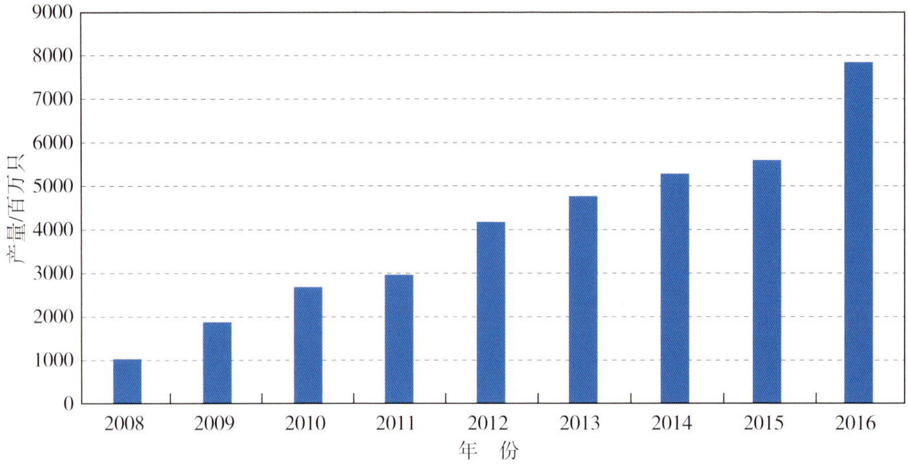

图7　2008—2016年我国锂离子电池产量变化情况

资料来源：中华人民共和国国家统计局

四、国内贸易状况

为了方便分析，此处对锂消费数据按分子式折合成锂金属量。2016年，锂的氧化物、氯化锂和锂的碳酸盐进口均有所减少。其中，进口锂的氧化物68.3吨、金额62.6万美元，分别同比减少5.9%和5.8%。进口氯化锂4213.2吨、金额3053.6万美元，分别同比增加7.2%和68.1%。进口氢氧化锂118.1吨、金额146.2万美元，分别同比增加-34.97%和43.5%。进口锂的碳酸盐21793.5吨、金额18817.5万美元，分别同比增加97.2%和228.2%（表3）。

表3　2010—2016年我国锂资源进口情况

年 份	锂的氧化物		氯化锂		氢氧化锂		锂的碳酸盐	
	数量/吨	金额/万美元	数量/吨	金额/万美元	数量/吨	金额/万美元	数量/吨	金额/万美元
2010	11.6	17.4	4240.8	1558.9	37.3	34.3	6397.9	2836.8
2011	56.9	98.8	2560.8	917.5	18.7	17.7	8250.1	3357
2012	231	224.4	2752.7	1182.9	293.4	147.5	13621.7	6269.8
2013	18.8	20	2556.6	1280.8	220.4	135.4	13730.8	6873
2014	106.2	96.4	6090.4	2859.1	42.3	41.8	13600.5	6563.8
2015	72.6	66.5	3931.3	1815.1	181.6	101.9	11051.8	5733.7
2016	68.3	62.6	4213.2	3053.6	118.1	146.2	21793.5	18817.5

统计来源：中国海关总署。

五、价格趋势

2016年，我国锂资源价格有所上扬。2016年12月，碳酸锂(≥99.5%,电池级)的出厂价为135000元/吨，同比增长33.5%（图8）。

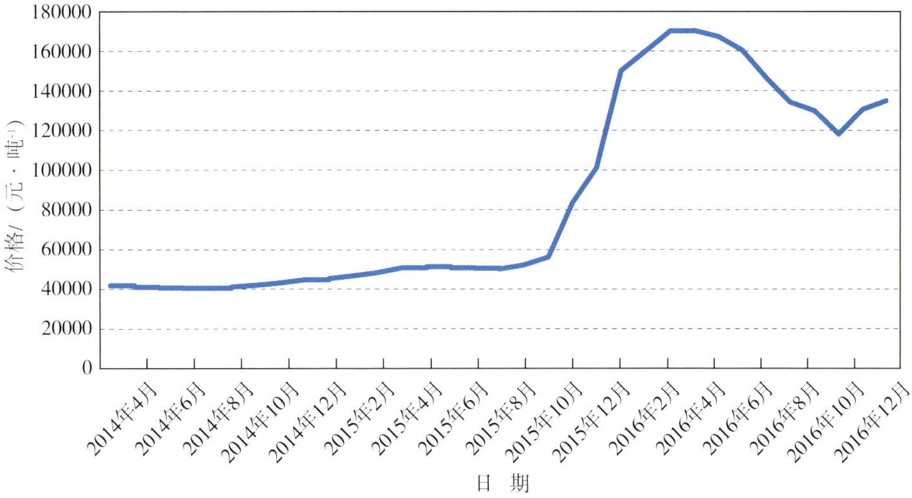

图8 2006—2016年国内锂资源月度价格变化情况

数据来源：Wind资讯

六、结论

（一）世界供需形势

（1）总体上看，目前全球锂矿资源市场供需平衡。2016年，世界锂矿资源总储量1400万吨，与2015年持平。锂矿总产量35000吨，较2015年增长7.7%。锂资源消费总量37800吨，比2015年增长13.5%。

（2）今后一段时期，全球锂资源需求量还会持续增加。应对气候变化，推进节能减排，将大幅降低对化石燃料的依赖程度，提高可再生能源消费比例。锂离子电池比其他电池更具高能效高功率优势，应用前景广阔，必将进一步刺激锂矿资源消费。

（二）国内供需趋势

（1）我国作为全球最大的锂矿资源消费国的地位难以改变。

（2）我国查明锂矿资源储量持续增长，为锂矿资源开发和利用奠定了较好的基础。截至2016年底，我国查明锂矿资源储量961.46万吨（折锂氧化物）。

（3）从2014年开始，我国锂矿产量有所下降，2016年锂矿产量2000吨，与2015年持平。今后一段时期，锂矿产量将呈平稳增长或增速放缓态势。陶瓷和玻璃行业、电池行业是两个最大的锂资源消费部门。特别需要注意到全球新能源汽车对锂资源的消费增速较快。

（执笔：余　韵）

黄金资源供需形势分析

在所有金属当中，黄金因具有金融储备、货币性质功能而发挥着非常重要的作用。中国黄金于2007年超过南非成为全球第一大黄金生产国，于2013年超过印度成为全球第一大黄金消费国。2016年，中国黄金储量居世界第十位，产量和消费量居世界第一位。中国黄金的供需变化对全球黄金市场将产生重要影响。

一、国内外资源状况

（一）世界资源状况

近年来，世界黄金储量有逐渐增加的趋势。据美国地质调查局统计，2016年世界金矿储量57000吨，比2015年增长了1.8%，比2002年增长了34.1%（图1）。以2016年产量计算，世界黄金资源静态保障能力约为18年，低于世界优势矿产判定的25年的标准。

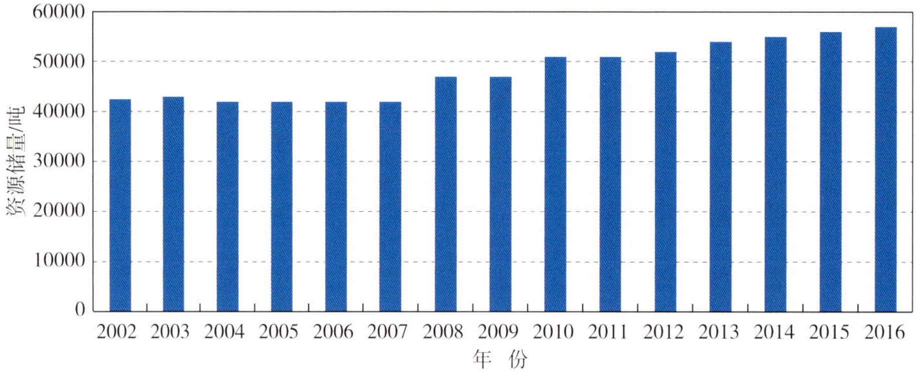

图1　2002—2016年全球金矿资源储量变化趋势情况

资料来源：*Mineral Commodity Summaries*，2003—2017

世界黄金资源分布非常广泛，遍布六大洲，但是不均匀。2016年，澳大利亚黄金储量9500吨，依然位居世界第一，占世界总储量的16.7%；位居世界第二、第三、第四的国家分别为俄罗斯、南非、美国，占世界总储量的比例分别为14.0%、10.5%、5.3%。此外，美国、印度尼西亚、巴西、秘鲁等国家金储量也非常丰富（表1）。

表1　2016年世界金矿储量分布情况　　单位：吨

国　家	储　量	国　家	储　量
澳大利亚	9500	中　国	2000
俄罗斯	8000	乌兹别克斯坦	1700
南　非	6000	巴布亚新几内亚	1500

续表

国　家	储　量	国　家	储　量
美　国	3000	墨西哥	1400
印度尼西亚	3000	加　纳	990
秘　鲁	2400	其　他	12710
巴　西	2400	**世界总计**	57000
加拿大	2400		

资料来源：*Mineral Commodity Summaries*，2017。

（二）我国资源状况

我国已探明金矿资源储量以岩金为主，小型矿床多，开采技术条件复杂。2000—2016年，我国金矿查明资源储量呈现逐年增长趋势。截至2016年底，金矿查明资源储量12167.0吨，比2015年净增603.5吨，增长5.2%（图2）。

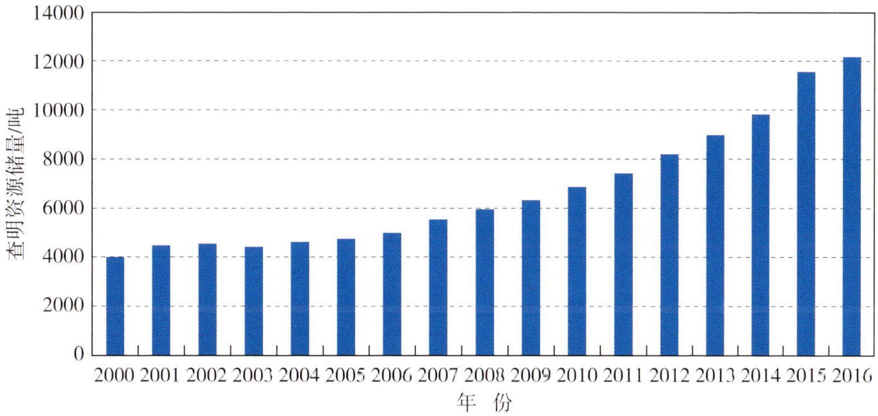

图2　2000—2016年我国金矿查明资源储量变化情况

资料来源：《全国矿产资源储量通报》，2000—2016

我国黄金资源分布相对集中，主要分布在山东、吉林、江西三省。2016年，这三省金矿储量约占全国总量的49.5%（表2）。

表2　2016年我国黄金储量情况　　单位：吨

省　份	储　量	省　份	储　量
山　东	226.0	黑龙江	51.5
吉　林	88.6	云　南	42.5
江　西	71.4	四　川	37.6
湖　南	68.9	甘　肃	27.5
贵　州	60.8	**全　国**	**780.2**

资料来源：《全国矿产资源储量通报》，2016。

二、国内外生产状况

（一）世界生产状况

2005—2016年，世界黄金产量保持震荡走高态势。2016年，世界黄金产量3226.9吨，比2015年增加了3.4%（图3）。

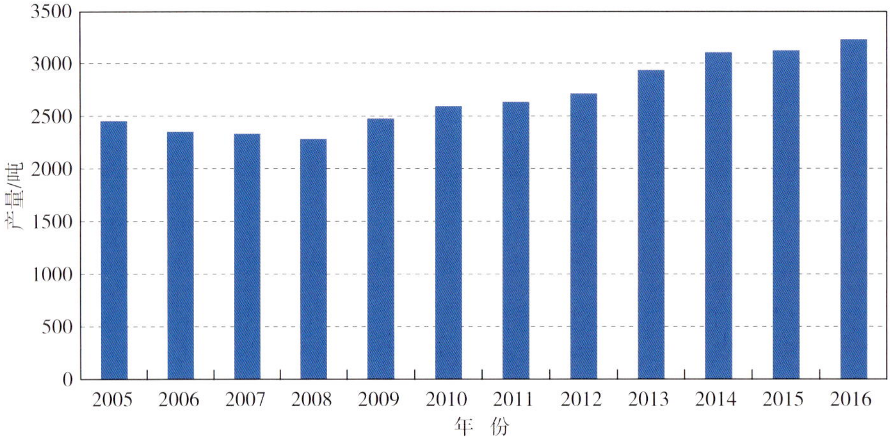

图3 2005—2016年世界黄金生产变化趋势情况

资料来源：*World Metal Statistics Yearbook*，2006—2017

2016年，产量居前的国家有中国（464.2吨，占世界总产量的14.4%）、俄罗斯（288.0吨，占世界总产量的8.9%）、澳大利亚（287.3吨，占世界总产量的8.9%）、美国（236.0吨，占世界总产量的7.3%）、加拿大（163.1吨，占世界总产量的5.1%）。与2015年相比，加纳、阿根廷产量增幅最大，增幅分别为40.1%、30.5%；印度尼西亚减幅最大，减少20.6%（表3）。

表3 2009—2016年世界黄金生产情况

国 家	产量/吨								2016年比2015年同比增幅/%
	2009年	2010年	2011年	2012年	2013年	2014年	2015年	2016年	
中 国	314.0	340.9	361.0	403.1	428.2	451.8	450.1	464.2	3.1
俄罗斯	205.2	201.3	185.3	182.6	230.0	249.1	249.0	288.0	15.7
澳大利亚	223.0	260.0	258.0	252.2	267.4	274.0	278.0	287.3	3.3
美 国	223.0	231.0	234.0	234.9	230.0	210.1	212.3	236.0	11.2
加拿大	97.4	91.3	100.4	105.3	124.7	152.1	159.0	163.1	2.6
秘 鲁	184.0	164.1	164.0	161.8	151.3	141.3	145.0	153.5	5.9
南 非	205.2	191.4	186.7	154.2	169.0	151.6	144.5	142.1	-1.7
加 纳	91.1	92.9	87.6	98.6	94.8	135.7	90.8	127.2	40.1
墨西哥	62.4	79.4	88.7	102.8	119.8	117.8	124.6	116.7	-6.3
乌兹别克斯坦	73.2	90.0	91.0	93.0	98.0	102.0	102.0	102.0	0.0
苏 丹	1.9	2.1	2.2	46.1	70.0	73.3	82.4	82.4	0.0
巴 西	60.3	62.0	65.2	66.8	79.6	81.0	81.0	81.0	0.0

续表

国家	产量/吨								2016年比2015年同比增幅/%
	2009年	2010年	2011年	2012年	2013年	2014年	2015年	2016年	
阿根廷	48.8	63.5	59.1	54.7	52.5	71.8	61.6	80.4	30.5
印度尼西亚	127.0	106.3	77.7	69.3	59.8	69.0	96.7	76.8	-20.6
其　他	611.4	683.7	735.5	687.3	759.7	822.8	844.2	826.2	-2.1
总　计	**2527.9**	**2659.9**	**2696.4**	**2712.7**	**2934.8**	**3103.4**	**3121.2**	**3226.9**	**3.4**

资料来源：*World Metal Statistics Yearbook*，2010—2017。

世界黄金供给主要包括以下方面：世界各产金国的新产金；回收的再生金；一些国家官方机构（例如央行黄金储备、国际货币基金组织）及私人抛售的黄金。据世界黄金协会统计，2016年世界黄金供应量4570.8吨，比2015年增长4.8%，主要表现为全年生产商净对冲增长了一倍（表4）。

表4　2008—2016年世界黄金供给结构　　单位：吨（金）

项　目	2008年	2009年	2010年	2011年	2012年	2013年	2014年	2015年	2016年
矿产金	2409.0	2570.0	2708.6	2835.6	2864.1	3050.7	3140.5	3233.0	3236.0
生产商净对冲	-352.0	-254.0	-108.4	11.3	-39.7	-39.3	103.6	13.5	26.3
回收黄金	1316.0	1668.0	1640.7	1668.5	1590.8	1262.0	1169.7	1116.5	1308.5
供应合计	**3373.0**	**3984.0**	**4240.9**	**4515.4**	**4415.2**	**4273.4**	**4413.8**	**4363.0**	**4570.8**

资料来源：世界黄金协会。

（二）我国生产状况

我国改革开放三十多年来，黄金工业发展速度非常快，平均年递增率在10.0%左右。1978年中国黄金产量仅19.7吨，2007年黄金产量达到270.5吨，并首次超过南非，成为全球第一产金大国，此后每年蝉联全球第一。据中国黄金协会最新统计数据显示，2016年我国黄金产量453.5吨，比2015年增长0.8%，连续九年世界第一（图4）。

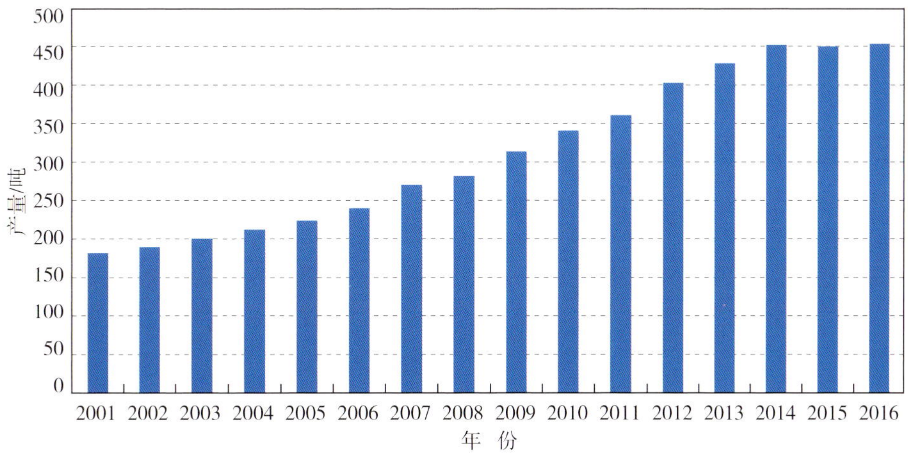

图4　2001—2016年我国黄金生产情况

资料来源：中国黄金协会

2016年，据中国黄金协会统计数据显示，我国十大重点产金省（自治区）为山东、河南、江西、内蒙古、云南、湖南、甘肃、福建、湖北、新疆，这十个省（自治区）黄金产量占全国黄金总产量的82.9%。

三、国内外消费状况

（一）世界消费状况

2016年，世界黄金需求总量4308.7吨，比2015年增长2.2%。其中，金饰需求量2041.5吨，占47.4%；投资金条和金币类需求量1029.2吨，占23.9%；中央银行383.6吨，占8.9%（表5）。

表5　2008—2016年世界黄金需求结构情况　　单位：吨（金）

需　求	2008年	2009年	2010年	2011年	2012年	2013年	2014年	2015年	2016年
金　饰	2306.0	1816.0	2030.0	2030.0	2004.0	2385.0	2480.7	2388.6	2041.5
金条和金币投资总量	918.0	832.0	1222.0	1569.0	1343.0	1765.0	1000.5	1047.0	1029.2
ETF及类似	321.0	623.0	382.0	185.0	279.0	−880.0	−185.1	−128.3	531.9
科　技	465.0	414.0	470.0	458.0	416.0	408.0	346.4	332.0	322.5
中央银行	−235.0	−34.0	77.0	457.0	544.0	409.0	583.9	576.5	383.6
总　量	**3775.0**	**3651.0**	**4181.0**	**4699.0**	**4586.0**	**4087.0**	**4226.4**	**4215.8**	**4308.7**

资料来源：世界黄金协会。

金饰：因为罢工、监管和黄金价格高涨，印度全年金饰需求下滑至七年来新低。2016年印度的金饰需求为514.0吨，比2015年下滑了148.3吨；中国金饰需求自2013年的顶峰进一步下滑，供应紧张的状况制约了市场，2016年中国金饰需求为629.0吨，比2015年减少了124.4吨；美国金饰消费温和上涨趋势于2016年中止，下半年的疲软态势致使需求下滑1%至118.3吨；英国自2012年以来的上涨趋势中止，英国脱欧带来的不确定性和悲观主义影响了消费者，全年需求下滑3%至25.2吨。

投资：2016年，全球投资需求1561.1吨，上涨70%，达到2012年以来的最高水平。其中，金条和金币投资1029.2吨，同比下降 2 %；ETF增持量达到自2009年以来的最高值；为531.9吨。全球金币金条需求总体稳定。

科技：2016年科技行业的黄金需求为322.5吨，同比下降了3%。其中，电子用金需求量254.5吨，同比减少了3%；其他工业领域金需求量50.0吨，同比下降2%；牙科用金18.0吨，同比下降5%。

各国央行和其他机构：2016年，央行净买入量为383.6吨，是央行连续净买入的第七年，与2015年相比减少了33%。2016年的主要购买国家是俄罗斯、中国和哈萨克斯坦。它们的买入量占据了全年总量的80%。

（二）我国消费状况

2016年，全国黄金消费量975.4吨，连续四年成为世界第一黄金消费国，与2015年同比下降6.7%。其中，黄金首饰用金611.2吨，同比下降18.9%；金条用金257.6吨，同比增长28.2%；金币用金31.2吨，同比增长36.8%；工业及其他用金75.4吨，同比增长10.1%。虽然黄金首饰消费因整体消费市场疲弱而出现大幅下滑，但实金投资表现抢眼，金条和金币消费大幅增加，合计增长近30%。

四、国内贸易状况

我国黄金进出口产品主要是黄金首饰及其零件。进口方面，2016年，进口镶嵌钻石的黄金制首饰及其零件1.0吨，进口金额15200万美元；进口其他黄金制首饰及其零件7.4吨，进口金额28710万美元。出口方面，2016年，出口镶嵌钻石的黄金制首饰及其零件30.2吨，出口金额419730万美元；出口其他黄金制首饰及其零件137.0吨，出口金额773360万美元（表6）。

表6　2013—2016年我国黄金制首饰及其零件进出口情况

方向	产品	2013年		2014年		2015年		2016年	
		数量/吨	金额/百万美元	数量/吨	金额/百万美元	数量/吨	金额/百万美元	数量/吨	金额/百万美元
进口	镶嵌钻石的黄金制首饰及其零件	0.5	88.1	0.8	144.2	0.9	259.5	1.0	152.0
	其他黄金制首饰及其零件	5.1	219.3	10.9	458.3	6.8	267.8	7.4	287.1
出口	镶嵌钻石的黄金制首饰及其零件	40.5	3750.1	40.6	5224.8	35.7	4853.9	30.2	4197.3
	其他黄金制首饰及其零件	447.0	23683.0	579.4	41864.4	236.3	12406.9	137.0	7733.6

资料来源：《中国海关统计年鉴》。

2016年，中国大陆镶嵌钻石的黄金制首饰及其零件的主要出口地为中国香港、美国、澳大利亚、新加坡和英国，主要进口地为意大利、瑞士、法国、中国香港和美国；其他黄金制首饰及其零件主要出口地为中国香港、美国、阿拉伯联合酋长国、新加坡和中国澳门地区，主要进口地为瑞士、意大利、中国香港、南非和美国（表7）。

表7　2016年我国黄金首饰及其零件主要入境来源及出境去向情况

产品	出口主要国家和地区	出口量/千克	出口金额/万美元	进口主要国家和地区	进口量/千克	进口金额/万美元
镶嵌钻石的黄金制首饰及其零件	中国香港	1262.7	26775.6	意大利	43.3	655.5
	美　国	1157.0	16028.1	瑞　士	28.0	358.9
	澳大利亚	98.5	1270.7	法　国	11.2	192.1
	新加坡	20.0	352.0	中国香港	8.6	131.7
	英　国	22.4	295.6	美　国	9.8	113.3

续表

产 品	出口主要国家和地区	出口量/千克	出口金额/万美元	进口主要国家和地区	进口量/千克	进口金额/万美元
其他黄金制首饰及其零件	中国香港	23857.8	119248.9	瑞　士	128.9	622.2
	美　国	1211.7	4166.1	意大利	103.0	572.1
	阿拉伯联合酋长国	585.5	2878.8	中国香港	153.0	564.5
	新加坡	67.9	336.2	南　非	122.7	439.3
	中国澳门	85.8	313.7	美　国	57.8	219.2

资料来源：《中国海关统计年鉴》。

五、价格走势

国际黄金价格从2001年开始不断上升，至2012年下半年开始回落。2016年，黄金价格结束了2012年以来的震荡走低趋势，出现触底反弹。2016年伦敦现货黄金平均价1250.0美元/盎司，相比2015年上涨了7.8%（图5）。

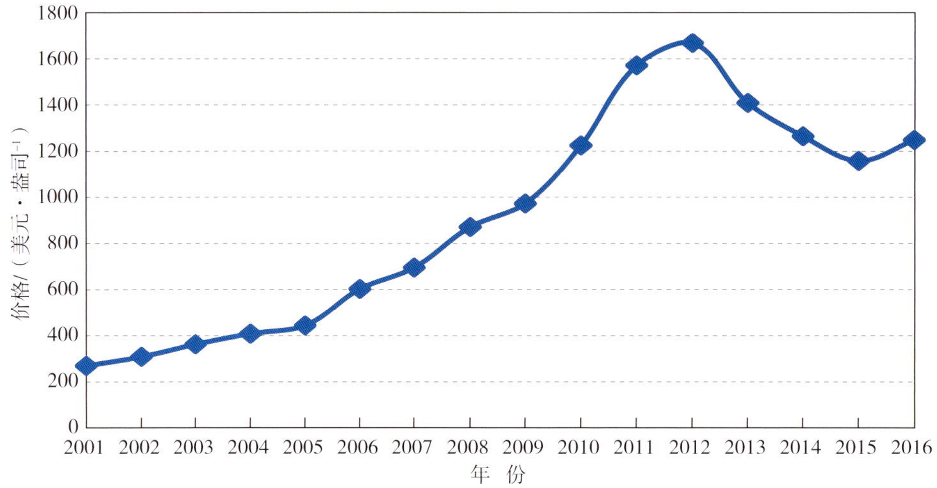

图5　2001—2016年国际黄金价格走势情况

数据来源：Wind资讯

2016年上半年，黄金价格持续走高，下半年出现回落态势。年中黄金价格最高达到1366.3美元/盎司。年末与年初相比，1月5日伦敦现货黄金价报1077.0美元/盎司，12月30日伦敦现货黄金价1159.1美元/盎司，黄金价格上涨了82.1美元/盎司，上涨幅度7.6%（图6）。

图6 2016年伦敦黄金现货价格月度走势

数据来源：Wind资讯

六、结论

（一）世界供需形势

需求。2016年，世界黄金需求总量4308.7吨，比2015年增长了2.2%。黄金需求主要由首饰需求、工业需求和投资需求构成。中国大陆和印度依旧是黄金消费大国和地区，两国的消费用金占全球黄金需求的38.3%。

供应。2016年，世界黄金产量3226.9吨，比2015年增加了3.4%。随着开采难度的不断加大，矿石品位的下降，矿产金的供给将趋于稳定。由于2016年黄金价格的走高，再生金供应量相比2015年有所增长。

价格。2016年，国际黄金价格持续走高，均价1250.0美元/盎司。全年黄金平均价格上涨了7.8%。

（二）我国供需趋势

需求。2016年，国内黄金消费量975.4吨，比2015年减少6.7%。其中，金饰比2015年减少了18.9%，金条用金比2015年同比增长了28.2%，金币用金比2015年增长了36.8%，工业及其他用金比2015年增长了10.1%。预计2017年我国黄金需求量将有所放缓。

供应。2016年我国黄金产量453.5吨，比2015年增长了0.8%。预测2017年我国黄金产量增速将放缓。

价格。2016年，美联储加息、美国经济衰减、英国脱欧等复杂国际因素对金价带来冲击，金价触底反弹。预测2017年金价与2016年持平。

（执笔：冯丹丹）

钾资源供需形势分析

一、国内外资源状况

（一）世界资源状况

全球钾盐资源储量分布极不均衡，绝大部分钾盐资源集中在加拿大、俄罗斯、白俄罗斯等国，世界钾盐行业在资源、生产和贸易市场均具有极高的集中度。

全球钾盐资源极为丰富，已发现的成钾盆地达30余个，绝大部分为地下固体钾盐，少部分为含钾卤水。2016年底，据美国地质调查局统计，全球探明钾盐储量（K_2O，下同）约为43亿吨（图1；表1）。世界几大主要钾盐资源国储量经过重新评估后，加拿大钾盐可采矿储量由2014年的47亿吨减少到了2016年的42亿吨，美国钾盐可采矿储量由2014年的17亿吨减少到了2016年的12亿吨。但从空间分布来看，世界钾盐资源分布极度不平衡，加拿大、俄罗斯、白俄罗斯和德国合计储量占据全球钾盐资源总储量的64.2%。按现有的生产规模，世界钾盐储量静态保证年限为110.3年。

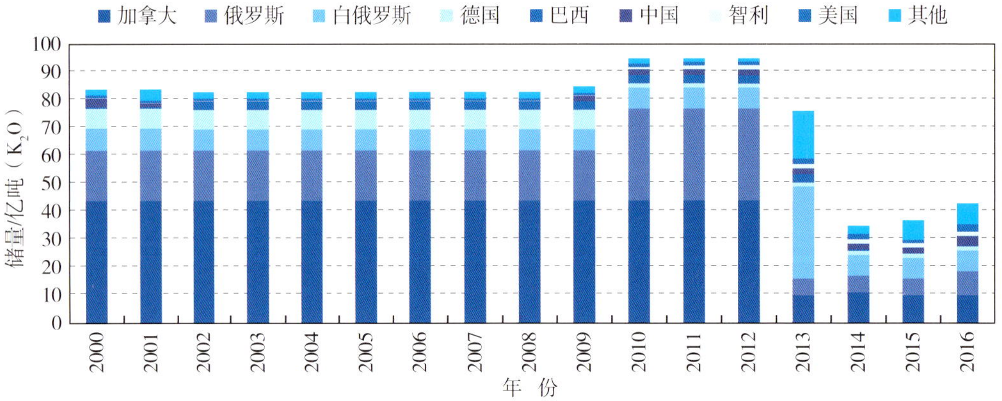

图1 2000—2016年全球钾盐储量变化情况

表1 2016年世界钾盐资源储量分布情况

国 家	储量/亿吨（K_2O）	全球储量占比/%	主要矿床分布
白俄罗斯	7.50	17.40	斯塔罗宾矿床；彼里皮亚特
加拿大	10.00	23.20	Fundy盆地，新不伦瑞克；Elk Point盆地，萨斯喀彻温
俄罗斯	8.60	20.00	维尔赫涅卡姆氯化钾矿床；涅普钾盐矿床；上卡姆矿山；日梁钾盐矿床
巴 西	0.13	0.30	塞尔希培
中 国	3.60	8.40	青海察尔汗湖；新疆罗布泊
美 国	2.70	6.30	墨西哥卡斯伯特；开英-克里克；希尔斯湖；大盐湖
智 利	1.50	3.50	Calich矿
德 国	1.50	3.50	韦拉—富尔达；南哈茨；施塔斯富特；马格德堡；下莱因；汉诺威

续表

国 家	储量/亿吨（K_2O）	全球储量占比/%	主要矿床分布
以色列	2.70	6.30	死海
约 旦	2.70	6.30	死海
英 国	0.70	1.60	约克群鲍尔比钾盐矿
西班牙	0.20	0.50	卡达洛尼亚；纳瓦拉
其 他	1.17	2.70	—
世界合计	**43.00**	**100.0 0**	—

资料来源：*Mineral Commodity Summaries*，2017。

（二）我国资源状况

我国钾盐资源缺乏，供需矛盾突出。近十几年来钾盐找矿未见明显突破，查明资源储量增长缓慢。截至2016年底，我国钾盐查明资源储量为105657万吨（KCl），同比下滑2.0%。我国钾盐查明资源储量分布十分集中，据统计，全国约96%的钾盐查明资源储量集中在青海和新疆两省（自治区）。我国钾盐成矿时代与国外差别很大，以现代盐湖钾盐矿为主，例如青海柴达木盆地及新疆、甘肃等省和自治区的钾盐矿均属此类型，很少一部分属于古代沉积矿床。从组分上看，钾盐矿都与其他盐矿共生，特别是现代盐湖钾盐矿，常有镁盐、硼酸盐、锂盐、天然碱、芒硝等多种组分可供综合利用。

二、国内外生产状况

（一）世界生产状况

目前全球只有15个国家生产钾盐。2016年，世界钾肥产量3900万吨（K_2O，下同），同比增长0.5%（表2）。加拿大、俄罗斯、白俄罗斯、中国和德国合计钾肥产量占世界总产量的82.6%，钾肥生产在地域分布上具有很高的集中度。其他钾肥生产国有约旦、以色列、美国、智利、英国、西班牙、巴西等。

表2 2006—2016年世界各国钾肥生产量变化情况 单位：万吨（K_2O）

国 家	2006年	2008年	2010年	2012年	2014年	2015年	2016年
加拿大	836.0	1045.5	978.8	898.0	1100.0	1100.0	1000.0
俄罗斯	572.0	673.0	628.0	547.0	738.0	740.0	650.0
白俄罗斯	460.5	496.8	525.0	476.0	629.0	650.0	640.0
中 国	60.0	291.0	347.9	410.0	440.0	420.0	620.0
德 国	362.0	328.0	300.0	312.0	300.0	300.0	310.0
以色列	220.0	230.0	196.0	190.0	177.0	180.0	130.0
约 旦	103.6	122.3	120.0	109.0	126.0	125.0	140.0
智 利	45.0	55.9	80.0	105.0	120.0	120.0	120.0
美 国	120.0	110.0	93.0	90.0	85.0	77.0	52.0
英 国	48.0	42.7	42.7	47.0	61.0	61.0	60.0
西班牙	43.7	43.5	41.5	42.0	71.5	70.0	70.0
巴 西	40.5	47.1	45.3	42.5	31.1	31.1	30.0
世界总计	**2911.3**	**3485.8**	**3398.2**	**3268.5**	**3880.0**	**3880.0**	**3900.0**

资料来源：*Mineral Commodity Summaries*，2017。

据中国无机盐工业协会数据，2016年，全球氯化钾产量为6270万吨，较2015年下降2.8%；生产商开工率也降到了2010年以来的最低水平。目前，全球三大钾肥生产商加拿大钾肥出口公司、乌拉尔钾肥出口公司和白俄罗斯钾肥公司的产能约占全球总产能的64%，具有很高的产业集中度。

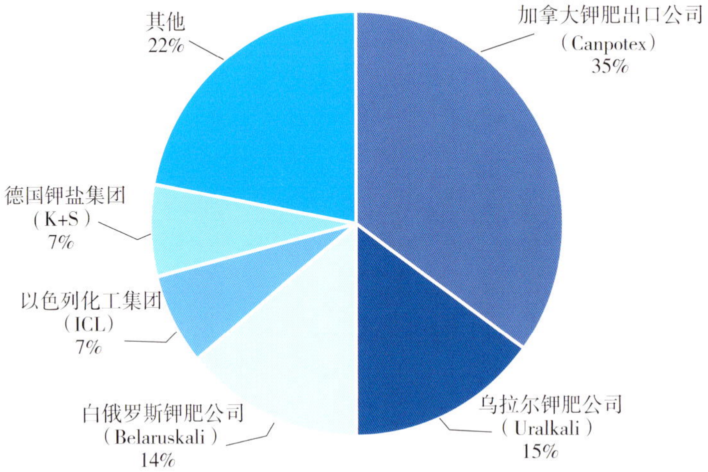

图2　2016年全球钾肥产能分布情况

（二）我国生产状况

“十二五”期间，随着国民经济的快速发展，中国钾盐钾肥行业发展迅速，成为仅次于加拿大、俄罗斯和白俄罗斯之后的世界第四大钾肥生产国。2000年至今，我国钾肥产能年增长率为17.3%。据中国无机盐工业协会统计，2016年全国资源型钾肥产量578.3万吨，同比上升1.1%，加工型硫酸钾产量147.8万吨，同比下降3.6%。而国家统计局的官方数据显示，2016年国产钾肥总量达到663.3万吨，同比上升了8.4%。自给率也进一步提升，达到63%。钾肥产量的稳定增长，很大程度上得益于青海察尔汗和新疆罗布泊两大钾肥生产基地的技术创新和科学开采。钾盐钾肥行业分会数据显示，按照地域统计，我国钾肥产量中青海省占80.8%，新疆维吾尔自治区占15.0%。2016年，我国氯化钾企业减少7家，由原来的32家企业变为现在的25家，企业的产能集中度得到进一步提升（表3）。

我国钾肥行业发展坚持“三个三分之一”战略，即依托国内生产、国外进口、建立海外基地生产，以满足我国粮食生产对钾肥的需求。目前，我国企业在境外有近30个钾盐项目开发，主要分布在老挝、加拿大、刚果（布）、哈萨克斯坦、泰国、埃塞俄比亚、俄罗斯、伊朗、阿根廷、美国等十个国家；已建成四个项目，均在老挝，产能77万吨。据了解，到2020年，老挝钾肥年产能将达到500万吨。老挝钾肥的快速发展将对全球钾肥供应格局及市场价格产生巨大影响。

表3 2000—2016年我国钾肥供需平衡情况 单位：万吨（K_2O）

年 份	产能（万吨·年$^{-1}$）	产量 万吨	开工率 %	进口量 万吨	出口量 万吨	表观消费量 万吨	工业消费量 万吨	农业消费量 万吨	自给率 %
2000	50	30.3	60.6	399.8	37.7	392.4	27.0	365.4	7.7
2001	50	39.5	79.0	355.4	21.4	373.5	30.0	343.5	10.6
2002	50	38.6	77.2	457.7	24.5	471.8	36.0	435.8	8.2
2003	80	60.7	75.9	426.5	22.8	464.4	40.0	424.4	13.1
2004	154	124.2	80.6	473.0	11.9	585.3	46.0	539.3	21.2
2005	200	176.3	88.2	574.2	9.6	740.9	52.0	663.0	23.8
2006	240	208.9	87.0	466.9	23.6	652.2	61.0	591.2	32.0
2007	270	265.4	98.3	596.8	15.5	830.8	68.0	762.8	31.9
2008	290	263.7	90.9	306.6	14.2	587.9	71.0	516.9	44.9
2009	400	320.5	80.1	138.4	23.3	603.8	68.0	535.8	53.1
2010	420	333.9	79.5	321.1	5.8	707.7	71.0	636.7	47.2
2011	450	380.1	84.5	385.9	2.8	654.6	76.0	578.6	58.1
2012	540	376.8	69.8	399.4	18.0	788.3	76.0	712.3	47.8
2013	627	498.6	79.5	400.9	18.2	920.4	76.0	844.4	54.2
2014	677	565.1	83.4	475.7	22.4	1018.4	76.0	1020.8	55.5
2015	—	612.0	—	560.0	20.6	1152.0	—	—	53.1
2016	—	663.3	—	408.0	29.9	1041.4	—	—	63.0

数据来源：中国石油和化学工业联合会。

三、国内外消费状况

（一）世界消费状况

2016年，全球钾肥消费量相对稳定在3960万吨（折K_2O）。钾肥消费集中在中国、美国、巴西、印度等农业大国，南亚及东亚人口稠密地区消费增长较快，印度尼西亚、马来西亚近年来消费增长最为明显。从钾肥的下游消费看，小麦、水稻、玉米和大豆等粮食作物是钾肥消费的重要组成部分，水果和蔬菜的比例近年来不断提升，油棕和甘蔗等经济类作物占比15%（表4）。

表4 2000—2016年世界钾盐消费量情况 单位：万吨(K_2O)

年 份	东 亚	拉丁美洲	北美洲	西 欧	南 亚	东欧和中亚	其 他	全球合计
2000	609.0	372.4	613.5	469.3	175.5	162.4	176.9	**2579.0**
2001	619.7	374.9	585.4	450.3	162	177.7	208.5	**2578.5**
2002	651.1	408.4	586.2	448.4	176.7	185.8	189.2	**2645.8**
2003	734.8	529.3	560.9	442.1	196.9	156.5	176.1	**2796.6**
2004	904.5	547.3	608.1	440.6	210.4	171.1	234.8	**3116.8**
2005	997.5	457.8	665.2	416.4	328.5	190.9	223.1	**3279.4**
2006	913.7	487.1	501.1	373.1	236.4	164.3	266.9	**2942.6**
2007	1115.8	598.7	582.9	390.9	262.1	184.9	207.8	**3343.1**
2008	927.1	525.8	591.7	381.6	398.7	205.5	219.4	**3249.8**

续表

年 份	东 亚	拉丁美洲	北美洲	西 欧	南 亚	东欧和中亚	其 他	全球合计
2009	444.2	346.6	284.6	130.1	352.6	176.3	178.3	**1912.7**
2010	982.7	555.5	533.2	332.2	399.4	235	137.3	**3175.3**
2011	1219.2	614.7	603.1	307.6	355.2	186.1	145.0	**3430.9**
2012	981.3	637.3	545.3	282.3	218.7	244	232.3	**3141.2**
2013	1162.8	658.0	534.1	280.0	247.0	212.3	229.3	**3323.5**
2015	—	—	—	—	—	—	—	**3550.0**
2016	—	—	—	—	—	—	—	**3960.0**

资料来源：国际肥料工业协会（IFA）。

（二）我国消费状况

我国是农业大国，耕地大面积缺钾，20世纪90年代以来，三元素复合肥及钾肥绝对施用量及占化肥比例明显提高。根据《全国主要矿产品产供销综合统计与价格通报》，2016年，我国钾肥表观消费量为1053万吨 K_2O，比2015年减少8.6%。根据中国化肥网统计，2016年，钾肥总供应量在2000万吨实物量左右，我国年钾肥实际消耗量在1500万～1700万吨之间。在我国，钾肥消费主要为蔬菜和水果（占50%），水稻（占28%），糖料作物（占5%），小麦（占4%）和其他作物（占13%）。

2012年以来，我国硫酸钾市场供需关系基本稳定，生产量与消费量呈现逐年稳步增长的态势，进出口量基本持平，且数量有限，对市场影响不大。2016年，硫酸钾全年总体需求量在380万吨左右，预计未来几年，在市场大环境不发生重大改变的情况下，国内硫酸钾需求量将以每年2%～3%的速度递增。

四、国内外贸易状况

（一）世界贸易状况

钾肥国际贸易量达到产量的70%～80%。钾肥主要以KCl的形式进行商品贸易。加拿大、俄罗斯、白俄罗斯、德国、约旦和以色列的出口量占世界总出口量的95%以上。2013年受世界金融危机的影响，世界钾肥进口贸易量（折K_2O100%）为2526.9万吨（表5～表7），较2012年增长9.4%。其中，美国进口465.0万吨，拉美进口589.1万吨，南亚进口247.0万吨，中国进口603.0万吨，欧盟28国进口278.4万吨。

表5 1994—2014年世界钾盐生产、消费及贸易情况

年 份	产量/万吨（KCl）	消费量/万吨（KCl）	贸易量/万吨（KCl）	贸易占产量比率/%
1994	3780.0	3339.7	3294.7	87.2
1995	4050.0	3447.5	3087.0	76.2
1996	3888.5	3466.3	2846.0	73.2
1997	4244.5	3741.7	3399.5	80.1

续表

年 份	产量/万吨（KCl）	消费量/万吨（KCl）	贸易量/万吨（KCl）	贸易占产量比率/%
1998	4311.5	3640.3	3195.8	74.1
1999	4226.6	3663.3	3292.5	77.9
2000	4301.5	3682.5	3416.7	79.4
2001	4309.9	3837.0	3368.3	78.2
2002	4384.1	4384.1	3497.0	79.8
2003	4634.3	4634.3	3848.2	83.0
2004	5164.5	5164.5	4227.3	81.9
2005	5434.4	5434.4	4192.0	77.1
2006	4879.5	4879.5	3845.0	78.8
2007	5556.7	5556.7	4502.0	81.0
2008	5385.7	5385.7	4127.5	76.6
2009	3174.4	3174.4	1997.0	62.9
2010	5266.9	5266.9	4306.1	81.8
2011	5697.2	5697.2	4535.3	79.6
2012	5314.4	5314.4	3856.5	72.6
2013	5509.9	5509.9	4184.4	75.9
2014[e]	5800.0	5600.0	4300.0	74.1

注：e为估计值。

资料来源：国际肥料工业协会（IFA）。

表6　2000—2013年世界钾盐各产区出口情况　　单位：万吨（K_2O）

年 份	北 美	东欧及中亚	西 亚	西 欧	拉 美	全球合计
2000	863.2	553.3	264.2	350.6	10.0	**2041.3**
2001	789.2	626.5	255.1	345.3	5.7	**2021.8**
2002	825.8	650.9	290.2	341.4	3.4	**2111.7**
2003	899.9	746.7	305.4	367.3	4.5	**2323.8**
2004	1015.4	871.3	299.1	365.7	1.6	**2553.1**
2005	953.8	944.6	282.2	349.1	1.2	**2530.9**
2006	843.4	895.2	221.5	359.4	1.4	**2320.9**
2007	1072.3	979.4	305.7	358.5	2.9	**2718.8**

续表

年 份	北 美	东欧及中亚	西 亚	西 欧	拉 美	全球合计
2008	995.1	909.5	284.1	292.4	11.7	**2492.8**
2009	378.6	443.1	191.3	158.5	33.0	**1204.5**
2010	978.0	917.1	396.1	244.3	62.7	**2598.2**
2011	1007.6	1022.8	395.1	250.2	56.1	**2731.8**
2012	844.5	804.1	320.1	266.5	75.4	**2310.6**
2013	989.2	836.2	344.8	278.4	78.3	**2526.9**

资料来源：国际肥料工业协会（IFA）。

表7 2000—2013年世界分地区钾盐进口情况　　单位：万吨（K_2O）

年 份	东 亚	拉 美	北 美	西 欧	南 亚	其 他	全球合计
2000	581.5	315.4	477.2	334.7	175.5	157.1	**2041.4**
2001	580.2	307.1	478.4	315.9	162.0	178.2	**2021.8**
2002	608.1	329.5	475.5	337.3	176.7	184.7	**2111.8**
2003	672.8	451.7	479.2	340.0	196.9	183.0	**2323.6**
2004	791.6	468.9	522.0	334.4	210.4	197.3	**2524.6**
2005	852.5	378.8	476.2	305.6	328.5	189.3	**2530.9**
2006	756.5	408.7	434.3	284.3	236.4	200.7	**2320.9**
2007	928.0	521.3	489.1	297.4	262.1	221.4	**2719.3**
2008	729.1	444.9	464.7	260.9	398.7	194.7	**2493.0**
2009	238.0	271.4	175.2	109.8	352.6	57.6	**1204.6**
2010	748.3	493.9	500.1	280.4	399.4	175.4	**2597.5**
2011	959.4	542.3	459.0	247.1	35.2	168.7	**2411.7**
2012	725.4	556.7	402.1	243.1	218.7	164.5	**2310.5**
2013	802.8	589.1	449.2	261.5	247.0	177.3	**2526.9**

资料来源：国际肥料工业协会（IFA）。

（二）我国贸易状况

一直以来，进口钾肥都是中国钾肥市场的重要组成部分。最近五年，中国国产钾肥产能产量增长迅猛，但在需求量同步增长的大形势下，进口钾肥的补充仍是不可或缺的。2014年，我国钾肥进口量和产量同比增加，供应略有宽松；2015年，国际钾肥价格一路下滑，钾肥进口量持续增加，供大于求的形势较为明显；2016年，我国钾肥进口减少，供应量同比下降，供需趋于平衡。受国际钾肥价格下跌和国内化肥需求减少的双重影响，2016年我国钾肥进口量大幅下跌，为408万吨，比2015年减少27.2%；氯化钾进口量为682.0万吨，同比减少27.6%。同时，氯化钾大合同价也下探到219美元/吨，比2015年下降96美元。KCl以从俄罗斯进口为主，约占进口总量的35%，从加拿大进口的钾肥占比有所下降，约占进口总量的22%，从白俄罗斯的进口量占到总量的近17%，其他进口国还有德国、以色列和约旦。

此外，我国钾肥出口严重受阻。一方面，由于国际化肥供应量不断增加、价格持续走低、国际竞争加剧；另一方面，由于关税过高，出口不易。2016年我国氯化钾出口量为29.9万吨，金额总计8965.3万美元，平均单价299.8美元/吨（图3）。

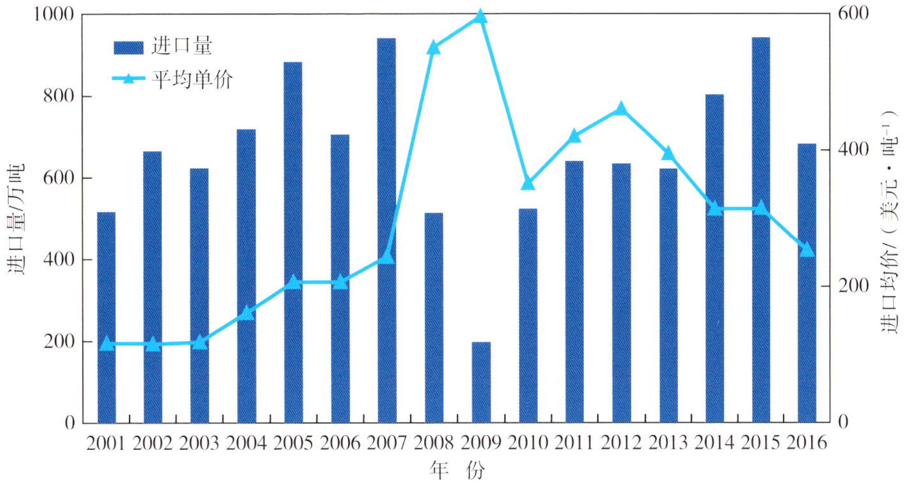

图3　2001—2016年我国氯化钾进口情况

数据来源：Wind资讯

五、价格走势

2003年前国际市场钾盐（KCl，北美FOB）价格一直在100～120美元之间波动。2004年以来价格高涨，2007年涨到240美元/吨。2008年从年初的300美元/吨上涨到接近900美元/吨。2009年开始快速回落到400美元/吨下方，2011年反弹到500美元/吨。随着欧债危机和全球经济衰退的纷至沓来，2012年以来国际市场钾盐价格下滑至2014年的300美元/吨。2015年，钾盐价格在300美元/吨上方有企稳迹象。2016年钾盐价格再次跌落300美元/吨，在200～250美元/吨之间波动。

国际市场价格的波动直接决定了国内市场价格的变化。最近五年，氯化钾市场整体呈现稳中趋降的走势。从最高点的2800元/吨，到2016年底的1900元/吨，价格下降近900元。国内钾肥价格很大程度上受到国际市场的影响，国内氯化钾价格出现900元的降幅，反映的是国际钾肥供需形势的变化。价格走低，挤压的是钾肥生产企业的利润，但从农业应用的角度来看，钾肥价格走低，一定程度上有利于肥料的广泛使用，有利用释放消费市场需求。

2016年中国氯化钾进口平均价格呈现下滑趋势。其中，1月最高，为315.6美元/吨；11月最低，为221.0美元/吨。全年平均价格为251.6美元/吨，同比下降20.2%（图4）。

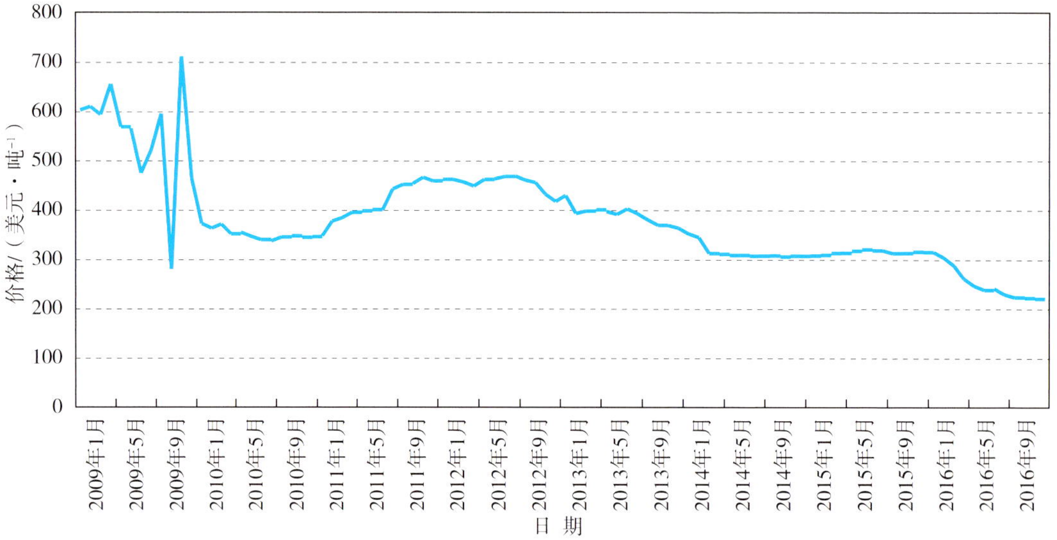

图4　2009—2016年我国氯化钾月度进口平均价格走势

数据来源：Wind资讯

六、结论

从世界钾盐的生产供需看，国际市场总体处于供略小于求的局面。世界钾盐资源高度集中于加拿大、俄罗斯和白俄罗斯。2016年世界钾盐产消基本平衡。世界钾盐产品贸易以KCl为主，贸易量占当年产量的比例在70%～80%之间。

钾盐是我国短缺矿产之一，国内消费需求的40%以上依赖国际市场。2016年我国进口钾肥408万吨，比2015年减少了27.2%，进口依存度为37.0%；受全球经济增长放缓影响，国际钾肥市场价格逐年下滑，自2014年3月以来，氯化钾的进口平均价一直维持在300美元/吨波幅波动，2016年，氯化钾的进口平均价格明显从300美元/吨跌落，全年平均价格为251.6美元/吨。

（执笔：王　嫱）

硫资源供需形势分析

硫是一种非常常见的无味无嗅的非金属，纯的硫是黄色的晶体，又称硫磺。主要被用在肥料中，也广泛地被用在火药、润滑剂、杀虫剂和抗真菌剂中。世界硫资源分布较为广泛并且比较集中，我国是硫消费大国，储量丰富但是开发利用难度大，目前对外依存度较高，每年需进口大量的硫满足国内需求。2016年，硫酸行业运行基本平稳，冶炼酸装置的陆续投产导致行业产能过剩压力进一步加大，冶炼酸占比进一步扩大。需求不足导致消费量和产量均略有下降，消费结构继续发生变化，肥料用酸占比下降，工业用酸占比上升。市场持续疲软，价格整体走低，硫资源对外依存度依然较高。

一、国内外资源状况

（一）世界资源状况

世界硫资源十分丰富，以自然硫、硫化氢、金属硫化物、硫酸盐等多种形式存在于地壳中，在岩浆岩和火山岩矿床中的硫元素、与天然气、石油、焦油砂共生的硫及金属硫化物的资源量大约50亿吨。存在于石膏和硬石膏中的数量几乎是无限的，煤炭、油页岩和富含于有机物中的页岩中含硫约6000亿吨，目前正在研究从这些资源中低成本开发获取硫的方法。

此外，在原油、天然气和硫化物矿石中硫的储量很大。多数硫产量是在化工燃料加工过程中产生的，实际的硫产量可能不是在拥有储量的国家中产生，因此，美国地质调查局在*Mineral Commodity Summaries* 2017中指出，以前公布的硫的储量和储量基础数据已经过时，而且这些数据已经不适合世界硫工业的变化，所以各国的数据在报告中被省略。目前，世界硫资源主要来源于石油天然气回收硫、有色金属共伴生硫，少量来源于硫铁矿、自然硫和弗朗斯回收硫。

（二）我国资源状况

我国是世界上最早利用硫资源的国家之一，硫矿资源丰富。类型主要为硫铁矿，其次为其他矿产中的伴生硫铁矿和自然硫，资源结构和资源禀赋的特点，使硫铁矿和伴生硫铁矿成为中国当前以至今后相当一段时期的主要硫源。而国外硫资源主要来自石油天然气回收硫，其次是有色金属回收硫、自然硫。

截至2016年底，我国自然硫查明资源储量为35266.46万吨（S），同比减少0.99%；硫铁矿查明资源储量603680.77万吨（矿石），同比增长2.72%，其中，富硫铁矿查明资源储量11405.21万吨（矿石），占比1.89%；伴生硫查明资源储量48252.69万吨(S)，同比增长2.93%。总体来看，我国硫资源地区分布广泛，但不同类型矿藏相对集中。其中，自然硫主要集中分布于山东省，占比约为96.71%；硫铁矿集中分布于四川、贵州、安徽、云南、广东、内蒙古、湖北、山东等省（自治区），查明资源储量合计占全国总量的73.45%；伴生硫集中分布于安徽、江西、吉林、内蒙古、陕西、新疆、云南等省（自治区），查明资源储量合计约占全国总量的61.15%。

二、国内外生产状况

（一）世界生产状况

近年，世界硫产量相对稳定，所有形态硫的产量保持在6700万～7100万吨。中国、美国、俄罗斯、加拿大、德国五国是硫的主要生产国家，2016年其产量占世界总量的49.90%。目前仅有波兰使用弗拉斯法生产硫磺，中国、芬兰等国利用硫铁矿生产硫，而其他国家则主要从油气田、有色金属等中回收硫。从硫磺的产量来讲，北美、苏联和中东地区为主要生产国，产量合计约占世界硫磺产量的70%以上，2016年硫产量居前十位的国家分别为美国、中国、俄罗斯、加拿大、沙特阿拉伯、德国、日本、哈萨克斯坦、印度及阿拉伯联合酋长国（表1）。

表1　2009—2016年世界硫生产情况

国　家	产量/万吨								2016年比2015年同比增幅/%
	2009年	2010年	2011年	2012年	2013年	2014年	2015年	2016年	
世界总计	**6790**	**6800**	**7050**	**7000**	**6900**	**7000**	**7010**	**6930**	**-1.14**
其　他	1441	1410	1547	1587	1420	1320	1310	1332	1.68
美　国	978	990	893	900	910	963	930	978	5.16
中　国	937	940	970	970	1000	1050	1100	880	-20.00
俄罗斯	707	710	728	727	730	730	730	670	-8.22
加拿大	694	700	652	591	600	591	600	550	-8.33
沙特阿拉伯	320	320	460	409	410	330	330	490	48.48
德　国	376	380	391	382	380	380	380	380	0.00
日　本	335	340	330	325	330	325	330	330	0.00
哈萨克斯坦	200	200	270	270	270	274	270	280	3.70
印　度	115	120	119	119	120	283	280	270	-3.57
阿拉伯联合酋长国	200	200	180	190	200	190	190	240	26.32
伊　朗	157	160	178	188	190	210	210	220	4.76
智　利	160	160	172	168	170	170	170	170	0.00
墨西哥	170	170	160	174	170	184	180	140	-22.22

资料来源：*Mineral Commodity Summaries*，2010—2017。

（二）我国生产状况

我国硫资源包括硫铁矿、伴生硫铁矿、自燃硫及冶炼烟气中回收的硫和从石油、天然气中回收的硫磺。此外，以煤为原料的合成氨厂、炼焦厂在生产合成氨和煤气的同时回收少量的硫磺。

1.硫

自2008年以来，我国硫产量呈持续上升趋势，2008—2015年，产量从1123万吨升至2178万吨，增长93.94%，2016年产量为2072万吨，同比下降4.87%（表2；图1）。

表2　2008—2016年我国硫生产情况

各种成分硫产量		产量/万吨									2016年比2015年同比增幅/%
		2008年	2009年	2010年	2011年	2012年	2013年	2014年	2015年	2016年	
硫铁矿	产　量	1244	1248	1512.8	1560	1547	1830	1739	1652	1466	-11.23
	折合硫产量	436	437	530	546	542	641	609	578	513	-11.23
冶炼烟气酸	产　量	1543	1778	1929	2130	2386	2470	2943	3149	3313	5.21
	折合硫产量	504	580	629	695	778	805	959	1026	1080	5.21
磷石膏制酸	产　量	69	96	—	—	—	—	—	—	—	—
	折合硫产量	23	31	—	—	—	—	—	—	—	—
硫磺	产　量	160	300	320	445	520	526	591	574	479	-16.55
合计硫产量		**1123**	**1348**	**1479**	**1686**	**1840**	**1972**	**2159**	**2178**	**2072**	**-4.89**

资料来源：硫酸工业协会；国家统计局。

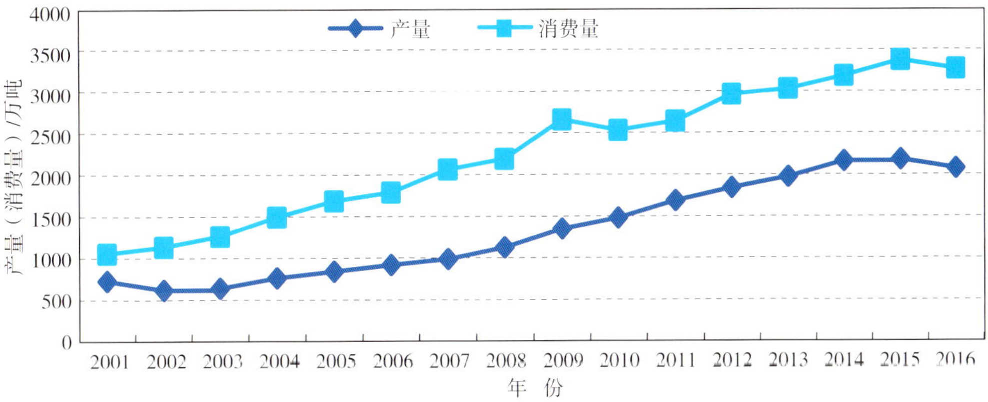

图1　2001—2016年我国硫素产消量变化情况

注：产量为各种形式硫换算成硫磺的量，消费量为各种形式硫磺换算量加硫磺净进口量

根据国家统计局数据，2016 年我国硫磺产量为479万吨，同比下降2.88%。2016 年中国石化回收硫磺产量占全国硫磺总产量的79.5%，中石油占10.83%（图2）。

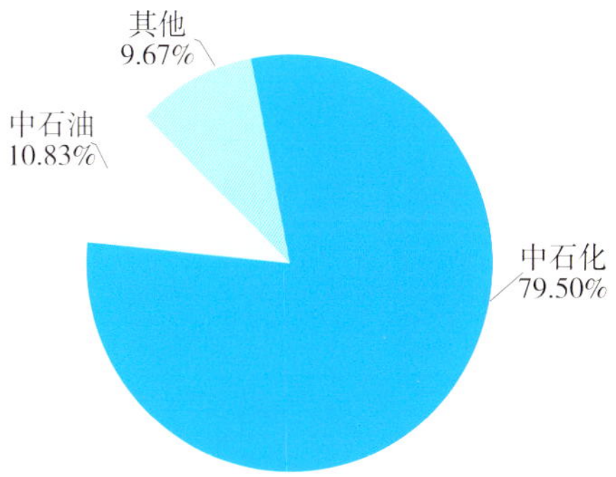

图2　2016年我国硫磺产量来源（分企业）情况

2.硫铁矿和硫酸

中华人民共和国成立以来，我国根据农业发展的需要，逐步建设和完备了与硫酸、化肥工业配套的、具有相当技术和管理水平的硫铁矿生产基地，相继建成了广东、安徽香山、内蒙古炭窑口、山西阳泉、湖南七宝山、南京云台山、浙江龙游、辽宁张家沟等硫铁矿生产和加工基地。近年，我国对硫酸产业结构和原料结构进行了调整，硫铁矿制酸产量不断下降，硫铁矿产量不断萎缩，从1995年的1765.00万吨下降至2003年的871.45万吨。但2004年以来，由于进口硫磺一直在高价位运行，不仅烧硫磺的制酸装置又改回烧硫铁矿装置，硫铁矿制酸产量也开始缓慢回升，2013年硫铁矿产量达到1830万吨，此后，随着冶炼酸供给增加和环保压力，硫铁矿产量开始逐年递减，2016年硫铁矿产量下降为1466万吨。

据不完全统计，到2016年底，全国硫酸生产企业420家，其中产量超过100万吨的厂家共22家，产量合计4001万吨，同比增加8.46%。随着国民经济的增长，化肥以外工业用酸需求增加，化肥仍是硫酸的最大用户。2016年化肥消费硫酸占到硫酸总消费量的57.1% ,磷肥占硫酸总消费量的54.36%，高浓度磷复肥占化肥耗酸量的95.20%。

当前硫酸市场面临硫资源短缺的问题，2016年国产硫磺约479.0万吨，进口1196.1万吨，硫磺自给率仅28.60%；硫磺价格的大幅波动给磺酸和下游行业带来很大的经营风险；进口硫酸143.3万吨，同比下降22.37%，其中，74.60%的硫酸进口自韩国。

随着磷肥产量的迅速增长和其他工业硫酸用量的增加，我国硫酸工业以每年460万吨的速度增长。2001年，我国硫酸产量为2650.95万吨，仅次于美国，居世界第二位；2003年超过美国居世界首位，产量达到3319.09万吨；2009年由于受全球金融危机影响产量有所下滑；据硫酸工业协会统计，2016年我国硫酸产量9563.00万吨，同比下降1.14%，产量开始下降放缓。其中，硫磺制酸4290万吨，同比下降4.4%，占硫酸总量的44.86%；冶炼烟气制酸3313万吨，同比增加9.6%，占34.64%，主要原因是冶炼酸装置的相继投产；硫铁矿制酸1875万吨，同比下降9.1%，占19.60%；其他原料制酸产量86万吨，占0.90%（图3）。我国硫利用结构正在向环境保护目标发生重大转变，已逐渐形成以硫磺制酸、冶炼烟气制酸、硫铁矿制酸三分天下的布局。

硫酸产业布局集中在磷复肥产地和工业发达地区；2016年产磷四省硫酸产量4253万吨，占全国硫酸总产量的44.47%，除贵州省因开磷集团两套“836”项目投产推动硫酸产量下降外，其余三省产量均低于2015年；华东地区硫酸产量2555万吨，占总产量的26.72% ；西北地区产量降

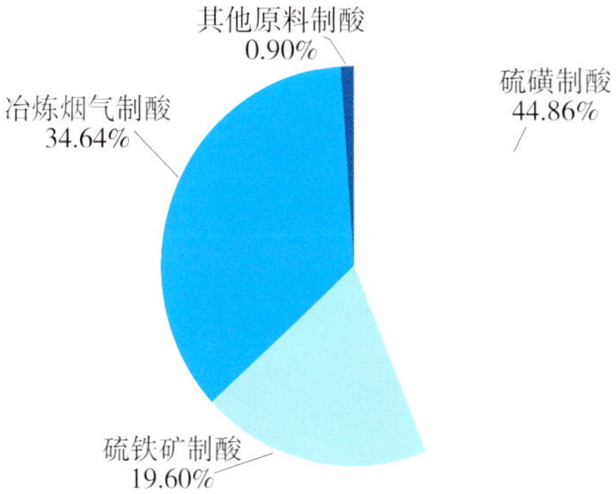

图3　2016年我国硫酸来源构成

幅明显，其余地区产量较为稳定。

硫铁矿制酸布局相对分散且单个装置产能较小，主要集中在硫铁矿和硫精砂产地。2016年，硫铁矿制酸产量前十名的省份分别为四川、广东、安徽、湖北、江西、云南、湖南、贵州、福建、广西，十省合计产量7468万吨，占矿酸总产量的78.29%。大型硫铁矿制酸装置的建设，使得硫铁矿制酸集中度在逐年提高。

硫磺制酸主要集中在产磷四省及华东地区：2016年产磷四省硫磺制酸占硫磺制酸总量的70.96%，华东地区占20.21%，上述两个区域占硫磺制酸总量的91.17%。

我国冶炼酸产业主要分布在有色金属矿产区，即安徽、河南、云南、山东、甘肃等省（自治区）。五省（自治区）冶炼酸产量合计为1786万吨，占全国冶炼酸产量的53.91%（图4）。

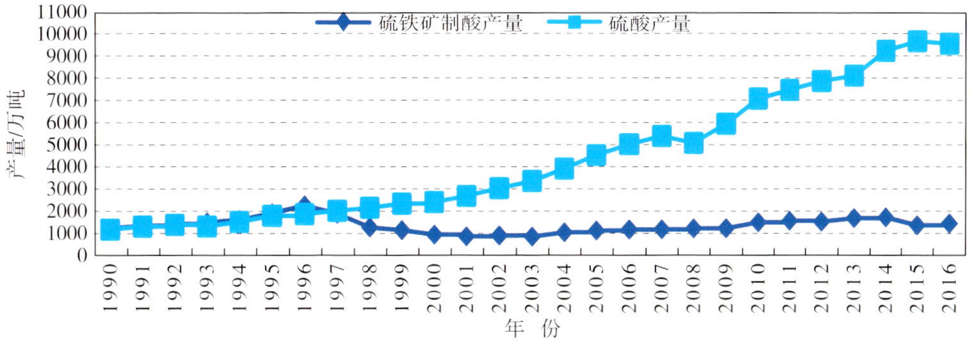

图4　1990—2016年我国硫铁矿（折硫35%）制酸和硫酸生产情况

三、国内外消费状况

（一）世界消费状况

从消费角度看，硫不同于其他大多数矿产品，不是作为一个完整的独立产品被利用。世界平均80%以上的硫磺是以硫酸形式消费的，其中磷肥业是硫酸最主要的应用领域，约占硫酸总消费量的64%。2003年以前，世界硫磺市场需求相当疲软，但近几年形势却发生了巨大的变化。2008年，全球硫磺消费量达到4830.67万吨，创历史最高纪录；2009年受金融危机冲击，磷肥工业和非肥料工业对硫磺需求均有所下降，全球消费下降2.28%；2010年受全年经济向好影响，硫磺消费也随之回升至4998.66万吨，比2009年增长5.89%；2016年消费量达到6070万吨，同比上升2.88%（图5）。

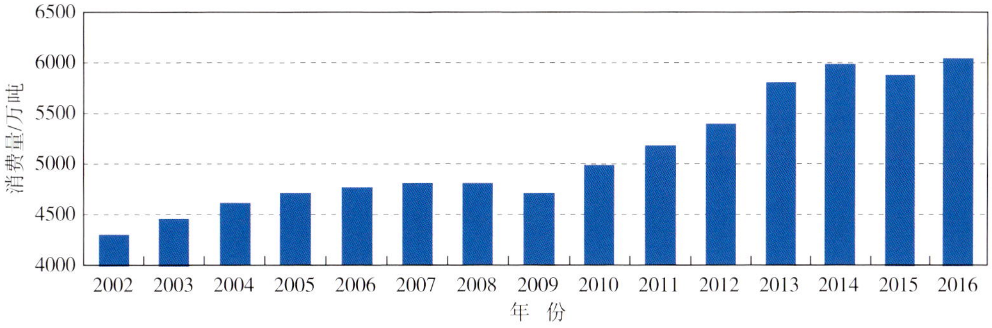

图5　2002—2016年世界硫磺消费情况

资料来源：IFA, *Production and International Trade*

（二）我国硫消费状况

目前，我国大部分的硫被用于生产硫酸，其余的直接用于生产深加工产品。2016年，硫酸表观消费量9700万吨，同比下降0.72%，自2000年以来首次出现负增长。在2016年硫酸消费结构中，化肥用酸量占57.1%，同比下降4.6个百分点；工业用酸占42.9%，同比上升4.6个百分点。化肥用酸中，磷肥用酸占95.2%，占硫酸总消费量的54.4%。2001年以来，我国硫素消费量呈上升趋势，2010年出现轻微回落，随后稳步上升，2016年我国硫素表观消费量为3268万吨，同比减少3.06%（图6）。

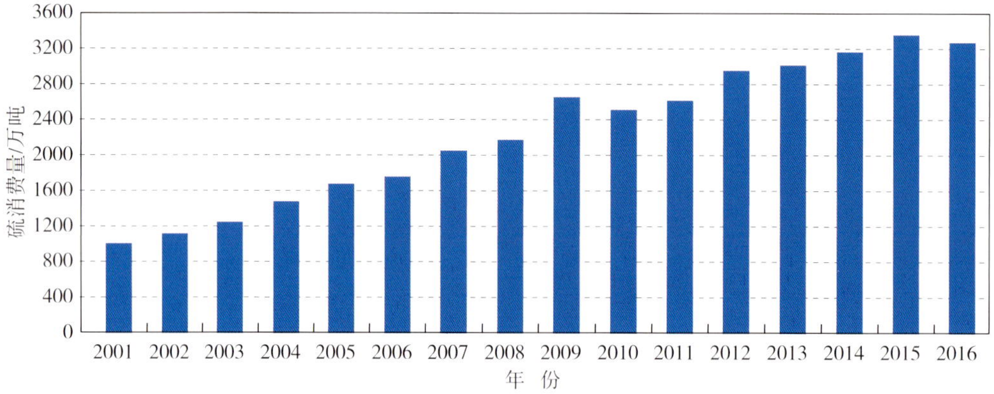

图6 2001—2016年我国硫素消费情况

四、国内外贸易状况

（一）世界硫贸易状况

国际贸易的突出特点是硫磺从油气生产大国流向磷肥生产大国。2016年全球硫贸易量约3460万吨。加拿大、俄罗斯、哈萨克斯坦、西亚及日本是世界最大的硫素出口国/地区。上述国家/地区出口合计占全球出口总量的70%。其中，沙特阿拉伯是中东地区最大的硫磺生产国，所产硫磺全部用于出口。中国是第一大硫素进口国，进口份额占到约1/3，其次是摩洛哥，进口份额占14%（图7）。

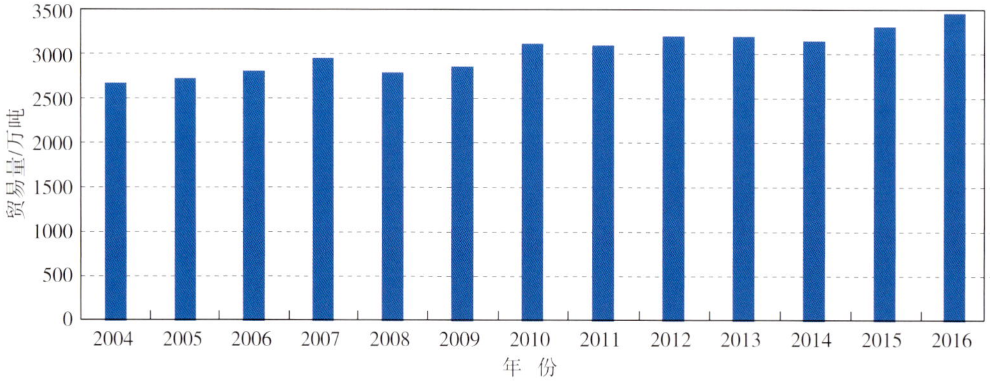

图7 2004—2016年世界硫素贸易情况

资料来源：IFA，*Production and International Trade*

（二）国内硫贸易状况

我国是硫净进口国，并且进口数量较大。进口的主要是硫磺，其次是硫酸。

1. 硫磺

2016年我国硫磺年产量为479万吨，而硫磺表观消费量却达到1675万吨，呈现严重的供不应求局面，硫磺对外依存度高达71.40%。

2001年我国进口硫磺337.1万吨，2004年出现了跨越式的增长，增加到676.6万吨，同比增长239.4%；从2005年起，硫磺的进口量就稳定在800多万吨的水平；2008年，受价格上涨幅度过大的影响，全年进口硫磺941.49万吨，同比下降2.4%；2011年进口量接近952.1万吨，低于2010年的1049.4万吨，同比下降9.27%，2012年进口量则为1120.0万吨，同比增长17.6%（图8）。

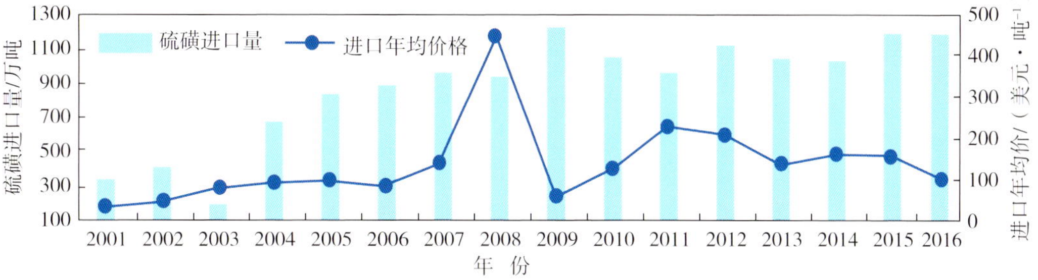

图8 2001—2016年我国硫磺进口量变化趋势

据海关统计，2016 年我国进口硫磺1196万吨，同比增长0.25% ，我国进口硫磺量占到世界硫磺贸易量的34.57% 。进口硫磺主要来自沙特阿拉伯、阿拉伯联合酋长国和韩国，三国占比分别为21.14%、15.40%和10.60%（图9）。

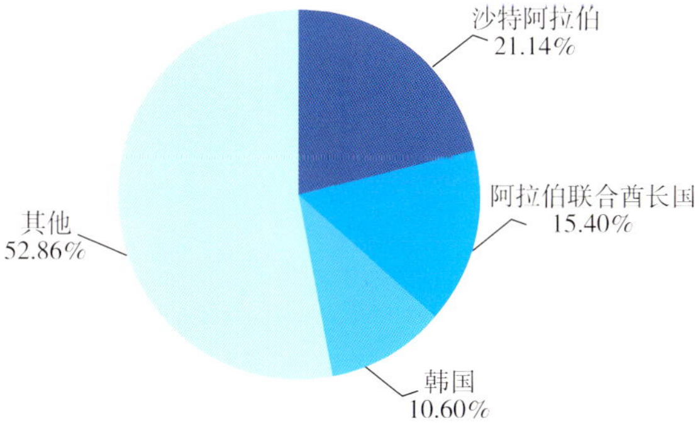

图9 2016年我国进口硫磺来源情况

2. 硫酸

我国每年进口硫酸以供沿江、沿海地区磷复肥用酸，主要是来自日本和韩国。自2002年以来进口硫酸量一直在180万～200万吨，2007年由于国际市场化肥和有色金属冶炼对硫酸需求加大，价格走高，部分日本、韩国冶炼酸流向印度、澳大利亚、南美等市场，我国进口硫酸量减少，全年进口196.0万吨，同比下降9.20%。2008年，受中国沿江沿海地区磷复肥减产影响，进口硫酸总量有所下降，全年进口硫酸161.0万吨，同比下降18.00%。2016年我国进口硫酸143.3万吨，同比增加22.37%，其中进口韩国硫酸106.9万吨，同比下降4.42%，占硫酸总进口量的74.6%；进口日本硫酸21.1万吨，占14.7%；进口菲律宾硫酸10.8万吨，占7.5%（图10）。

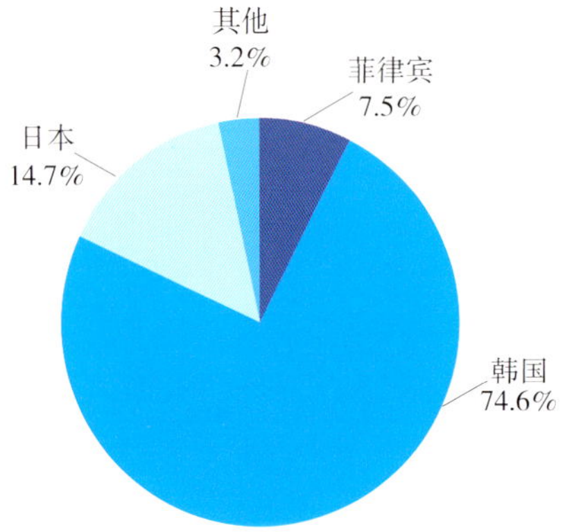

图10 2016年我国硫酸进口来源情况

2016年中国大陆出口发烟硫酸6.36万吨，同比下降68.69%，出口以一般贸易和边境小额贸易两种方式为主。从出口流向来看，中国大陆硫酸的出口主要集中在运输距离较近的亚洲周边国家，以及中国香港、中国台湾、越南等东南亚地区和国家。目前，中国硫酸产能仍在急速扩张，2016年随着新增产能的投产，硫酸产量持续增加。因此，我国硫酸生产企业仍需积极寻求出口货源。

我国发烟硫酸净进口量呈震荡变化态势，2009年净进口量达到历史峰值，为282.35万吨，随后两年受金融危机影响，2011净进口量急转而下，下降为66.67万吨，2011年以后由于经济复苏，净进口量出现小幅增长，到2016年我国发烟硫酸净进口量达到136.96万吨，同比增加41.50%（表3；图11）。

表3 1995—2016年我国发烟硫酸进出口情况　　单位：万吨

年　份	发烟硫酸出口量	发烟硫酸进口量	发烟硫酸净进口量
1995	0.73	5.34	4.61
1996	0.65	7.55	6.90
1997	0.53	12.89	12.36
1998	0.52	29.72	29.20
1999	0.56	26.25	25.69
2000	0.58	36.75	36.17
2001	0.52	96.23	95.71
2002	1.06	182.30	181.24
2003	0.55	193.85	193.30
2004	0.52	180.33	179.81
2005	0.43	195.60	195.17
2006	0.42	215.84	215.42
2007	0.39	195.92	195.53

续表

年　份	发烟硫酸出口量	发烟硫酸进口量	发烟硫酸净进口量
2008	38.24	160.68	122.44
2009	0.30	282.65	282.35
2010	23.53	161.26	137.73
2011	44.40	111.07	66.67
2012	8.08	104.67	96.59
2013	1.03	115.57	114.54
2014	4.40	140.50	136.10
2015	20.31	117.1	96.79
2016	6.36	143.32	136.96

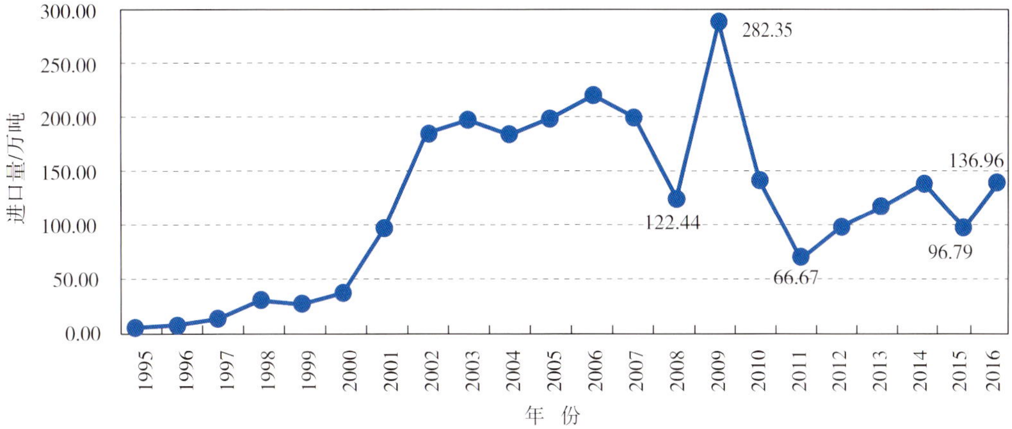

图11　1995—2016年我国发烟硫酸净进口变化趋势

数据来源：中华人民共和国海关总署

五、价格走势分析

根据美国地质调查局的统计，1991—2001年，世界市场上硫的价格处于下降趋势。1991年，每吨硫的价格高达71.45美元/吨，但到2001年最低时一度降至10.01美元/吨，降幅为85.9%。但是进入21世纪，硫的价格大幅上涨，特别是2008年一度涨至400美元/吨附近，随后受金融危机影响，2009年回落至40美元/吨。2010年，受国际油价震荡上扬及相关产品价格大幅上涨的影响，硫磺价格一路上扬，到12月已达160美元/吨。2010年后持续下跌，2016年均价为44.81美元/吨，同比下降30.47%（图12）。

2006—2007年初，国内硫磺的价格都维持在1000元/吨以下的水平，但从2007年2月起硫磺一路上涨，12月底涨至3840元/吨，2007年国内硫磺平均价格为3029元/吨。2008年，由于国内下游工厂硫磺制酸扩产迅速和化肥生产开工率充足，加大了对硫磺的需求，使得硫磺市场缺口进一步增大，价格快速上升，最高6月时均价达到5700元/吨。随后，受全球金融危机的影响，硫磺价格出现暴跌，跌至1000元/吨左右。2009年上半年，硫磺市场一直处于低位，价格在500~750元/吨波动，进入四季度受海运费用上涨影响，国内硫磺市场价格上扬，12月底涨至1150元/吨左右。2010年国内硫磺价格小幅波动，波动区间为1000~1600元/吨。2012年硫磺国内硫磺价格出现小幅回落，年底跌至1382元/吨左右。2016年价格在2015年基础上大幅下跌，年底价格为731.82元/吨（图13）。

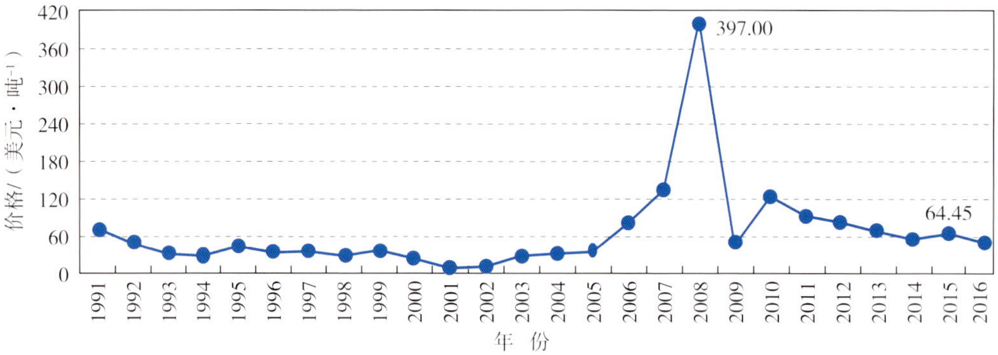

图12　1991—2016年世界硫的价格变化情况

资料来源：*Mineral Industry Survey*，图中数据为美国从国际市场上进口硫的年均价格

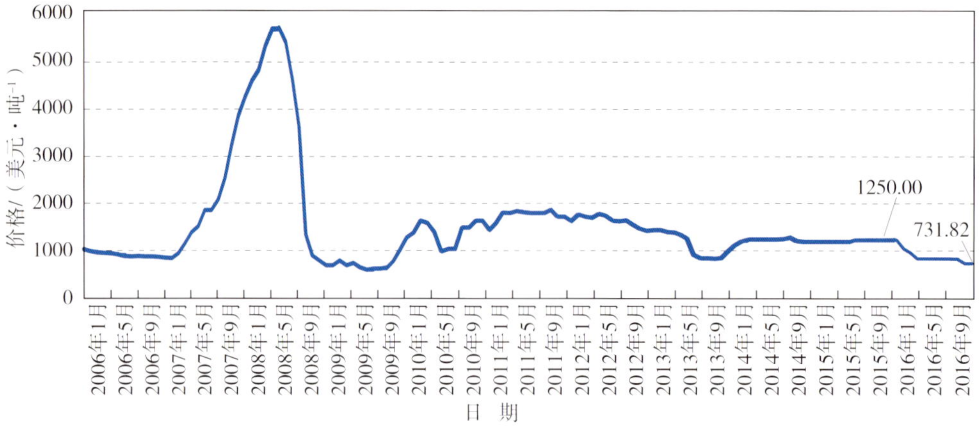

图13　2006—2016年我国硫磺的价格变化情况（天津港高端价）

数据来源：Wind 资讯

六、结论

（一）世界供需趋势

长期以来，全球硫磺的生产与需求经常处于不平衡状态。2004年之前，硫磺总产量一直超过全球的实际消费量。2005—2007年，硫磺产量却降到了市场需求量以下，表现为供不应求。2008年以来，世界能源生产大国在石油炼化厂和天然气净化厂配置了高效硫回收装置，全球硫回收能力持续增加，局部地区硫磺产量过剩，例如，加拿大等国硫磺库存高达1000万吨。未来，随着世界石化能源产量的持续增加及生态环境保护的呼声高企，世界各国不得不加强石化能源和冶金工业副产硫的回收，全球回收硫产量的增加是必然的。

硫磺供不应求转向少量产能过剩，2017年世界硫产能过剩进一步加剧，过剩量约290万吨。由于需求量的增加，主要供应区中东地区的市场话语权将增大（表4）。

表4　2016—2017年全球硫素供需平衡状况预测　　单位：万吨

供需状况	2016年	e2017年
总供给	6260	6460
总需求	6760	6240
供需差值	190	220

注：e表示预测数据。
资料来源：国际肥料协会（IFA）。

（二）我国供需趋势

硫资源对外依存度依然较高。我国硫资源主要来源包括硫铁矿、有色金属伴生硫及石油和天然气回收硫磺。硫供应能力不能满足消费需求，硫供应存在较大缺口，只能依靠进口硫磺解决，2016年硫磺产量近479万吨，自给率仅28.6%左右。2017年我国硫资源供应和需求将保持基本稳定。

硫酸产能产量继续增长，能够应对市场变化。冶炼酸产能将继续释放。从需求看，2017年国际市场供应量还在增加。需求量还有很多不确定因素，2017年硫酸市场将在浮动中维持稳定。

（执笔：刘　超）

参考文献

高湘昀，王越，安海忠.2016. 世界主要油气资源国投资环境研究：2015[M]. 北京：地质出版社.
国土资源部信息中心.2015. 世界矿产资源年评：2015[M]. 北京：地质出版社.
何笑辉.2017.2016年铜市场评述及展望[J]. 中国铜业(1)：1-13.
康煜，陈建荣.2017.2016年世界主要国家油气及相关能源政策[J]. 中国石油企业（2）：39-44.
康玉柱.2017. 全球油气潜力聚集"两个海、两个非"[J]. 中国石油企业（5）：28-29.
刘朝全，姜雪峰.2017.2016国内外油气行业发展概述及2017年展望[J]. 国际石油经济（1）：22-31.
潘继平，杨丽丽，王陆新，等.2017. 新形势下中国天然气资源发展战略思考[J]. 国际石油经济（6）：12-25.
潜旭明.2017."一带一路"倡议背景下中国的国际能源合作[J]. 国际观察（3）：129-146.
张抗.2017a. 中国石油储量形势分析及对策（上）[J]. 能源（5）：80-84.
张抗.2017b. 中国石油储量形势分析及对策（下）[J]. 能源（6）：81-84.
张抗，张立勤.2017. 世界油气格局新特点及其影响分析[J]. 国际石油经济（5）：1-9.
王礼茂，2002. 资源安全的影响因素与评估指标[J]. 自然资源学报，17(4):401-408.
邢莹莹，李欣，张丹华.2012. 全球黄金供需结构概览与趋势回顾[J]. 中国货币市场(1):37-42.
祝合良.2012. 黄金供求的历史透析及未来趋势预测[J]. 中国市场(24):30-37.
张永涛.2009. 中国黄金矿产资源开发及矿产品供需形势分析[J]. 中国矿业，18(2):8-11.
武雪梅.2014. 我国冶炼酸对硫酸市场的影响[J]. 中国农资（3）.
廖康程.2014. 我国硫酸行业形势和展望[J]. 中国农资（3）.
李崇.2014.2013年我国硫酸磷肥行业运行态势分析[J]. 硫酸工业（2）:1-4.
徐娜.2014.2013年中国硫磺市场统计与分析[J]. 硫酸工业（1）：1-3.
张宏.2014.2013年硫酸行业市场分析报告[J]. 中国金属通报（4）：44-45.
齐焉.2015.2014年我国硫酸磷肥行业运行态势分析[J]. 硫酸工业（2）:1-4.
李崇.2015. 硫酸工业：踏平坎坷成大道[J]. 化工管理，10:34-36.
李崇，廖康程.2016.2015年中国硫酸行业运行态势分析[J]. 硫酸工业（2）:1-4.
廖康程.2017.2016年硫酸行业生产运行情况及2017年展望[A]//2017年硫酸行业技术交流论文集. 北京：中国硫酸工业协会.